丸山思想史学の位相

「日本近代」と民衆心性

池田元

論創社

まえがき

本書は、丸山政治思想史学についての批判的論文を集成した論集で、一九八一年以来今日にいたるまで、約二〇数年間にわたるものである。「政治」学に対する違和感を丸山思想史学との出会いによって救われ自らの専攻を確定して以来、結果的には政治認識の立場や視点を異にすることに至ったとはいえ、世代的には、全共闘世代の走りとして丸山から学び育てられた部類に属する。

時代の問題性を刻印され、丸山の思考に深く内在し超越しようとしてきた世代からみると、今日の丸山論の潮流が大きく否定的な方向に流れていることがわかるが、そのテキストの読み方にはついていけないものが多い。本書の論文が採っている方法は、断章のものは別として基本的には、丸山の問題意識に内在しその緻密な論理構成を内的に追体験することを通して、その内的矛盾の摘出とその止揚方向を検討するという方法である（典型的には第二章）。

また、今日の主流的な読み方と違うところは、丸山を「基底的一貫性」において読むという読み方である。例えば、丸山のテキストの初出と単行本時との差異を、時代のコンテキストのなかにビルト・インして、丸山の「状況—内—存在」としての問題意識にまで降りて論文執筆の意図を読もうとする今日の丸山批判の方法論は、先鋭的で、我々世代がヘーゲル的な「自己同一性」

に還元して「超―状況」的な一貫的な思想論を展開することに対して、一八〇度の旋回である。ズレへの注目による状況対峙型意識論への喚起など、考えさせられることが多く、丸山の時代的問題意識とその装置の核心に絞って攻めていく方法はスリリングで刺激的でもあることは確かである。その典型的結果が、『日本政治思想史研究』の初出三論文を、個人主義批判（近代批判）と全体主義批判（近代主義）をあわせもった「総力戦体制」への「参加」論として、したがって天皇制や近衛新体制への参加論として、「翼賛」論として読んでいくことになる。

しかし、時代状況認識の枠組に収斂させていく、一方向性への機能的還元がいささか胡散臭い。テキストの内在的論理や論理連関に即すというよりも、批判者の解釈する、状況における主観的動機（丸山の動機）へウエイトをかけて読む読み方が恣意に流される危険性があるのである。また、近代国家論において説かれている、「政治」的参加や「個人と国家」との一致という論理も、近代国家のレベルを超えた「総力戦国家論」のレベルに直接的に接合されて総力戦体制への「参加」や「動員」として読まれてしまい、論理の媒介項を意図的に省略している趣が気にかかるところでもある。さらに、丸山の説く「絶対者の作為」というものも、それが下降されて「君主の作為」、さらには「市民の作為」のレベルにまで及んでいるのだが、そうした論理連関を断って、「絶対者＝天皇」として読んで済ませてしまい「絶対主義国家」論に止める読みの粗雑さにはついていけない。

このように、論文の読みがあまりに、一方的な「時代状況」での「機能」論へと傾いているために、丸山論文の一番核心的な「論理連関」の面白さを見失ってしまった読みになってしまうのである。こういう核心を欠落させた批判で丸山の研究が全く意味がなくなるのかどうか。

また一方、丸山擁護の立場に立つ人々の丸山論には、丸山の特殊研究を一般論に開きすぎて分析していく方法をとることによって、特殊研究として練り上げられていく弁証法のダイナミズムとトータル・イメージがぶつぶつに切られて、平板な世界に落ちていってしまう傾向がみられる。そして、あれもこれも丸山は言っているという寄せ集めとなり、「知の断片化」の結果に陥ってしまっている。特殊研究を特殊研究のレベルで深く追っていくことによって、その内部矛盾を摘出することで、批判と擁護の両者を超える丸山止揚の方向性を見い出していくことの方が生産的ではないかと思うのである。

むろん、私の読み方は、一九六〇年代後半に学生生活を送り、『現代政治の思想と行動』(増補版)の第一・二・三論文の政治思想史学の刻印を受け、民衆思想史学との結合を図ろうとしている点で、「日本近代」認識と「民衆心性・民衆的理性」に照準を当てた読み方になっている。その二つをめぐる分水嶺が、「中間集団」論と「絶対者」論の評価のあり方にあり、それに収斂した読み方になっていることはいなめない。

本書は、あくまでも、日本政治思想史学の専攻者として、「機能」論ではなく「構造」論の立場から、丸山の特殊研究そのものに「内在し超越する」ことから、丸山思想史学止揚の方向性を求めてきた、ささやかな軌跡の集成と位置づけることができるものである。

丸山思想史学の位相　目次

――「日本近代」と民衆心性――

V 「絶対者」論と民衆的理性

丸山思想史学の位相

――「日本近代」と民衆心性――

序章　丸山真男の学問的世界
――認識方法と課題をめぐって――

1　丸山の認識方法

偉大な思想家は、若き日に、戯曲を書いたり、それを好んで読んだりしている。丸山もそうした一人であった。丸山は若き日以来、終生演劇が好きであったが、それは戯曲における対立的な台詞の組立て形式が、認識の「弁証法」と関わっていたからであろう。

内田義彦が木下順二の評論集について書いていたもののなかに、「劇は歴史の弁証法を最もよく反映する芸術の一種〔スタニスラフスキー〕」であり、「ドラマトゥルギー」は「現実の中に入り組んだ対立を、戯曲という形式をとおして、はっきりした対立にまで整理する方法、発展の契機をその中に含む対立としての認識にまでそれを高める方法」と述べている。そして、木下の戯曲について、外見上の混乱の中に「一すじの論理」があると述べている（『日本資本主義の思想像』岩波書店、一九六七、二〇九～二一〇、二〇五～二〇六頁）。こうした戯曲についてのあり方を、そのまま丸山の学問における認識のあり方に置き換えてみることができるのではないか。

丸山のえがく思想的世界が、劇的空間として矛盾対立関係の動的統一性を保ち、その主体的人間像が極めて劇的であるのは、矛盾を根幹とした現実のこうした「戯曲性」を基底に執拗低音として響かせているからであろう。

「認識の人」たる丸山にとっては、流動する矛盾を抱えた現実の総体を、人であれ何であれ対象化するためには、常にある「一定の距離」をとることを必要とした。丸山における相対化主義は、全体的視野を確保しそのなかに位置づけるうえでの習い性となったものであった。相矛盾対立するもののなかにひそみ、その矛盾対立のあいだの内的連関と展開形態を執拗に説いていく内在的な認識方法が、矛盾対立する両者の次元を超えて新たな解決の方向性を理性的に指し示すものとなるのである。丸山が常に、政治に対して忍耐強い「永続」的努力を求めるのは、こうした認識者としての不断の理性的努力の反映でもあろう。

こうした理性的媒介をモットーとする丸山にとって、思想や学問は、生活そのものから直接的かつ連続的に形成されてくるものとしてはとらえられなかった。現実を相対化・対象化できないところに位置づけはなく、そうした位置関係が把握されないところに方向性は出てこないからである。むろん、それは、戦前期日本の歴史的現実をそのまま連続的には認めがたいという丸山の生活体験と歴史認識によるものであろう。丸山にとって、理性はそうした矛盾（後進性）にみちた現実に対する変革力としてとらえられていたのである。

2 丸山の思想的課題

丸山が日本近代の歴史的現実の否定の先にみたのは、現実の西欧近代ではなく理性によって規範的に抽象化された「西欧近代」であることは周知のことである。その限りで、丸山の近代は、フィクションであったたし、それは認識上あたりまえのことである。

丸山にとっての「日本近代」の課題は、対内的レベルにおける絶対主義に対する個人的自由の解放と社会改革、対外的レベルにおける帝国主義に対する国家・民族の独立とを同時に充たすことであった。思想的にストレートにいえば、リベラリズムとナショナリズムを矛盾なく統一することであった。西欧において、こうした個人の自由と国家の独立という歴史的課題を担ったのは、いうまでもなくブルジョアジーとしての市民であった。そして、幸福なことに、特殊な階級的利益に立つ「市民」が、この段階では一般的「国民」として成立していたのである。

しかし、日本近代においてはこうしたブルジョアジー、理性的で自立的精神のある「市民＝国民」は、個人的には陸羯南や典型的には福沢諭吉にみられるとしても、普遍的には存在していない、というところに丸山の悲劇があった。丸山は、日本近代の特殊な構造的特質を、ブルジョアジー（市民）によって倒されるべき絶対主義勢力が敵たる市民階層を育てなければならぬほど、市民階層の自生力のなさに見いだした。そして、後発的資本主義国家の階層的特質を、封建的体質を潜在させた旧中間層の幅広い滞留（ファシズムの支持基盤となる）としてとらえた。したがって、丸山にとってファシズムは、単なる一時期の異常現象としてではなく、日本近代開始以来の構造的矛盾の必然的な展開としてとらえられたのである。

丸山は、このようなヘーゲルの歴史的必然論や、講座派マルクス主義の色彩を色濃くもった構造分析のもとに、こうした深い病理構造をもった日本において、実体の無い「市民＝国民」をいかにして社会的に創出するか、という歴史的課題を背負ったのである。「大日本帝国の『実在』よりも戦後民主主義の『虚妄』の方に賭ける」という丸山の開き直りともいえる意地の表明は、絶望ともいえる主体形成への戦いを意味し、そこに一縷の望みを賭けたのである。

封建的体質にみちた現実の状況のなかで、永続的な戦いを強いられた丸山にとって考えられることは、認識としては、方向指示としての歴史の動態的な位置認識＝構造分析と、精神的構造分析をすることであり、実践としては、「ヨリましなものの選択」としてのプラグマティックな政治的状況判断をすすめることであった。丸山が終始、「人民主権としての政治」を手放さず、よりマシな政治を求めて、寛容の精神のもとに党派やイデオロギーを超えて組める相手と幅広く組んで行こうという志向をもっていたのは、こうした判断によるのである。

丸山の学問的世界は、総論的には、上記のごとき認識（理論）と実践をめぐって展開されたということができるのではないか。むろん、こうした認識と実践に問題が無いわけではなく、大塚久雄や川島武宜などとともに、「戦前・戦後」期の特殊な「日本思想」として相対化し総括する必要がある。

（一九九六・九・一三）

Ⅰ 「近代国家」論と「政治的」主体形成

第一章　丸山真男のヘーゲル観と思想史学

――『戦中と戦後の間』論考ノート――

1　はじめに

丸山思想史学の基軸は、「主体」形成論（「自然―作為」関係）と「近代日本」認識論（認識論の構造的特質と政治構造との内的連関）にあるといわれる。一九七六年に出版された『戦中と戦後の間』（みすず書房）は、丸山の一九三六年から一九五七年までの論稿を集めたもので、丸山の精神史の一端を示すものであるが、同時に丸山の一貫した思想史学のありようを如実に示すものでもある。ことに「短文」の論集スタイルであるが故に、戸坂潤や久野収が論集スタイルについて説くように、そこに込められた著者のエッセンスが鮮明にみうけられるものとなっている。そうした叙述スタイルに目をつけるとき、近代日本における「市民政治思想の転回」史上に占める丸山の思想史学的位置の確定とその学問的止揚という課題を背負わなければならぬ後学の徒にとって、同上書にみられる思想史学の課題と方法論に関する「基本部分」をひとまず総括しておくことは、無為な仕事ではないと思われる。そして、この一書を通してとくに我々は、丸山思想史学の基底に一貫して根深く流れている健全な「ヘーゲルの近代精神」を感ぜざるを得ない。通俗的な「ヘーゲル像」からの「真正ヘーゲル」の救済という学問批判を媒介として、生き生きとしたヘーゲルを描き出しているのである。今日まで、丸山自身にヘーゲルについて書かれた単独論文はないし、まして「丸山のヘーゲル観」を正面から打出してその思想史学を俎上に上げたものはない。吉本隆明が『丸山真男論』(一橋新聞部・一九六三、増補改稿版・一九六三、『吉本隆明全著作集』第一二巻所収・勁草書房・一九六九年)のなかで、「悪しきヘーゲリアン」(一三頁)とか「青年ヘーゲリアン丸山真男」(同上)とか「ドイツ観念論のメガネをかけて」(七三頁)とかいい、丸山の体質的問題性を大きくは(a)政治的思惟の偏重(b)西欧=抽象化の偏重(c)大衆嫌悪、の三点を軸に批判しているが、「ヘーゲル観」そのものについては触れられておらず、それ故、その原則の思想史学次元での論理的展開をみることにおいては不徹底といわざるを得ず、丸山思想史学止揚の視点から改めて丸山の論理に内在し学的に検討しなおしてみたいと思うのである。そこで、あえてここに、「丸山思想史学=ヘーゲル学派」という仮説をたてて読みなおしてみたい(したがって、丸山自身の言葉を以て、内在的に再構成する方法をとることにする)。そしてそのことは、ヘーゲルにおける原則とその貫徹という点で、丸山が極めて「体系」的な思想史家であることを論証することにもなるはずである。

この「体系性」という語意については、「原理・原則の貫徹」という意味で使用しているが、この点について丸山の見解をみておくことにしたい。思想家に対する基本的な評価態度に注目するならば、丸山は例えば陸羯南の評価について次のようにのべている。そして、まず、そこでの「体系性」理解をまさに丸山自身に対して適用しようとするのがこの論文の意図である、と言っておかねばならない。

「羯南は……『国民旨義』（国民論派）を根本的立場として一切の政治的社会的批判をこの原則の上に立つて遂行した。羯南において偉とすべきはこのプリンシプルに対する徹底した節操であつた。彼はいかなる現実を対象としたときでもその根本的立場から導きだされる帰結をば一切の打算的顧慮なしに適用したのである。

抽象的な理論に関するかぎり、羯南の思想は当時の民権派に比して決してラジカルではなくむしろヨリ保守的ですらあつた。しかし注意せねばならぬことは進歩的とか反動的とかいう規定は、ある人間が口でどういうことを唱えているかということで定まるのではなくして、彼がその実践の上でどこまでその主張を貫いたかということが大事なのである。」（「陸羯南――人と思想」一九四七、前掲『戦中と戦後の間』所収、二八八頁。以下、丸括弧内および傍点は引用者。以下、同上書所収論文については書名を略し引用頁のみを示す）

丸山は、「いついかなるときでも、現実的要求に彼（羯南）の原則を従わせたことなく、かえつて逆に、一切の党派乃至現実的動向を彼の原則に照して批判した」（同上、二九〇頁）という態度、つまり明らかに、「原理・原則の貫徹」という方法的態度の貫徹を以て「体系性」を理解しているのである。例えば、戦時中の危険な思想家・北畠親房の評価に際しても、「政治的実践の成否はいかにもあれ、つねに『内面性』に従つて行動することの価値を説き自らもそれに生きぬいた思想家として」（「神皇正統記に現はれたる政治観」一九四二、九一頁）、当時のファナティックな外面的評価に対峙させているのである。むろん、次にみるようにヘーゲルの評価に対しても、「結果＝形」としての体系性ではなく「方法的態度」の貫徹として評価していることはいうまでもない。

2　ヘーゲル観——「主体性の哲学」と「矛盾の弁証法」

丸山は『戦中と戦後の間』所収の書評のなかで、具体的には次のようにヘーゲルに関説している。各著者の「ヘーゲル観」批判を通して、丸山のヘーゲル注視の主要側面が浮かび上がってくるような典型的な部分である。

(a)　主体性の哲学……「……明治二十年代から日本の哲学界を圧倒的に支配した独逸観念論をとり上げて見よう。それは実証主義や功利主義と違つて本来主体に媒介さるべき哲学である。独逸観念論はその発祥地に於てまさしく国民的〔国粋的ではない〕哲学であつた。それは独逸の最も進歩的な国民層の意欲の凝集的表現であつた。しかるにそれが我国に受入れられたとき、それは著しい『貴族的』性格を帯び、現実遊離的な高踏的思索であるかの如く取扱はれた。…（中略）…客体を媒介とする主体的哲学としての独逸観念論は、ひたすら東洋的な主体an sichの哲学の眼を以て把握され、それによつてその主体的側面は伝統的な道学的精神のなかに分解してしまひ、その客体的側面は現実から浮上つた思弁としてその本来の科学的精神を稀薄化した。そこでの理想主義もその圧倒的流行にも拘らず、単に対象的に受取られ、内面から国民の生活と行為を規定する力とは矢張りならなかつたのである。」（「麻生義輝『近世日本哲学史』を読む」一九四二、一三一頁。以下圏点および角括弧内は原執筆者）

「さういふ事（ヘーゲル哲学がナチの基礎づけになつたとかいふ話）は方々で言はれたし、又実際ヘーゲリアンでさうした試みをした者もあつたが、結局やはり失敗し、むしろヘーゲルはナチ正統派から異端視されてゐたのだ。ヘーゲル哲学を以て権力国家万能主義に通ずるといふ解釈は、上にも述べた様に、前大戦の時にもかなり抬頭したが、やはり結局誤解か曲解に帰する。むろん何度もいふ様に、さういふ誤解を発生させるモメントは多分にあつたのだが、ヘーゲル国家哲学の本質的な課題は、〝主体性の原理と実体的統一との綜合〟といはれる様に、まさに、上に述べた近代国家に於ける自由の基礎づけにあり、その意味で、ルソーの発展なのだ。ただその行きついた所はプロシア的な立憲君主制の讃美ではあつたが、ヘーゲルが最も反動化した時代に於ても、〝主体性の原理〟すなはち個人の主体的自由は決して見失はれてゐない。ヘーゲルと同時代の、〝国家学の復興〟の著者、ハラーとをはっきり分つ一線がここにあるのだ。」（「ラッセル『西欧哲学史』〈近世〉を読む」一九四六、二六四頁）

(b)　矛盾の弁証法……「カントの認識論やヘーゲルの論理学の叙述し方《ママ》が果して正確かどうか

といふ様なことは僕はあまり論ずる資格はないが、例えばヘーゲルの弁証法の説明なんか、図式的じやないかな。矛盾と運動の契機がすこしも前面に押し出されずに、もつぱら全体と部分との関係——いはゆる具体的普遍といふ考へ方——から説かれてゐる点など、問題だと思ふ。」（同上、二六三頁）

「著者（クロスマン）はヘーゲルを専らマルクスとの関係からのみ取扱ひ、その為にヘーゲル弁証法の解説の個所〔第八章第二節〕など頗る物足りない。ここでは、ヘーゲルが啓蒙的合理主義に反対してバーク流の歴史的見方に与したが、単なる歴史主義が宿命論に堕するを知つて、歴史を動かす何等かの型を求め、この型を『奇妙にも』〔strangely enough〕ロゴスに見出したといふ風に説かれてゐる。しかし改めて言ふまでもなく、ヘーゲルの問題は独逸理想主義の課題を継承してむしろ最初からロゴスに在つたのであり、弁証法的発展の理論はカントに於て抽象的な規定を得た純粋理性に具体性を与へようとする試みにほかならない。この意味で歴史をロゴスの発展と見たのはstrangely enoughでも何でもない。それが『奇妙』に映じるのはヘーゲルの歴史的影響から逆にヘーゲルを理解しようとするからである。」（「クロスマン『治者と被治者』」一九四〇、六〇〜六一頁）

これらにみられる、何よりも徹底した原著の精読に支えられた丸山のヘーゲル哲学観は、本質的には(a)「主体性の哲学」を大前提として規定しているものであるが、思想史学方法論との関係で見落してはならないのは、(b)「ヘーゲルの弁証法」へ強く注目したとらえ方である。ヘーゲルの哲学が単なる「孤立した個人の主体の哲学」でなく「客体を媒介とする主体の哲学」であり、「自由」が同様に「近代国家に於ける自由」として相互規定的にとらえられる所以も、一にして丸山の「弁証法」への理解の深さに由来している。対立しているものを形式論理的にバッサリ分割して論ずるのではなく、その間における内的連関を執拗にさぐりあてていくという丸山の姿勢にとくに留意すべきである。丸山は「ヘーゲルの弁証法」を「矛盾と運動の契機」への注目からとらえようとしているが、それは何よりも、存在を「矛盾・対立の相」において全体的にとらえ、その存在の「矛盾＝全体」の連関と必然性（法則）に目をこらすことを意味している。それはいわば、矛盾の性急な解決ではなく、矛盾の相に身をひそませながらその内在的連関とその要因を見すえることからの、主体的な理性的解決の契機をさぐろうとする態度に支えられている。その意味では、丸山はヘーゲルの次のような「矛盾論」を根底的にとらえ切っているといってよい。

「弁証法的契機とはこのような有限な諸規定（悟性的思惟の固定的規定性と区別性）が自ら自己を止揚することであり、またこのような諸規定がそれの反対諸規定へと移行することである。…（中略）…弁証法は、これ（悟性的規定態）とは違って、内在的な超えて行くことであり、そこでは悟性諸規定の一面性と被制限性とが、それがあるところのものとして、つまりそれの否定として、自己を提示するのである。すべての有限者とは自己自身を止揚するものである。したがって弁証法的なものは学的進行を促し動かす魂であり、内在的関連と必然性とを学の内容の中へともたらす唯一の原理である……。」（ヘーゲル『エンチュクロペディ

ー』樫山欽四郎他訳、河出書房新社、一九六八、一〇六～一〇七頁）

「さて、最初の三つの反省規定、即ち同一性、差異性、対立が命題の形で表わされる以上、これらの三つが移行するところの、その真理としての反省規定、即ち矛盾も当然に命題として表わされ、『すべての物はそれ自身において矛盾的である』と云われてよかろう。…（中略）…

けれども、矛盾が同一性と同様に本質的で、内在的な規定であることを見ないのは、従来の論理学と常識とのいだく根本的偏見の一つである。実際、〔この一規定の〕順位を問題にし、両規定を別のものとして立てることになれば、矛盾の方こそヨリ深いもの、ヨリ本質的なものと見なければなるまい。なぜなら、同一性は矛盾に比べると、単純な直接的存在、即ち死んだ有の規定にすぎないからである。しかし矛盾は、あらゆる運動と生命性の根本である。或る物は、それ自身の中に矛盾をもつかぎりにおいてのみ運動するのであり、衝動と活動性とをもつのである。」（同『大論理学』改訂版・中巻、武市健人訳、岩波書店、一九六〇、七七～七八頁）

むろん、丸山の場合、弁証法を「矛盾と運動」という法則史的なもの、の適用として単に外面的に実体化してとらえようとするのではない。矛盾の弁証法を内面的なものとして、ヘーゲルの言葉を借りるならば、「行動のうちに実現される個性と、この行動をしながら、同時にそれを超えて自己に帰り、行動を自己の対象としている個性との、対立」（『精神現象学』樫山欽四郎訳、河出書房新社、一九六六、一八八頁）として、「行為（理性）批判の哲学」として主体の側に受けとめてくる点を見忘れてはならない。その点が、「主体性（主体変革）の哲学」を前提としている弁証法理解の所以であり、主体を放棄した客体的公式主義者との「ヘーゲル哲学」理解における大きな差異を招来させてきたものであろう。丸山の「主体」介在としての弁証法の特質は「内面的主体性尊重の哲学」として、典型的には次のように、「現実・事実」への内面的規定性の理解においてあらわれてくる。

「右のような事例（戦犯の自己弁護における既成事実への屈服）を通じて結論されることは、ここで『現実』というものは常に作り出されつつあるもの或は作り出され行くものと考えられないで、作り出されてしまつたこと、いな、さらにはつきりいえばどこからか起つて来たものと考えられていることである。『現実的』に行動するということは、だから、過去への繋縛のなかに生きているということになる。従つてまた現実はつねに未来への主体的形成としてでなく過去から流れて来た盲目的な必然性として捉えられる。」（「軍国支配者の精神形態」一九四九、『現代政治の思想と行動』増補版・所収、未来社、一九六四、一〇九頁）

主体が客体と媒介されたものであり逆に客体が主体に媒介されたものであるというならば、客体である「現実・事実」は、主体の側からは主観的・客観的制約条件下での多様な諸契機の選択としての「行為」の所産としてとらえられる。そこには、「事実」を単なる与えられた「所与＝自然」のものとして運命的に受けとめてくるような消極的な姿勢はない。じじつ、現実は、主体の意志的な「行為＝作為」の所産としてあり多様な契機の一つの選択である限り、常に理性による「現実批判・事実批判」へと開かれてある。つまり、現実あるいは史実の現実性とその法則性は、それとは異なった方向性への展開「可能性」とその法則性との関連において全体的にとらえられているのであり、「現実・史実の相対化」の姿勢が極めて強いのである。そこでは、単なる「客体主義的法則＝必然」論は「主体的自由＝偶然」論を介在しない限り認知されてこないということであり、社会変革と主体変革との「内的相互連関性」追究の姿勢が強くみうけられるのである。この「主体―客体」の相互規定性への注目とそれの欠如批判は、近代日本における西欧哲学受容のあり方に触れた点にもあらわれている。

「日本がヨーロッパ文明と全面的な接触をはじめたとき、ヨーロッパ精神界は如何なる情況にあつたか。それは恰も十九世紀の中葉、ヘーゲルの壮大な体系が脆くも崩壊して後、もはやヨーロッパは内面的支柱を失つて、ひたすら経験的＝現実的な生活に眼を奪はれてゐたいはば哲学的不毛の時代であつた。自然科学のめざましい興隆、産業技術の変革に伴ふ物質的生活様式の急激な進歩、市民の政治生活への広汎な参与、かうした一連の現象は到底ひとびとの心を内部に向ける余裕を与へない。……（中略）……かくてこの時代に広く迎へられた思潮は実証主義であり功利主義であり、自然科学的唯物論であり、進化論であつた。維新直後の日本に滔々と流れ込んだのがまさにこの様な段階に於けるヨーロッパ精神であつたことは銘記されていい。近代日本が最初に欧州から採り入れたもののうち最も精神的内面的なものは実に物質文明の哲学だつたのである。……（中略）……このヨーロッパ精神に対する明治初期の第一印象がいかに決定的であつたかは多く言ふを要すまい。西洋精神と功利主義との同視は今日でも決して稀ではないのである。……かく『消化』された哲学は実証主義にせよ功利主義にせよ、自然科学的進化論にせよ、その本来の思想的性格から云つて、国民精神を内部から規定し、転回させる力を持たないのである。」（前掲「麻生義輝『近世日本哲学史』を読む」一二七〜一二九頁）

ここに、主体である「慣習的・伝統的な精神＝東洋」（基底）と客体である「物質的・制度的機構的領域＝西洋」（表層）との二重構造と無媒介性が原型化された近代日本の不幸があるとするのであるが、西洋精神を「結果本位的功利主義的思惟」（同上、一二九頁）へと矮小化する態度は、日本近代化の事実を主体的な内面的過程的諸契機においてみる態度を後退させ、素朴な外面的客観的「事実」肯定主義と、それに基づく無批判的な「客観的実証主義」や硬直した「客観主義的枠組」を基軸とした「学問」をも形成してくることになる。丸山が「事実批判」、それ故「主体変革」の契機をことさら強調するのも、その根底に近代ヨーロッパの獲得した「自律的人格や批判主義の精神」（同上）とそれとの媒介としてある形成期＝良き「近代」の変革的契機の、蘇生と浸透を図るところからきているといってよい。そして、それこそが丸山の一貫した思想的課題といえるものである。むろん、ここにおける「自然—作為」の関係にみえる「作為」性の強調は、「現実・事実」を重たい運命的なものとして受けとめざるを得ない「弱者」の立場のものではない。「現実・事実」を操作の対象として把握しうる「強者（エリート）」の立場にある点は見落してはならぬ点であろう。その意味では、こうしたヘーゲル哲学観による「主体」形成論の実質が問題となってくる。

3 「主体」形成と「国家―個人」連関論

(1) 「主体＝近代的人間」形成論

丸山のヘーゲル観において主体は「客体を媒介とする主体」であり、自由は「近代国家における自由」として、主体と客体との矛盾対立の相のもとにおいてとらえられた。そのことは、外見的に矛盾関係とみなされる両者の内在的連関を見出そうとする丸山の姿勢に大きく規定されている。矛盾する両者を関連づける位相において「媒介主体」を見出すという「主体」のとらえ方なるが故に、丸山は、後述するように具体的な主体を単に分極化（二極化）した形での「階級」や「民族」に求めることなく、両者の契機をもつ「国民＝市民」に求めてくることに至るのである。

ここではまず、それらの前提として、ヘーゲル観において強調されていた丸山のとく「主体性の原理」、即ち、個人の主体的「自由の原理」の内実をとらえていくことにしたい。「日本における自由意識の形成と特質」（一九四七）という論文に、丸山の「自由」論が近代日本の総体把握において端的に現象している。戦後「民主主義革命の完遂」（同上、三〇五頁）という歴史的課題に対して、「近代的自由」の正統とその担い手を「労働者農民を中核とする広汎な勤労大衆」（同上）に求めた啓蒙論文であるだけに、そこには丸山の熱っぽいまでの息吹が感じられる。丸山は、「自由」の近代的類型とその関連性について次のように述べる。

「……フィルマーやホッブスにおいては、自由とは第一義的に拘束の欠如であり、それに尽きているのに対し、ロックにおいてはより積極的に理性的な自己決定の能力と考えられている。従つて前者の様な自由概念は決して人間に本質的なものではありえず、ホッブスが明らかにしている様に、それは非理性的動物にもいな、植物にすら適用出来るのに対して、ロック的自由は本質的に理性的者のものである。…（中略）…

そうしてやや粗放な一般化を許されるならばヨーロッパ近代思想史において、拘束の欠如としての自由が、理性的自己決定としてのそれへと自らを積極的に押進めたとき、はじめてそれは封建的反動との激しい抗争において新らしき秩序を形成する内面的エネルギーとして作用しえたといいうる。」（同上、二九八〜二九九頁）

外面的自由としての「感性的自由」と内面的自由としての「理性的自由」の存在、その前者から後者への転化（ヘーゲルの「生成―展開―転化」の論理に注目）という形において、丸山の「自由」論は枠組化されている。いわば、前者の「快楽主義的・感覚的」人間に止まることなく「規範主義的・理性的」人間に移行することが、新しい秩序形成の「主体」としてとらえられていることになる。逆にいえば、「理性的」人間でない限り自律的な方向性をもつことはできないということなのである。この点は、逆説的には近代日本の「自由」意識の限界として次のようにとらえられてくる。

「……アンシャン・レジームにおける規範意識の崩壊がひたすら『人欲』の解放という過程を辿つたということは同時にそこでの近代意識の超ゆべからざる限界をも示している。外部的拘束としての規範に対して単に感覚的自由の立場にたてこもることはなんら人間精神を新らしき規範の樹立へと立向わせるものではない。新らしき規範意識に支えられてこそひとは私生活の平穏な享受から立ち出でて、新秩序形成のための苛烈なたたかいのなかに身を投ずることが出来るのである。あれほど痛烈に儒教規範の外面的偽善性を暴露し、おおらかな日本上代を讃美した宣長ら国文学者が、現実の支配関係に対して『今の世は今のみのりを畏みて異しきおこなひ行ふなゆめ』として全く受動的承認の態度をとつたのも、彼等の曲学というよりもむしろ深くその本来の非政治的な、したがつて一切の規範的なものに対する無関心の態度に連なつているのである。」（同上、三〇一頁）

丸山の重視する「近代的自由」とは、何よりも「政治的自由」であって「非政治的自由」であるのではなく、その狙いも「政治への参加」による民主的「政治的」秩序の形成にあって「政治からの撤退＝拒否」による非政治的な「自力更生」的秩序の形成にあるのではない。後述する丸山の具体的主体が単なる「個人」主義のものにあるのではなく、国家体制への政治参加を前提とした「国民＝市民」にある所以もここからくるものである。これは、「近代自由主義」の決定的特徴たる個人主義の系譜を非政治的なものに求めるラッセルに対する批判的評価につながるものである（前掲「ラッセル『西洋哲学史』を読む」二五五頁）。むろん、丸山の「政治的自由」は「市民的自由」拡充の手段として設定されているわけであるが、その「市民的自由」とくに「感性的自由」そのものへの配慮の深さについては疑問なしとしない。この点が、「生活者」の恣意的欲望ではなく必要に基づくセルフコントロールのきいた「感性的自由＝生活的自由」を基軸にして、相互扶助的な非政治的世界＝協同社会を形成していこうとする長谷川如是閑らの生活思想的立場との大きな差異であり、民衆に内在する自活的な「生活的理性」と知識人・支配者のもつ寄生的な「政治的理性」への信頼のかけ方の相違というべきものであり、「自然―作為」の関係のとり方の差異であろう。こうした、「近代的自由が、国家秩序と内面的なつながりがある」（同上、二五九頁）というかたちでのヘーゲル「自由」概念のとらえ方は、丸山においては次のように確定的にとらえられる。

「……近代的な自由意識といふものはああした（悠々自適してゐる様な）無規定的な単なる遠心的・非社会的自由ではなくて、本質的に政治的自由なのだ。それは内にひきこもる消極的精神ではなく逆に外に働きかける能動的な精神であり、政治的秩序から逃避する精神ではなくて、逆に政治的秩序に絶えず立ち向はうとする精神にほかならない。」（同上、二五八頁）

「近代的自由」を「民族国家そのものの構成原理」（同上、二六〇頁）であるとしてとらえ切る丸山にとっては、改めていうまでもなくヘーゲルの自由も、自然的欲望に支えられた「市民社会」

における「自由」の類ではなく、それを総括する「近代国家に於ける自由」（同上、二六四頁）として作為的＝理性的なものとしてとらえられているということになるのである。したがって、上記のごとき「理性的自由＝政治的自由」を欠落させた我国の「自由」は次のように総括されてくるのである。

「こうした感性的自由の無制約的な謳歌からいかにして近代国家を主体的に担う精神が生れ出るだろうか。外からの枠としての『御上様の御政道』がとりのぞかれたとき、それは自己の行為を内部から決定するなんらの基準をも持ちえないのであり、そのゆえにまたそれは新たなる形での『御上の御政道』を早晩よび起こさずにはいない。やがて明治天皇制絶対国家がその逞ましい羽翼をはりひろげたとき、感性的自由意識は一方には、一切の社会的なものから隔絶された矮小な小市民生活のなかに息づき〔私小説の根強い伝統！〕他方には日本国家の対外的膨脹のうちに自我の直接的拡充の欲求を投影させて行った〔高山樗牛らの日本主義運動を見よ〕。自由民権論者が多く後年単なる国権論――民権と必然的連関を持たぬ国権論――の立場に吸収されて行ったということも、彼等のイデオロギーにおいて、一方、感覚的＝快楽主義的人間観が、他方、主体的自由の精神と無媒介に併存していたという事実と無関係ではなかったのである。」（前掲「日本における自由意識の形成と特質」三〇四～三〇五頁）

丸山における「主体＝近代的人間」とは「自立」精神と「合理的」認識に支えられた「理性的＝政治的主体」であり、何よりも政治的に「つねに『内面性』に従って行動する」（前掲「神皇正統記に現はれたる政治観」九一頁）ことのできる人間（内面的コントロール性）に求められた。戦時中の危険人物のとりあげ方も、この「主体」形成の視点からすくいあげ得る評価においてなされた限りで、極めて深い内在的批判を成立させていたということはできよう。むろん、丸山の「主体」像は、近代日本の例外的な存在として典型的には福沢諭吉に求められ、それは一連の論吉論において結実している（例えば、『戦中と戦後の間』所収の「福沢諭吉の儒教批判」一九四二、「福沢に於ける秩序と人間」一九四三、「福沢諭吉」一九五三。さらには、「福沢諭吉に於ける『実学』の転回――福沢諭吉の哲学研究序説――」『東洋文化研究』第三号・一九四六、「福沢諭吉の哲学――とくにその時事批判との関連――」『国家学会雑誌』第六一巻第三号・一九四七、「解題」『福沢諭吉選集』第四巻・岩波書店・一九五〇、など。しかし、これらについては別稿を要する）。ただ、この「内面的人間」は正確にいえば「政治的人間」・「非政治的人間」ともにそのいわば基底に存在するものである限り（「若き世代に寄す」一九四七、一八〇頁）、丸山の近代的＝内面的人間は、単に「政治的人間」に傾斜していくものではないことを見落してはなるまいが、丸山の「政治学者」としての立場からは本質的には「理性的人間＝政治的人間」という図式が厳然としてある、といわねばなるまい。丸山が「真に内面的な人間は真に行動的な人間である」（同上）という政治的命題をかかげる所以である。

（2）「国家─個人（自由）」の内的連関論

上記のごとく「近代的自由＝政治的自由」とその「主体＝近代的人間＝理性的・規範的人間＝政治的人間」がとらえられる限りにおいて、丸山の具体的な主体像は、国家と市民社会との内的連関性を媒介するものとして「国民＝市民」として定位されることになる。そこには、次のような丸山の民主主義国家の理念型が設定されているのである。

「国家主権と主体的個人の両極が隔つてゐる限り、自由権の範囲に応じて主権が制限されるわけだが、個人が〝公民〟として主権に一体化した極限状況を予想すると、そこでは個人的自由と主権の完全性とが全く一致する。これが国民主権に基づく民主主義国家の理念型だ。」（前掲「ラッセル『西欧哲学史』を読む」二五九頁）

国家と個人との内面的つながりをもつ理念的主体を「国民＝市民」と設定しているととらえられるということは、そしてその強調は、丸山が近代日本の「国民＝市民」観念の欠落、および「国家─個人」関係＝矛盾対立関係の内的連関性の欠落を認識しその止揚を求めていることを意味していることになろう。丸山が明治維新とか第二次大戦直後に焦点をあわせ、そこでの「新生国家」の「主体＝国民」形成のありようを、単に分裂的な「階級」意識や自然総括的な「民族」意識ではなく内面的な「国民＝市民」意識において執拗に追究している点からもそれは傍証され得よう。見方を変えれば、丸山は、主体存在を「遠心的要素（個人自由）」と「求心的要素（国家権力）」（前掲「陸羯南」二八五頁）との矛盾の相においてとらえその内的連関性を対自化しようとしているのであり、その点において、色こくヘーゲルの「矛盾の弁証法」を背負っているといってよい。したがって、国家と個人との中間領域たる「集団」「階級」の存在などは、その矛盾対立関係の一環として相対化された形でしかとらえられてこない。逆にいえば、二極性（二重性）において中間集団はとらえられてくるということであり、その二重性の保証・貫徹を不可能とするような一極的な存在把握は徹底して否定されるということになる。そして、その視点において、羯南や諭吉の「国民」概念とか「国民」主義を評価してくるのである。

「彼（羯南）は後進民族の近代化運動が外国勢力に対する国民的独立と内における国民的自由の確立という二重の課題を負うことによつて、デモクラシーとナショナリズムの結合を必然ならしめる歴史的論理を正確に把握していたのである。」（同上、二八四頁）

そして、この「歴史的論理＝国民主義」の自覚究明こそが、戦前から戦後へと連続する丸山の問題意識だったのである（「あとがき」『日本政治思想史研究』東大出版会、一九五二、九～一〇頁）。しかし、ここで改めて強調しておかなければならないのは、丸山の「国民」および「国民主義」はまぎれもなく「近代国家」形成上の「政治的範疇」（「国民主義の『前期的』形成」同上書・所収、三二二頁）であるということであり、「自然的範疇」ではないということである。同上論文の「まえがき」から援用すれば次のとおりである。

「……本能的な郷土愛は国民意識を培ふ源泉ではあつても、それは直ちに政治的国民を造りあげる力とはならぬ。郷土愛とは畢竟環境愛にほかならず、環境愛は自己の外なるものへの伝習的な依存であるのに対し、国民の国家への結集はどこまでも一つの決断的な行為（作為）として表現されねばならぬからである。のみならず環境愛は中心たる自己から波紋状に拡つて行きその濃度は距離に反比例するから、多少とも抽象性を帯びた国家的環境はヨリ直接的な村落乃至家族的環境に比して自から親近性は薄からざるを得ない。そこである場合にはかうした郷土愛は国民意識を培ふどころか却つてその桎梏として作用する。か丶る際には近代的国民主義は伝統的郷十愛の揚棄を通じてのみ自らを前進せしめうるのである。…（中略）…いづれにせよ、国民主義がこの様に国民の伝習的な生存形態との矛盾衝突をも賭して自らを形成するということはとりもなほさず、政治的国民意識が自然的自生的存在ではなく、その発生が一定の歴史的条件にかかつてゐることを示してゐる。国民は一定の歴史的発展段階に於てなんらか外的刺激を契機として、従前の環境的依存よりの、多かれ少かれ自覚的な転換によつて自己を政治的国民にまで高める。」（同上、三二一～三二三頁）

しかも、丸山の「国民」は一定の歴史的段階（近代）を前提としている限り、その実体は「近代」性を内包する階層に限定され、「封建的伝統」を「国民的特性の名において温存する役割を果す」（前掲「陸羯南」二九一頁）ものは徹底して排除されるということになる。

「羯南は近代国家の基礎を正当にも『国民』の観念に見出した。しかし彼はそれ以上に、『国民』の具体的歴史的規定を追及しようとしなかつた。近代国家とくに近代市民革命の基底となつた『国民』観念は決して単なる国家所属員〔Staatsangehörige〕の総体を漫然と指称するのではなくして、むしろ特殊的に近代国家を積極的に担う社会層を意味しており、従つてそこではアンシャン・レジームの支配層は原則的に排除されているのである。フランス革命の際、等族会議の否定体として生れた第三身分の会議が自らを国民会議〔l'Assemblée nationale〕と称したことの歴史的意義はまさにここにあるのであつて、それはやがて人権宣言第三条における国民主権の規定に連なつている。もしこの国民観念が君主・貴族・僧侶をも包含するとしたら、こうした呼称そのものは全くのナンセンスでしかない。」（同上）

　これは、特殊「市民」が一般「国民」と一致したゆえんを述べたものであるが、こうした視点から羯南の「国民＝単なる君民の総括的名称」（同上、二九二頁）を批判しているのである。（ここには、最も良質な核心的部分であるキィー・ワードの評価とそれの内在的限界指摘という、学問批判の品位にかかわる丸山の思想史学方法論の特質が示されている点にも注意を向けておく必要がある。）ただ、丸山が主体として「国民＝市民」に固執してくる所以はどこにあるのか、未だかつて「近代」が未達成だということにあるにしても、その近代的主体の内実はいかなるものなのであろうか。その内面的レベルにおいてどのような「努力＝作為」が必要とされているのであろうか。丸山は福沢諭吉を評価する際において何よりも「国家を個人の内面的自由に媒介せしめた」（前掲「福沢に於ける秩序と人間」一四四頁）点を最大の功績として評価しているが、その媒介のあり方は具体的には次のように述べられている。

「……国民一人々々が国家をまさに己れのものとして身近に感触し、国家の動向をば自己自身の運命として意識する如き国家に非ずんば如何にして苛烈なる国際場裡に確固たる独立性を保持しえようか。若し日本が近代国家として正常な発展をすべきならば、これまで政治的秩序に対して単なる受動的服従以上のことを知らなかつた国民大衆に対し、国家構成員としての主体的能動的地位を自覚せしめ、それによつて、国家的政治的なるものを外的環境から個人の内面的意識の裡にとり込むといふ巨大な任務が、指導的思想家の何人かによつて遂行されねばならぬわけである。……

秩序を単に外的所与として受取る人間から秩序に能動的に参与する人間への転換は個人の主体的自由を契機としてのみ成就される。『独立自尊』がなにより個人的自主性を意味するのは当然である。福沢が我が国の伝統的な国民意識に於てなにより欠けてゐると見たのは自主的人格の精神であつた。」（前掲「福沢に於ける秩序と人間」一四四〜一四五頁）

福沢の「一身独立して一国独立す」（同上、一四五頁）という点にたくされて、丸山の「国家―個人」関係の内面的連関は、「あくまで、人格の内面的独立性を媒介として」（同上）、即ち「個人個人の自発的な決断を通して国家への道へ」（同上）至る形において把握され、それ故、「自然＝所与」をこえた「作為」として、また「階級」以前の前提たる「国民＝市民の自立」精神の問題としてとらえ返されているといってよい。こうした媒介主体である「国民＝市民」を設定することによって政治領域の大前提としての主体的精神を説いているわけであるが、この「国家―個人」の矛盾対立関係の二重性およびその内的連関への執拗な注目は、見方を変えれば、丸山自身の「政治認識＝バランス感覚」に多くを負っているものといえる。それは、「政治的集中と政治的拡大との二つの原理を、よくバランスを取つて発展させて行くような政治団体が、最も有効に……対外的危機を乗切ることが出来るという一つの――公理」（「明治国家の思想」一九四六、二〇五頁）を見出してくるところにみうけられる。それ故に、単なる「分極としての個人・階級」とか単なる即自的な「統合としての民族」とかに依拠しない、作為にみちた「分極―統合」の二重性を帯びた均衡的存在として、上記のごとき「国民＝市民」概念を提出してくることになったといえるのである。ヘーゲルに起因する、こうした「国家―個人」関係における存在の矛盾的把握（矛盾関係の内的連関）の適用例は、自由民権運動の批判的評価の際にも「国権主義と民権主義の同時性」および内面的な「相互規定性」（同上、二〇七頁）として不可分なる両側面としてとらえている点にみうけられる。

「……自由民権運動の思想的な基礎の脆弱性ということを考えてみなければいけない。一言にしていえば、そこには、一方には典型的な啓蒙的個人主義、つまり、すべての人間は生れながらにして自由平等であり、国家は個人の幸福のためにあるという天賦人権論と、他方には人民の力を結集して、日本の国権を対外的に拡張するという国権拡張論とが、相互に無媒介のまま、かれらのイデオロギーのなかに並列させられており、この両要素がどういう関連に立つかということが、十分に突き止めて考えられていなかつた。しかも個人の自由という場合、その自由は、多分に快楽主義的な意味での自由として捉えられている。そこには良心の自由というよりも、むしろ、自然のままの人間の本性を、できるだけ拡充するという感性的な自由、感覚的自由が考えられている。こういう幸福主義的な個人主義が、なぜ他面において、国権主義を基礎づけ得るのかということは、ついに突込んで問題とされなかつた。」（「自由民権運動史」一九四八、三二七～三二八頁）

丸山においては、こうした矛盾対立関係の内的連関の追究を通して、「新しい規範意識」による「国家原理としての民主主義」（同上、三三〇頁）へのルートを見出そうと努めているわけであるが、こうした視点は、「国家―個人」関係の位相をこえて「国家―市民社会（個人の相互関係）」関係の位相においても同様にその内的連関の追究として貫徹されている。

「近代国家は御承知の様に、中正の位階的秩序の否定体であり、教会とかギルドとか荘園とかのいはゆる仲介的勢力〔pouvoirs intermédiaires〕を一方、唯一最高の国家主権、他方、自由平等な個人という両極に解消する過程として現はれる。だから、この両極がいかに関係し合ふかということが、近代政治思想の一貫した課題になつてゐるわけだ。」（前掲「ラッセル『西洋哲学史』を読む」二五九頁）

「一六四八年と一七八九年の革命に於て、封建社会を排除して華々しく登場した近世市民社会はヘーゲルがいみじくも喝破した如く欲望の体系〔System der Bedürfnisse〕である。そこでは人間活動の一切の規準が『個人の労働並びに一切の他人の労働及び欲望の満足によつて、欲望を媒介し、かつ個人を満足せしめること』に置かれる。従つて市民社会は何よりもまづ経済社会である。……（中略）……市場に於ける交換契約によって始めて原子的に分裂した私的生産者は社会的全体にまで総括される。まさしくここでは『社会』は個人の契約によつて成立つのだ。従つてこの社会に於ては結合を可能ならしめる社会的規制は決定的な重要性を持つ訳である。さうしてこの規制は本来私的意欲の下にのみ生産する個人の内に意識的基礎づけを見出す事が出来ないから、それは外的な力によつて支えられねばならない。国家権力はかかる使命を帯びて登場する。」（「政治学に於ける国家の概念」一九三六、一〇頁）

丸山によると、国家（主権）と個人とに両極分解した中世の秩序体は、新たな「近代国家」として「自由平等な個人＝〈国民＝市民〉」を基礎に再び秩序体として構成しなおされるのである。

「……個人主義的国家観といふのは、あらゆる社会的拘束から脱却した自由平等な個人――それは当然に抽象的存在であつて肉体を欠いてゐる――を最後的な実在と看做し、一切の社会関係をばその個人の相互関係から説明し、その相互作用の円滑を確保する唯一の保証を国家主権に求める如き国家理論を総称する。」（同上、一三頁）

つまり、丸山の説く「近代国家」は「個人の自然権」と「国家主権の絶対性」（同上、一四頁）、いわば権力の拡散性と集中性の矛盾的結合において存在していることになり、その国家観の特異性は「その国の市民社会発展の特異性」（同上、一五頁）によって相互媒介的に規定されることになるのである。例えばそれぞれの国家観が、「英国の国家論に於ては個人（権）の上に、独逸に於ては国家主権の上にアクセントが置かれてゐた」（同上、一七頁）というように。したがって、丸山の図式に従えば、ファシズム国家もこの近代「市民的＝権力的国家」の「国家主権の絶対性」への極限的移行形態としてとらえられることになるのである。それ故、こうした「国家—社会（個人）」関係を前提とする限り、即ち、「市民社会」の背後に「権力国家」の必然的存在があり、その存在のあり方は市民社会の自生力いかんを媒介として相互的に決定されるとする限り、丸山は、「国家」と「社会」との関係を単に無媒介的な二元論においてとらえ、市民「社会（個人権）」による権力「国家」の批判という形式的・外面的な多元的国家論に止まることは出来ないのである。丸山は、その両者の矛盾関係に内在しその関係水準を批判的に超越する契機を求めて、その矛盾関係の特異な内的連関性を執拗に追究しようとするに至るのである。そこには、すでに指摘したように「全体—部分」の関係ではなく「矛盾—運動」の関係においてとらえられた「ヘーゲルの弁証法」が、根強く作動しているといわなければならない。

4　丸山思想史学の方法と「近代」認識

(1)　「体制イデオロギー崩壊史」論と問題点

「はじめに」で丸山の思想家評価の視点について述べたが、以上丸山が終始主張してきたところは思想の「内側からの理解」である。それが、丸山にとって「原理・原則の一貫性」を内面的に把握する営みとなってあらわれてきたことは、次のような点に総括的にみることができる。

「……孫文主義の内からの理解とは何か。私はそれはなにより孫文自身の問題意識を把握することだと思ふ。孫文は何を語つたか若くは何と書いたかではなくして、彼が一生を通じて何を問題とし続けたかといふことである。彼が現実を如何に観たかといふことよりむしろ、彼は如何なる問題で以て現実に立ち向つたかといふ事である。」(「高橋勇治『孫文』」一九四四～五、一六四～一六五頁)

こうした視点を丸山自身に向けるとき、我々は丸山の一貫した問題意識を「近代国家と主体(自由)」の形成に求めることができる。その意味で丸山思想史学は、近代的「主体」形成論であり、「国家と主体との関係」論、即ち「主体の認識論(思惟様式)と国家体制(政治構造)との内面的連関づけ」を批判的に照射し続けてきたものだということができよう。そして、その「近代」形成の課題にとって、「(近代的)〝自由〟の立ち遅れてゐるところにかへつて〝自由〟の理論的掘り下げが行はれる事にな」(前掲「ラッセル『西欧哲学史』を読む」二六一頁)ったドイツ観念論哲学とくにヘーゲルが注目されたということなのであろう。むろん、ヘーゲルへの注視は上述してきたとおり、まさにその「認識」の根底において二つの原則(主体性の哲学と矛盾の弁証法)としてとらえられたものであっただけに、それをかいくぐってもたらされたところの近代日本における丸山自身の「近代国家観・近代主体観」のあり方、およびそれを前提としたところの丸山自身の具体的な思想史解明の方法論について、その特質・限界が十分内在的に検討されなければなるまい。

とくに方法論の問題は、こうしたヘーゲルの「主体性の哲学」と「矛盾の弁証法」を前提にとらえられてきた丸山の、近代「国家―主体」関係における内的連関の具体的なとらえられ方に関する問題である。端的にいえば、これは、近代一般の「国家―個人」関係の内面的連関性・照応性の問題を、特殊「日本近代」の道筋のなかでいかなる具体的対象に求め、いかなる視点からの解き方をしているかという問題である。この方法論の問題について、丸山は「近代的思惟」（一九四五）の中で自身の課題との関係に触れながら次のように述べている。

「……私はこれまでも私の学問的関心の最も切実な対象であつたところの、日本に於ける近代的思惟の成熟過程の究明に愈〻腰をすゑて取り組んで行きたいと考へる。従つて客観的情勢の激変にも拘はらず私の問題意識にはなんら変化がないと言つていい。…（中略）…私は日本思想の近代化の解明のためには、明治時代もさる事ながら、徳川時代の思想史がもつと注目されて然るべきものと思ふ。しかもその際、儒教思想は封建イデオロギーで、蘭学やそれと結びついた自然科学思想が近代的だといつた様な一刀両断の態度でなしに、儒教乃至国学思想の展開過程に於て隠微の裡に湧出しつつある近代性の泉源を探り当てることが大切なのである。思想的近代化が封建権力に対する華々しい反抗の形をとらずに、むしろ支配的社会意識の自己分解として進行し来つたところにこの国の著しい特殊性がある。従つてその過程の追究は決して性急な観察者の予期する様な派手なものではない。却つてそこにはスコラ哲学的な煩瑣を厭はぬ『粘り』が必要とされよう。」（同上、一八八～一九〇頁）

これは丸山の復員後第一声であるが、ここには戦前期の仕事（『日本政治思想史研究』収録論文）

の正当性に裏打ちされた丸山の思想史学方法論が、その延長線上に「学問的宣言」としてうたいあげられているとみることができる。その意味では、よく引用される同上書の「あとがき」五・八頁の方法論についてのものと同旨であり、その先行形態であるとみることができよう。「日本思想の近代化＝近代的思惟様式の成熟過程」を「正統的なイデオロギーの解体過程」（前掲「あとがき」八頁）の裏返しにおいてみていくという丸山の方法は、「徳川封建体制崩壊の必然性を思想史的な側面から最も確実に実証する」（同上、五頁）という点で、「国家体制―個人」関係の内面的連関把握の方法としてとられたものであるが、それは、明治「国家体制」以降の日本における「自由」意識の形成と特質を「儒教的規範意識の変容過程のうちに」（前掲「日本における自由意識の形成と特質」二九九頁）みていこうとする方法と同じものである。新たな「国家―個人」関係の内面的連関の積極的把握ではなく、旧「国家体制―個人」の内面的連関づけ＝体制イデオロギーの消極的・解体的把握なのである。そして、ここで丸山の注目する「体制イデオロギー＝儒教」は、「思想体系」としてのものではなく国民底辺まで浸透した「思惟範型」としてのものである。

「……一つの纏つた思想体系としての儒教が我が国民の間にどれ程の広汎な範囲に於て受容され、その日常生活に対して実質的にどれ程の規制力を持つたかといふ事になると、儒教の最盛期とされる徳川時代でもかなり問題であり、また思想界のみに就いて見てもそれが殆ど独占的地位を占めたのは徳川前期だけであるが、儒教の強力性はその様な体系としての影響力にあるのではなく、むしろ儒教の諸々の理念が封建社会の人間にとつていはば思惟範型〔Denkmodelle〕となつてゐたといふ点に存する。…（中略）…現実の封建主従関係は一定の歴史的＝社会的状況から生れたもので、儒教はその形成乃至発展によし現実的には全く関与しなかつたとしても、そのことはそれがあくまで儒教的『君臣』の眼から眺められ、上下の礼とか貴賤の名分とかの儒教的理念を通じて観念されることを妨げるものではない。親子関係や夫婦関係についても同様である。もしひとが近世儒教を包括的に封建的イデオロギーと呼ぶならば、それは儒教がかうした視座構造〔Aspektstruktur〕をなしてゐたといふ意味に於てのみ正当な規定といひうる。」（前掲「福沢諭吉の儒教批判」九三～九四頁）

したがって、こうした体制イデオロギーの「思惟範型＝視座構造」の推移・転回こそが、丸山にとっての近代的思惟のメルクマールになるのである。このように「国家―個人」関係の内的連関として何より「旧・体制イデオロギー」の自己崩壊にこだわるのは、そこに丸山の「国家体制―個人」の内的連関を結びつける「旧・体制人」形成の鍵があったからである。ただ、崩壊という積極的ではなく消極的な形での解明は、丸山の鮮明な「西欧近代」のイメージとはうらはらに、「日本近代」の積極的な像を切結ぶことはむつかしい。日本近代への過程においては、新たな体制イデオロギーとして徳川時代ほど明確な「思惟範型」を形成するものがみあたらないということなのであろうか。それとも、第二次大戦前までの体制イデオロギーは実質的には「儒教的なもの」として把握されているが故に、その崩壊をたどれば裏返しの把握で事足りるということなのであろうか。丸山の思想史学が積極的な新しい「展望」を切結びがたい所以も、この「崩壊研究」の裏返しに止まる提示にあるということからくるものであろう。しかも、裏返しである限りその可能性は、「一定の（丸山の理念型としての）近代」への道筋としての既定的契機か、それからの限界＝欠如としてしか提出することができない。その意味では、資本主義的思惟の普遍的傾向において「日本前近代→西欧近代」という直線的な発展段階線上における「論理整合性」を求める形になっており、丸山の「存在の矛盾的把握」は、「日本前近代」そのものの多様な矛盾対立とそこからの内在的な展開可能性の契機を見失なってくるものといわざるを得ない。丸山の方法が「非土着的・非内発的」といわれる所以である。ところで、丸山が次のように言うのは、決して十分ではないが論理的「崩壊＝裏返し」研究をこえて積極的把握への方向性の一端を示したものであろうか。

「……思想の内在的な自己運動の抽象的な否定でなく、そうした自己運動自体を具体的普遍たる全社会体系の変動の契機として積極的に把える努力を試みない限り、思想史研究と社会史研究とは徒らに相交わらぬ平行線を描くのみであろう。」（前掲「あとがき」六頁）

丸山自身、旧体制イデオロギー（思惟様式）の解体が直ちに新しいそれらの形成につながるという短絡的方法にふれて、「正統的なイデオロギーの解体過程を裏返せばそのまま近代的イデオロギーの成熟になるという機械的な偏向に陥って」（同上、八頁）いたと反省を加え、「封建的イデオロギーを内部から解体させる思想的契機を以て直ちに近代意識の表徴とは看做し難い。それはむしろ本来の近代意識の成熟を準備する前提条件とでもいうべきものである」（同上）としているが、基本的には「体制イデオロギー崩壊史」論そのものの正当性を疑ってはいない。この方法の大きな問題点が、具体的な「主体」を介在させない形で、抽象的な「思惟論理レベル」での直接的照応関係をみるところにある、という点への目はなお届いていないのである。

また、この「体制イデオロギー（思惟様式）崩壊史」論の最も大きな問題は、「国家体制―個人」の内的連関のありようをみるために、当然ながらもその対象が「国家体制＝政治的秩序」の主体形成・保証装置である体制イデオロギーに限定されるという、政治的領域への限定性にある。しかも、抽象的思惟の「構造的推移」を跡づけることからも、その具体的対象は明証性に耐え得る程度の、「国家体制」の支配者・知識人層およびその典型的反映としての被支配者層、研究対象としてはとくに前者に限定されることになり、いわば一種の支配エリート史観を形づくることになる。したがって、多様な「民衆の騒擾」などにみられる反政治・反秩序などへの内発的な契機とか、非政治的秩序形成への契機とかは、「非正統」化され対象のらち外におかれてくることになる。それが対象とされるのは思想家の「政治」思想的レベルに反映された限りにおいてである。その意味では、丸山の思想史は端的には「突出した峰渡りの系譜」としてとらえられるに止まる。それ故に、非政治的な契機から政治的契機への民衆次元における内在的「転化」過程、民衆の「主体」形成は、丸山の視野には入ってこない。入ってこないというよりも、むしろ、「知識人のパターン」とは異なったプロセスによる思想形成の問題としてとりあげるべきにもかかわらず、「知識人のパターン」の規準においてのみ裁断されるということになる。そこには、「政治的主体」としての「西欧的知識人」のタイプが存在するばかりである。この問題は、「知識人と民衆との関係のあり方」という六〇年代以降の民衆史学が受けとめた課題であって、「政治学＝体制学者」丸山真男のものではないということもできよう。そして、丸山が体制イデオロギーにこだわる所以も、この「政治学」的領域への限定性に由来するものであるということができる。（この丸山の「政治学＝制度学」的カテゴリーへの限定という点については、吉本隆明がすでに『日本政治思想史研究』の批判的検討において、「儒学の政治主義的な転回」・「政治的思惟の優位性」への視座の偏重として批判し、丸山が荻生徂徠におけるそれらの点に日本における「政治学の成立＝政治的思惟の成立」をみているとして、丸山思想史学の「政治」思想史学たる所以を指摘している〈前掲『丸山真男論』五一～六〇頁〉。）

(2)「近代」認識と問題点

上述した「主体」形成論および「認識論（思惟様式）と国家体制（政治構造）との内的連関」論が没価値的になされているわけはなく、そうした課題および視点の設定自体が一定の「主張」をもっていることはいうまでもない。

「……理論も歴史も、社会的現実の学問的な再構成だ……。歴史の方は現実を不断の発展と変化の相において捉えて行くのだが、理論は同じ現実の不断の流れをある時点においていわば人為的に中断して、現実の断面構造とそれを構成する諸契機の相互的な関連を法則的に認識しようとするのだ。」(「歴史と伝記」一九五〇、五〇五頁)

叙述には、「人為的再構成」という点で不可避に主体が介在しその「主体的契機」が必要とされるのである。思想史の内在的叙述方法とのかかわりで研究者自体の主体性がいかに大切か、丸山は次のように述べている。「没価値的」叙述の背後に「価値的」態度が根深く貫徹されていることを肝に銘じておく必要がある。

「思想史を勉強していていつもしみじみ感じる事は、思考の方法なり価値判断なりにおいて実にさまざまのニュアンスとヴァラエティに富んだ古今の思想の林に分け入つて、夫々の立場を歴史的背景の中に位置づけながら、生き生きと再生する事のむつかしさである。それを思うたびに私はいつもさまざまの性格に扮しなければならない俳優の仕事を連想する。……偉大な思想家ととり組んでその発想の内的な必然性を見きわめ、語られた言葉を通じて語られざるものをも読取ろうとすると、どうしても概念的な構成力を越えた一つの全体的直観とでもいつたものが要求され、それだけ芸術的表現力に接近して来る。自分の理論を展開する時と違つて、思想史を書く場合にはどんなに肌の合わない立場なり考え方でも、超越的に一刀両断するというわけに行かず、一度はその思想の内側に身を置いてそこからの展望をできるだけ忠実に観察し体得しなければならない。それは丁度嫌いなあるいは苦手な役をふり当てられた俳優の立場に通ずるものがある様な気がする。その上思想史の叙述で大事なことは、さまざまの思想を内在的に把えながらしかもそこにおのずから自己の立脚点が浸透していなければならない事で、そうでないとすべてを『理解』しつぱなしの虚無的な相対主義に陥つて、本当の歴史的な位置づけが出来なくなつてしまう。」(「自分勝手な類推」一九五一、五二七〜五二八頁)

これまで述べてきたところによると、丸山の一貫して立脚してきた「主体」こそは、自立精神と合理的認識に支えられた「政治的人間=近代的人間」であり、その政治構造こそは、それを媒介主体として「国家—社会(個人)」の矛盾対立関係を止揚した民主的「政治的国家=近代国家」体制であった。これは、理念型にまで高められたという意味で一つの「思惟範型」といえる丸山の「近代」認識であり、そしてこれこそは、ヘーゲルの精読においてとり込まれてきた「主体性の哲学」と「矛盾の弁証法」による丸山の「近代国家—近代主体」観そのものであったということになろう。

まず、この点が、即ち丸山の「近代」認識は何よりも本質的には近代「政治的国家」形成とそのための近代「政治的主体」の形成を前提にしたものであった、という点が、問題としてとらえられなければならない。むろん、これは、丸山自身の「近代国家」が「民主主義による国家」として肯定的にとらえられたことから由来している。「市民的自由」が無視されているのではなくそれを前提として「政治的自由」が存在することは承知されているのであるが、政治学者・丸山の視座は、上述したように「政治的」思惟の偏重によって政治的領域への目くばりの方がはるかに強く、「市民社会的＝非政治的」領域ことに「生活」経営空間における非政治的努力への配慮が不当に低いことはいなめない。それ故に、「表層」的な「国家」秩序形成への政治レベルのみを理性的・「作為」的なるものとして評価し、「基底」的な「社会」的生活レベルの人為を作為にまで至らぬ「自然」的なるものとして、後者における非政治的な「自治」秩序（生活共同体秩序）等を低くみる傾向がある。確かに、支配者層・知識人層の「政治的理性」に比較すれば、非政治性なるが故にその「政治的理性」への認識は貧しい。しかし、基本的にいえば、生活外在的規制となる政治的理性とそれに巣くう階級・階層は、生産と生殖を基本とする「生活者」にとって直接的には即ち生活内在的には必要不可欠の存在ではなく、かえって負担増となる「必要悪」の存在である。したがって、政治的支配とはかかわりなく自主的協同＝相互扶助努力で支えられている、いわば「生活的理性」による「非政治的＝自然的」人為の所産である生活共同体を単に「自然的なもの・即自的なもの」として否定しさることはできない。その意味では、丸山は、真に「民衆生活」次元に内在しそこからの「政治国家」次元への屈折した「思考回路」を見出すことができていないのではないか。これは、丸山の論理が民衆の高みに立つ「民衆のために」の近代啓蒙の論理ではあっても、民衆の低きにつく「民衆とともに」の共苦する知識人の、厳しい自己解体と改造を体質とした論理ではない所以である。（この丸山批判の真意は、都市文明下において自己変革なき「生活（農村）共同体」の即自的再生を主張するアナクロニズムにあるのではない。自己変革した「自立」的民衆＝市民の創意を基軸にした、「国家止揚＝市民社会共同体の再編成」への可能性の内発的契機を見失なってはならぬというに止まり、その生活次元からの内在的「自治」原理の再生評価に止まるものである。)

丸山がこのように本質的に「政治的国家」と「政治的人間」の形成を過度に期待するのは、丸山の立場が支配・知識層という体制操作可能な立場に置かれているという点からくるものであろうが、それよりも、理論的には、丸山自身の「国家権力」および「政治」概念がプラス評価されてとらえられている点に起因する。その意味では、近代国家の政治における「支配性＝搾取・抑圧性」面への「作為」性とその立脚根拠をシビアーに視野に入れていないことになる。こうした政治本質論への目がある限り、「作為性＝《イコール》政治支配性」批判として、現状の「政治肯定」から「政治の自己否定」さらには「政治そのものの否定」へ向けて政治批判の射程をのばすはずであるが、丸山には、その方向性はうたわれていない。丸山にとっては、「政治」は中性概念にすぎないのである。丸山の「権力」把握の傾向性は、「権力を人間あるいは人間集団が『所有』するものと見る立場、すなわち具体的な権力行使の諸態様の背後にいわば一定不変の権力そのものという実体がある」(「政治権力の諸問題」一九五七、前掲『現代政治の思想と行動』四二五頁)とする「実体概念」としてよりはむしろ、「権力を具体的な状況における人間〔あるいは集団〕の相互作用関係において捉える」(同上)「関係概念」としてとらえ、制度や機構なども「人格相互関係〔interpersonal relationship〕の無数の連鎖と反応から成り立つており、それが一つの循環過程として形態化されたもの」(同上、四三〇頁)とみるところにある。したがって、「権力構造を権力過程にまで不断に動態化し後者をまた組織連関における人格相互作用のダイナミズムにまで一旦ときほぐして考察する操作」（同上、四三一頁）を行なうのである。そこには、政治権力の正統性についてもその根拠を、「物理的な力」よりも「心理的な服従」（「政治学入門」一九四九、四三四頁）という主体の「内在的合理的なもの（例えば人民の同意という様な）」（同上、四三五頁）に求める傾向が強く打出されてくることになるのである。つまり、「政治学は究極において『人間学』であり、政治現象をどこまでも人間行動の力学として捉えて行く」（同上、四四七頁）学として規定することによって、丸山は、「一定の状況に対して人間がいかに反応するか、人間の他の人間に対する働きかけ方にはどういう類型があるか」（同上、四四八頁）というように、「政治」を主体にとって極めてリアルな重相関係下のダイナミズムのものとして認識していく態度をとっている、ということができよう。

それは、「現実」の諸関係が所与の動かしがたい固定的なものとしてではなく、主体の「作為」によって操作可能な極めて流動的な相互移行的なものとしてとらえられているところからくるものである。確かに「現実」を相対化させることによって現実批判のリアルな目をかちとった輝かしい反面で、「現実」の重たさを闇に葬り軽視することになったといわざるを得ない。丸山は客観的にはやはり「エリート」の立場に立っているのであり、民衆の目によって「現実」をうけとめ批判していくという、民衆媒介の、民衆意識をかいくぐったうえでの認識態度ではない、ということを改めて言明しなければなるまい。これは、知識人としての「民衆との協同・共闘」論の受けとめ方の核心にかかわる問題である。丸山が「同一基準」なるが故に民衆を知識人と同次元・同質的に扱っているという逆説的な見方からすれば、丸山こそ実質において民衆の可能性を高く評価しており我々の方こそ「民衆蔑視」論に立っているといわれるかもしれないが、そうでないことは、丸山の態度が自己変革された「民衆に学ぶ」ものかどうかからみれば自明である。竹内好・吉本隆明の定説のごとく、民衆と知識人との乖離こそが転向原因であり知識人の「自己（位置）認識」の欠落を増幅させたものだったとすれば、その「協同・共闘」論からみても、「民衆の一人」として民衆の痛みを感得し民衆の心意世界を媒介とした「問題＝現実」の受けとめ方をすることが、「共苦する知識人」として自らの主体変革＝自己変革による受けとめ方となるのではないだろうか。そうしてこそ、「主体（民衆）―国家」の矛盾関係の内的連関への注目は、さらには政治的理性批判を通して深められ、「民衆→自治協同社会→連合体制」の方向へとその射程距離をのばしていくことになるはずである。

さらに、丸山の「近代」認識の問題としてよくいわれるのは、丸山の「近代」は「西欧型」の近代国家と近代主体＝市民であるという点である。この点は既に略説したので省きたいが、ただ問題なのは、丸山が主体における「自立」精神および「近代合理主義」認識の問題、とくに後者の問題をどの程度深刻にとらえているかという点である。いうまでもなく西欧の「近代合理主義」認識は、「実質的合理性」との内的連関性を断ち切った「形式的・技術的合理性」としてその自己展開をしていく傾向があり、今日その問題性は合理主義理性が「政治的支配理性」を前提とした単なる「操作的道具理性」へと矮小化され転落している点にある。丸山の「近代合理主義」への方向性は、その原初からの上記のごとき内在的問題性をどう深刻につかまえ得ているのか。少なくとも、『戦中と戦後の間』に関する限り、「近代合理主義」の無限的可能性を前提としたオプティミスティックな枠組設定に止まっているといわなければならない。むろん、当時（一九五七年）の段階まで、なお、そのマイナス面を考慮に入れる必要もないほど「近代日本」の認識（思惟様式）は「非合理」的だったということになるのであろうが、全体的にはこうした問題点への歯止めが弱く（近代合理主義の問題性については前掲「福沢に於ける『実学』の転回」『東洋文化研究』第三号、一八～二〇頁、に触れられてはいるが）真正面からとり扱われてはいない。これも、丸山の「近代文明」的全体性からの「体制イデオロギー崩壊史」論への領域限定化の限界が出ているのではないかと思われる。

5　おわりに

丸山思想史学における以上の諸問題は、丸山のヘーゲル観を軸にして極度に増幅操作して表面化させたという印象を与えるかもしれない。しかし少なくとも、原理的に演繹把握すればそうなるのであり、一定の批判は保有しているのではないかと思われる。が、しかしそれでもなお、丸山思想史学の「深さ」に対してどれだけ学的止揚のくいを打込めたかについては、疑問の余地が残ることはいなめない。この丸山思想史学の「深さ」に関連して最後にみておかねばならないのは、「政治学は究極において『人間学』である」とする丸山の「人間としての眼差しの深さ」ということになろう。丸山の「論理」尊重が単なる「形式」操作をこえて「実質」感情を呼び起させる所以も、本質還元論的には丸山自身の「眼差しの深さ」にあるのではないか。我々は、「E・ハーバート・ノーマンを悼む」(一九五七)という文章の中に、ノーマンに共感しそれをすくいあげる丸山の眼差しの深さを感得しなければならない。そして、こうした「眼差し」を認知し尽したうえでの丸山思想史学の内在的止揚でなければ意味をもたない、ということを改めて認識する必要があろう。

「ノーマンは歴史の幹線から離れた入りくんだ路地や、そこに人知れず咲く野草にも似た雑録、あるいはエピソードのたぐいに飽くことのない興味をいだいており、そうした話題の豊富さは、彼を知るすべての人の舌を巻かせた。一体にノーマンは史上の人物にしても、表通りを堂々とカッポする政治家・将軍・あるいはオーソドックスな碩学などよりは、その時代の異端者やちよつとひねくれた遁世の諷刺家など、歴史のあわただしい授業の中ではとばされてしまうような傍役に、より多くの関心と嗜好を示した。……安藤昌益に対するノーマンの早くからの着目と共感も、たんに昌益の論理や主張ということだけでなしに、まさに昌益が『忘れられた』、しかも異端の思想家であつたところに根ざしていたように思う。」(同上、六二四~六二五頁)

「彼はむろんアカデミシャンにありがちな、牡蠣のように史料にへばりつくだけで想像力の羽ばたきを頑くなに拒む『実証』史家ではなかつたが、他面において、プロクルステスの寝台のような『法則』でもつて歴史を裁断するには、その豊かさを愛撫し多様さをいとおしむ情があまりに深かつた。彼はこう述べている。『歴史はすべての糸があらゆる他の糸と何かの意味で結びついているつぎ目のない織物に似ている。ちよつと触れただけでこの繊細に織られた網目をうつかり破つてしまうかもしれないという恐れがあるからこそ、真の歴史家は仕事にかかろうとする際にいたく心をなやますのである。』（『クリオの顔』）むろん他方『大きな統一テーマ』をとりあげる場合、歴史家はつねに複合する諸契機のなかでより本質的なものと派生的なもの、決定的なものと付随的なものを選りわけなければ、木を見て森を見ない結果におちいつてしまう。歴史叙述にとつて不可避的なこうしたディレンマ、『つぎめのない織物を引きさく』ことのツラサを自らのうちに感じないような粗雑な神経の持主は、それだけで歴史の神クリオに仕える資格を欠いている――これがノーマンがケンブリッジ時代の師メイトランドにたたきこまれた教えであり、またノーマンの本来のはだ合いでもあつた。」（同上、六二六～六二七頁）

まさに、複合する諸契機の裁断と相互関連への内在性という冷徹さと、そうした裁断から「こぼれ落ちる一すじ二すじのほつれ糸」（同上、六二七頁）に対する執着への共感という相互矛盾の関係に注目するとき、「正統的体制イデオロギー」に固執していく正統的政治思想史家としての丸山と、それにもかかわらず否それ故にこそ「ほつれ糸」が気にかかっていく丸山、という丸山自身の相互矛盾関係の内面的連関の深淵をのぞかざるをえない。丸山思想史学止揚が単なる形式的断罪で済むわけでなく、なおも困難をきわめる所以であることを肝に銘じておく必要がある。ヘーゲル哲学は、こうした丸山の深いアンビヴァレントな「体質」のうえに、その「禁欲」的態度貫徹の論理として置かれているのだという点を改めて確認しなければなるまい。

《註》

丸山の「主体＝政治的主体」形成論（「主体性の哲学」）に色こくみられるのは「国民∨市民」意識であり、その意味では丸山自身、自らの否定にもかかわらず本質においては極めて深い「国民主義者《ナショナリスト》」といえるのではないか。竹内好の、「私にとって桑原武夫や丸山真男は、彼ら自身の思想はナショナリズムに否定的であるにもかかわらず、ある種のナショナリストの原型に思える」（「明治維新百年祭・感想と提案」一九六一、『竹内好全集』第八巻・所収、筑摩書房、一九八〇、二三七頁）という言葉は、実に素直に納得できるものである。むろん、丸山の「国民主義」は悪しきそれではなく、国家と個人との矛盾対立関係を内面的連関において受けとめた形でのものであった。その意味では、見方を変えていえば、丸山の「主体」形成論は「国家」の存在を肯定的にとらえその「健全化＝民主主義化」を前提とする限りにおいて成立する「主体」形成であったといえよう。

この「主体」形成論の継承は松下圭一によってなされ、これまでの「国家統治」を前提とする「自治」概念を否定し、下からの新たな「市民理（徳）性」の形成を基軸にした「市民自治」体制を構想している。そこには、既存の国家体制の枠組そのものを構造的に変革・止揚する方向があり、丸山の「体制内」的限界を内在的にこえ出ようとする努力がみうけられる。丸山の「主体」形成論は、松下において「国家止揚」の可能態をもったということができる。

また、丸山の「矛盾の弁証法」の継承は藤田省三によってなされ、その思想史学方法論は実に厳密な形で受けとめられてきているといってよい。「対象それ自身の論理にくぐり込んで、対象をして自らの論理的帰結の前に立たしめ、それによって批判しようとする」（『天皇制国家の支配原理』第二版、未来社、一九六六、一九八頁）方法論がそれである。藤田は、対象を構成諸要素の矛盾対立関係においてとらえ、その関係下での要素間の内的かかわり方を「論理的」展開過程において極限化したうえで、それを「歴史的」展開過程と照応させてくる。それによって思惟と存在との綜合＝史的全体把握を図ろうとするのであり、藤田の方法は多分に混合形態からの純化・転化というヘーゲルの論理展開に依拠している。そこには、丸山の「矛盾の弁証法」を意識的に操作・洗練しつくしたスタイルがあるというべきである。丸山の「矛盾の弁証法」は、藤田において一応の極限形態をもったということができる。

（一九八一・三・一三）

第二章　丸山政治思想史学と天皇制国家批判

——『日本政治思想史研究』論考——

1　丸山思想史学止揚の位相

(1)　『日本政治思想史研究』と批判の位相

丸山真男の『日本政治思想史研究』(東大出版会、一九五二)は戦前の三論文、「近世儒学の発展における徂徠学の特質並にその国学との関連」(『国家学会雑誌』第五四巻第二・三・四・五号、一九四〇)、「近世日本政治思想における『自然』と『作為』——制度観の対立としての——」(同誌、第五五巻第七・九・一二号、一九四一～一九四二)、および「国民主義の『前期的』形成」(同誌、第五八巻第三号、一九四四)を収録したものであるが、むろん、その中心は前二者の徂徠学の研究にある。第一論文が儒学の系譜を発展史的に扱った勉強の成果としての「習作」段階に止まるのに対して、第二論文はその基礎作業をふまえて「封建的社会秩序」観の「自然」的秩序観から「作為」的秩序観へのドラスティックな転換に焦点を絞り込んだものである。その意味では、丸山の実践的・理論的問題意識と方法論を最も典型的な形で結晶化させたものといってよい。いずれにせよ、この二論文は、丸山政治思想史学の原点たる位置を占め、戦後にまで連続する氏の政治学（「近代的主体」形成と「近代的国家」の論理）と思想史学（主体性の哲学と矛盾の弁証法）のありようを端的に示すものである。(1) 政治思想史学を志す者にとって、丸山政治思想史学との関係をいかに律するかということが自己の位置認識と学問形成にとって不可避な課題であり続けている今日の学問的状況に思いをめぐらすとき、改めて、その研究水準の高さと影響力の大きさを認識せざるを得ない。

むろん、自らの思想史学を形成せんとする者にとって丸山思想史学の水準に止まることはできず、その批判・止揚の諸契機を求めて現在まで多様な試みがなされてきているが、未だ「止揚」段階に達しているとは到底いえない状態である。これらの試みは、同上書止揚の方法からほぼ二種に大別することができる。一つは、丸山のすくいあげた問題史としての「論理」を存在論化し歴史の「場」に還元して相対化する方法であり、歴史学主義あるいは歴史的相対化主義の立場に立つものである。これは主に、丸山の研究対象である「近世」儒学の解体過程に焦点をあて、丸山が「日本朱子学＝中国朱子学＝スコラ哲学」という類比的等式を前提にスコラ哲学の解体過程をモデルにして儒学の自己崩壊論を展開していることに対する異議申し立てである。それ故、同上書を「近世」思想史学として扱いその「類比」批判を実証的方法によって行なう点で、専ら「近世」思想史家の仕事となっている。(2) 彼らの意図は、丸山における「〈日本朱子学＝徳川封建体制〉＝〈中国朱子学＝アジア的停滞〉＝〈スコラ哲学＝純粋封建制〉」の等式の大小いずれかの一端を断ち切る各個攻撃によって、丸山の成立基盤を切りくずす点にある。確かに丸山の同上書には、日本朱子学と徳川封建体制との適合性、日本朱子学と中国朱子学・中国朱子学とスコラ哲学との同質性、中国朱子学とアジア的停滞との適合性、等々においてその非歴史的把握に対する問題点は多い。しかしながら、その批判の正当性を認めたうえでもなお、近世思想史家の批判は非本質的で基本的に大きな問題が残るといわざるを得ない。それは、「類比」的等式を前提としている限り、丸山としても当然各々の特殊性・相互の異質性を承知しており、それ故あえてそれらの特殊性を超えて普遍的構図を提起することとの真意についてその核心的「論理」こそが究明されるべきであるにもかかわらず、この点については十分な配慮がなされていない、ということである。

この点からすれば、丸山止揚の他の一つの方法が要求されてくる。それは、丸山の「論理」を歴史によって相対化するのではなく、「論理」によって相対化する政治学主義の立場に立つものである。それは、丸山の方法的特質に注目する場合、氏の方法が、思想的論理を社会構成や政治イデオロギーに還元しその特殊性を把握する「歴史的還元」論にあるのではなく、むしろ逆に特殊性から普遍性への「論理の抽象」という方向性にこそある、という点から導かれてくる必然的結果である。それ故に丸山の真意は、歴史的実証の側面にあるのではなく、類比による「論理構成」とその背後にある時代状況との実践的なかかわり方という問題意識の側面にあるということになる。丸山の徂徠学研究は、内容的には「近世」思想史でありながらも、本質的には執筆当時の時代状況に決定的に規定された「近代」「政治」思想史として読まれるべきであり、何よりその「論理的枠組」をまず第一義的に問題にしなければならないのである。その際、「状況―内―思想研究」としての丸山の「論理」を単に外在的＝状況史的に取扱うのではなく、あくまでも思想の論理の問題として、「丸山の〈論理〉に内在し超越する」内在的方法を基軸にすえることが政治学主義の立場から丸山思想史学を内在的に止揚する契機（丸山の限界）を求めるうえで要求されてくることになる。むろん、この政治学主義は、歴史学主義的側面を全く無視しようとするものではなく、論理の生成条件・歴史的規定性を追究するうえで後者との連関を視野に組み入れていく必要があることはいうまでもない。

その意味では、「論理」の性格規定の傍証的証拠として、当時の丸山をめぐる「学界」および「思想界（論壇）」周辺を若干あらっておく必要がある。丸山自身も同上書の「あとがき」の中で、徂徠学研究の歴史的規定性について次のように述べている。

「私は本書の校訂をしながら、これらの論稿がいかにそれが書かれた歴史的状況によつて内面的に規定されているかをあらためて痛感させられた。……私が今日ハッキリ感じていることは、そこでの種々な問題設定や分析の進め方、ないしは、いろいろな歴史的範疇の規定自体が……やはり根本的に八・一五以前の刻印を受けており……」（前掲『日本政治思想史研究』あとがき二頁。圏点は原執筆者、以下同じ。以下同上書からの引用には書名を略し引用頁のみを示す）

この「八・一五以前の刻印」とは、いうまでもなく、学問的には「ファシズム的歴史学」（あとがき八頁）とそれへの抵抗的態度であり、その当時の丸山の姿勢は、津田左右吉事件の直前史の当事者の一人として事件への対応にうかがうことができる。丸山の第一論文の第一回の発表は一九四〇（昭和一五）年二月であり、津田の日本神話及び上代史に関する四著書（『神代史の研究』一九二四、『古事記及日本書紀の研究』同上、『日本上代史の研究』一九三〇、『上代日本の社会及び思想』一九三三）が発禁処分にされた月に当る（起訴は三月）。これより先一九三九年一〇月、東大法学部では南原繁学部長のもとで「東洋政治思想史」講座を開設し、一二月まで最初の講義を津田を迎えて連続六回行なった。(3) 最終日の一二月四日、待ちかまえていた原理日本社系の「質問」という名の津田に対する「糺問」に対し、「自分にとんで来る火の粉をはらう気持にちかい」感じで当時の丸山助手が「勝手にどしどし彼等と博士の間に割り込んで行って応戦した」(4) ことは周知の事実である。当時、東大法学部は「天皇機関説の総本山」「赤化容共の出自」「人民戦線学風の本営」と名指しで非難されていたうえに、『支那思想と日本』（一九四〇）により、儒学と日本文化との連続性の否定を根拠に東洋文化圏を否定し、「東亜新秩序建設」を冒瀆したとして右翼日本精神主義者達に非難されていた津田を迎え入れたことが、彼らにとって「驚くべき挑戦」として映ったのである。(5) したがって、こうした当事者的状況のもとで書かれた丸山の徂徠学研究における「論理」の意味が何であったか、その問題意識に内在して読み取っていかねばならないのである。

また、丸山の徂徠学研究に直接的な影響を与えていると考えられるものに、「思想界（論壇）」

における戸坂潤の徂徠学評価がある。戸坂は、『日本イデオロギー論』（一九三五）の中で、「封建制意識＝復古主義＝原始化主義」[6]（挙国皆兵と農本主義）が小市民的中間層の「市民常識としての精神主義」（〔反技術主義・反機械主義・反唯物思想〔?〕・反理性主義」[7] 等。角括弧内は原執筆者、以下同じ）を通過することによって社会的基盤をもつとき、「漠然たる復古主義であることを已めて、ハッキリと限定された精神主義・日本精神主義・として、一つの政治観念（皇道精神）にまで市民的常識への発達を遂げる」[8]（丸括弧は引用者、以下同じ）という枠組を提供している。ここには、明らかに、後述する徂徠学の一側面である「復古主義」的要素を日本ファシズムの「文化統制」思想の原型として位置づける図式があり、徂徠学評価視点の決定的分岐点を形成しているということができよう。この戸坂の評価に対して丸山はいかなる徂徠学評価を与えようとしているのか、マルキシズムに親近感を抱きながらもその外在的評価を超えようとする丸山の問題意識の射程に、当時の指導的な反体制イデオローグたる戸坂のこの評価への何等かの批判的対応が入っていないということはできまい。[9]

(2)　本論の意図

丸山の問題意識に内在していく「内側から」の研究をすすめていくところに本論の意図があるが、そのことは、丸山の徂徠学研究が一つの状況規定を受けていることを「外的状況」によってではなく、あくまで「内在論理」によって示そうとすることを意味する。したがって、それは、丸山が何を研究したかではなく、何を以て研究したかということに注目していくことになる。その点からすると、戸坂潤の徂徠学評価との関係から、まず徂徠学の特質の中にいかなる「近代的」メルクマールを見出して天皇制国家とそのイデオロギーに対置させているかという見方をとらざるを得ないのである。それは、丸山が天皇制国家と徳川封建体制とを類比させ何よりもその「体制崩壊」に注目し、それ故、国家体制と個人との内面的連関づけとしての「体制イデオロギー」の自己崩壊の必然性に過度に注目している点から導かれる。

「……本書執筆当時の思想的状況を思い起こしうる人は誰でも承認するように、近代の『超克』や『否定』が声高く叫ばれたなかで、明治維新の近代的側面、ひいては徳川社会における近代的要素の成熟に着目することは私だけでなく、およそファシズム的歴史学に対する強い抵抗感を意識した人々にとっていわば必死の拠点であったことも否定できぬ事実である。私が徳川思想史と取り組んだ一つのいわば超学問的動機もここにあったのであって、いかなる磐石のような体制もそれ自身に崩壊の内在的な必然性をもつことを徳川時代についてむろん思想史という限定された角度からではあるが——実証することは、当時の環境においてはそれ自体、大げさにいえば魂の救いであった。」（あとがき八頁。傍点は引用者、以下同じ）

むろん、こうした超学問的動機の強さ故に、近代的要素の過大評価とか、「体制の自己崩壊」という非主体的思想性などの問題性は残るが、逆にいえばそれ故にこそ次のような明確な学問的問題意識へと連結されたともいえる。

「第一章（第一論文）と第二章（第二論文）はとくに密接に補充し合う関係に立っている。そこで共通するライト・モチィーフになっているのは封建社会における正統的な世界像がどのように内面的に崩壊して行ったかという課題である。……その際、とくに第一章において、いわゆる狭義の政治思想に視野を限定せず、むしろ徳川封建社会における視座構造〔Aspektstruktur〕をなした儒教的〔特殊的には朱子学的〕世界観全体の構造的推移をなによ り問題とした所以は、第一章の結びにも若干触れておいた通り、そのことが徳川封建体制の崩壊の必然性を思想史的な側面から最も確実に実証すると考えたからで、この考えに関する限り、いまでも私は正しいと思っている。」（あとがき五頁）

そして、この「体制イデオロギー崩壊史」論への注目こそは、当時すでに過ぎ去った日本資本主義論争における講座派・労農派双方の外在的な本質還元論的方法とは違った角度から、「体制崩壊の必然性」を内在的に追究するものとして、丸山において密やかな自負とともに採用されたものだったのである。しかし丸山はそれを、後述するごとく世界史的国家論段階（「近代国家」論）と結合させ時代批判へと媒介していったのである。そのことは、極めて限定された視点からであるとはいえ、体制崩壊の「論理」的必然を氏自身の「精神のポリティーク」として提示したものということができる。それ故、丸山の「整序性＝構造的明晰性」・「世界的普遍性」という方法的特質は、「論理」の転倒にかけた丸山の精神からはじめて正当に理解されてくることになり、丸山批判を「近世」的次元＝「歴史的相対化主義」的次元で行なうことの非本質的な所以を知らしめるものともなる。

以下において、丸山のとらえた、朱子学的合理主義から近代合理主義への移行に占める徂徠的「転回」（非合理的信仰〈形式〉による近代的合理認識〈内容〉の獲得）と、そこにおける「主体的人格絶対化」論と徂徠学、一般化していえば「主体性」論と「近代政治」学の特質とその意味を追うことにしたい。

（1）方法論的視点から一貫的連続性としてとらえられる期間は、一九三六年から一九五七年までである（『戦中と戦後の間』〈みすず書房、一九七六〉が同期間に限定されているのがそれを象徴的に示している）。明確には一九五九年の「開国」（『講座現代倫理』第一一巻、筑摩書房、一九五九）論文以降、丸山の問題意識は「普遍史的な段階論」・「マルクス主義的歴史認識論」を基底とした普遍性志向から「文化接触による思想変容の問題」に移行し、外来思想を日本化させる特殊性の諸契機の解明に重点を移している（丸山「思想史の方法を模索して——一つの回想——」『法政論集』第七七号、一九七八、二二六～二二七頁）。

（2）単行本に限定すれば代表的なものとして、尾藤正英『日本封建思想史研究——幕藩体制の原理と朱子学的思惟——』（青木書店、一九六一）、田原嗣郎『徳川思想史研究』（未来社、一九六七）、守本順一郎『東洋政治思想史研究』（未来社、一九六七）、衣笠安喜『近世儒学思想史研究』（法政大学出版局、一九七六）がある。また、丸山思想史学を起点とした「近世」思想史研究における学説史的整理については、安丸民衆思想史学のフィルターを通したものとして、本郷隆盛「近世思想論序説——史学方法論を中心に——」（本郷・深谷克己編『近世思想論』有斐閣、一九八一）、同「支配の論理と思想」（Ⅰ）（Ⅱ）（Ⅲ）（吉田晶・永原慶二他編『日本史を学ぶ』第三巻、有斐閣、一九七六）がある。なお、戦後の「近代」思想を批判的に検討する視点からの丸山論（単行本）として、吉本隆明『丸山真男論』（一橋新聞部・一九六三、増補改稿版・一九六三、『吉本隆明全著作集』第一二巻・勁草書房・一九六九)、中島誠『丸山真男論――屹立する自由人の精神――』(第三文明社、一九七四)がある。

(3)丸山「ある日の津田博士と私」(『図書』一九六三年一〇月号)六〜七頁。講座設置・開設の過程については、東京大学百年史法学部編集委員会「東京大学法学部百年史稿」(十一)(『国家学会雑誌』第九五巻第一・二号、一九八二)一〇八〜一〇九頁を参照のこと。

(4)丸山、同上論文、九頁。

(5)丸山「南原先生を師として」(『国家学会雑誌』第八八巻第七・八号、一九七五)二一三〜二一五頁。『原理日本』一九三九年一二月・臨時増刊号(津田左右吉氏の大逆思想)。

(6)戸坂潤『日本イデオロギー論』一九三五(岩波文庫、一九七七)二〇二〜二〇四頁。

(7)戸坂、同上書、二〇五頁。

(8)戸坂、同上書、二〇六頁。

(9)徂徠学評価をめぐる戸坂潤と丸山真男の対照については、芳賀登が既に指摘している。氏は、戦前と戦後の徂徠学評価について、戦前の戸坂を最も「典型」とする、『歴史科学』誌の系統は、徂徠学を「農本主義のひとつの形」としてとらえ「ファシズムの思想の形」としてマイナス評価してきたが、「徂徠学から国学へのつながりを追求しようとする」丸山をはじめとする戦後における傾向は、むしろ、徂徠学を「ファシズム化にたいする抵抗」としてとらえ「近代思想の原型」としてプラス評価する見方に変ってきたとしている(高橋磌一・佐藤昌介他『シンポジウム日本歴史』第一二巻・近代思想の源流、学生社、一九七四、三二一頁)。また、尾藤正英は正当にも丸山の日本思想史研究を戸坂の継承であるとしてとらえ、「昭和十年以前のような資本主義論争ができなくなったあとで、新しい形でそれを継承するというのが、丸山さんご自身の主要な問題関心だったと思う」(同上書、三三二頁)と述べている。

2　徂徠的「作為」（＝丸山的「作為」）の特質把握

(1)　丸山の枠組

丸山における徂徠的「作為」の特質とその近代的メルクマールを抽出するに先立ち、まず、丸山の方法論と徂徠学の位置づけにかかわる前提的枠組を指摘しておくことにしたい。

これは丸山思想史学の性格規定と深くかかわってくる点であるが、まず丸山は、「思惟の全体構造」（認識的枠組）である世界観全体を対象とし、その「思惟構造＝視座構造」（あとがき五頁）の構造的推移・転回点に注目し、矛盾的存在である対象の「混合」形態から「純化」への解体過程と、転回点における「価値の転倒＝意味転換」に執拗にメスを入れていくのである。[1] したがって、その適用として日本の朱子学的合理主義の展開もまた、その合理主義的諸要素の混合形態の純化・解体過程においてとらえられ、究極的存在＝根源たる「理（太極）」の、万物への「内在性（実体性）」と万物からの「超越性（原理性）」（二二頁）という二重性の自己解体過程においてとらえられてくるのである。具体的には、事物に内在する「自然」法則（物理）が人間に適用されるときには同時に人間「規範」（道理）になる、という「自然と規範の連続性」（二五頁）が「自然」と「規範」とに純化・解体していく、「自然と規範の分離」過程が追究されてくることになる。この分離過程は、自然サイドからみれば、自然・歴史・人欲等という存在が道学的制約下に置かれている状態から、その道学的制約を脱ぐわれて各々固有の「文化価値の自律性」（一八八頁）を与えられてくるということを示すものである。また、規範サイドからみれば、逆に、自然主義的制約を受けた「規範＝道」がその二重性（自然主義＋規範主義）を解消されて、人間自然性を解放する（山鹿素行）と同時に規範を純化する（伊藤仁斎）方向に分解していく過程となるのである（二一七〜二一八、一六九頁）。

こうした方法と枠組でとらえられる日本朱子学の分解過程の追究は、一般的には前近代的＝朱子学的合理主義から近代合理主義への純化を追うものといえるが、何よりもそれは、「社会関係（規範）＝社会秩序の根拠づけ」（二〇九頁）の段階的進化に注目しそれに絞り込むための前提である点に注意しなければならない。つまり、社会関係の妥当根拠が、大きく「自然」法の段階から法を作成する「主体＝行為」の段階への転換としてとらえられているのであり（二〇八〜二〇九頁）、後者への「転回」点に荻生徂徠の「作為」を位置づけようとしているのである。そこには、当時の「現実＝所与」としてある天皇制国家秩序の根拠づけを厳しく問う丸山の批判的姿勢があるというべきであり、天皇制国家秩序の根拠たる「自然性」への否定が色濃く潜在しているということができる。

(2)　「作為」の段階

では、具体的には丸山は徂徠的「作為」にいかなる特質と近代的メルクマールを見出しているのか。徂徠学のメルクマールとしては、(a)政治主義への転回＝政治的思惟の発見、(b)「主体的人格の絶対化」＝ペルゾーンのイデーよりの優位性、(c)政治的リアリズムの獲得、(d)学者の位置の認識、の四点が考えられるが、その前段階としてまず、丸山における仁斎学の評価にふれておきたい。社会秩序の「自然」法による根拠づけの段階においては、「自然」の二重性（自然＋規範）から、ザインとしての自然「法則」によるオプティミスティックな根拠づけとゾルレンとしての人間「規範」によるリゴリスティックな根拠づけが考えられるが、後者への分化である仁斎的「自然」を以て、丸山は徂徠的「作為」への前段階としてとらえている。つまり、仁斎は「天理の自然性＝道」（一七〇頁）を「人道」に限定することによって、まず社会規範と自然法則との連続性を断ち切り、さらに進んで規範の妥当根拠を理想主義的に純化された「道」そのもののイデーに求めた、とするのである（五五～五六頁）。その意味では、仁斎において、「道の自然界からの分離」性とともに「道の（自然的）人性からの超越性」（五六頁）が示され、ここにおいて道は、「人間がまさに実現すべく課せられた」（同上）自《おの》ずから然る「先験的な絶対性」（九五頁）としてとらえられたのである。

(a)しかしながら、「道＝規範」の自然よりの分離・超越化の方向としては、仁斎のごとく道を「人道」に限定し規範を内面化する方向の外に、徂徠のごとく規範を徹底して外面化する方向が考えられ、丸山においては徂徠の方向が正当なものとしてとらえられている。徂徠は「道＝規範」を外部的客観的「政治」制度（礼楽）に限定し（二一一頁）、「公的＝政治的＝社会的＝対外的」なものの「私的＝個人的＝内面的」なものよりの価値的先行によって「政治性の優位」を打出したのである（一〇六〜一〇七頁）。むろん、こうした公私の別と政治主義への転回において仁斎よりも徂徠を評価するということは、丸山の思想評価の基準と内的動機がいかなるものであるかを端的に示すものであり、「非政治主義」的立場を可とする吉本隆明などの仁斎評価とは完全に位相を異にしているといわなければならない。[2] 丸山の関心は何よりも「政治的思惟」・「政治の固有性」の発見にあったのであり、それは、近代政治学の祖＝マキアヴェリの『君主論』における「政治の個人倫理の束縛からの赤裸々な解放」（八四頁）の線上でとらえられたのである。

「……政治の個人倫理の束縛からの赤裸々な解放という点で『君主論』は『太平策』（徂徠著）よりもはるかに徹底している。……しかしともかく徂徠学において政治的思惟の道学的制約がこの（道理にはずれても政治目的を尊重する）程度にまで排除されてゐる以上、近世欧州における科学としての政治学の樹立者の栄誉を『君主論』の著者が担つてゐる様に、我が徳川封建制下における『政治の発見』を徂徠学に帰せしめることはさまで不当ではなからう。」（同上）

近代日本の「政治」的固有性の欠落に対する批判と、日本における「科学としての政治学」の発見の喜びがここには脈打っており、丸山は徂徠学において純粋な「政治的」領域と「政治制度」論の展開可能性を獲得したのである。むろん、そこでは未だ制度依存による「制度の物神化」がもたらす政治制度の悪弊などには思いは至っていない。また、こうした規範の「公的＝政治的・社会的・対外的」なものへの積極的な限定は、逆にいえば、限定されない部分である宗教・道徳などの「私的＝個人的・内面的」なものの消極的解放を意味することにもなる。

「……道の外在化によつて一応ブランクとなつた個人的＝内面的領域を奔流の様に満すものは、朱子学の道学的合理主義によつて抑圧された人間の自然的性情より外のものではありえない。かくて徂徠学における公私の分裂が日本儒教思想史の上にもつ意味はいまや漸く明らかとなつた。われわれがこれまで辿つて来た規範と自然の連続的構成の分解過程は、徂徠学に至つて規範〔道〕の公的＝政治的なものへまでの昇華によつて、私的＝内面的生活の一切のリゴリズムよりの解放となつて現はれたのである。」（一〇九～一一〇頁）

そして、この消極的な意味での「私的なものの解放」は、国学において積極的な意味づけを与えられてくる。そこには、徂徠学と宣長学との「思惟範疇（公―私）の連続性」と、思惟の体系化の中心の移動による「配置転換」（「公∨私」から「公∧私」へのウエイトの転換）という、丸山思想史学の「転回」論が次のように示されている。[3]

「……朱子学における規範と自然との連続の分裂は、一方に規範性の純化、他方に自然性の解放といふ二面的な発展をとつたが、重点は之までつねに前者に置かれ、後者は文字通り解放として消極的な意味をもつてゐたことである。その分裂を最高度に押進め、規範を純政治的なものに迄高めて、一切のリゴリズムを排除した徂徠学においても、聖人の道の本質は公的な側面にあつた。しかるにいま宣長が徂徠的な道をもなほ斥け、一切の規範なき処に彼の道を見出したことによつてはじめて人間自然性は消極的な容認から進んで、積極的な基礎

づけを与へられた。」（一六九頁）

(b)こうした「政治主義への転回」は裏返せば非政治主義への再転可能性をはらむものでありながら、丸山においてはアクティノな側面、「政治的主体」の発見としてしかとらえられてこない。しかし、丸山の「政治的」領域への固執を非難するよりもまず、徂徠的「作為」の真髄としてとらえられている「主体的人格の絶対化」に注目しておきたい。徂徠は社会規範＝制度の妥当根拠を、仁斎のように「規範自体のうち（イデー）」にではなく、「自らの背後にはなんらの規範を前提とせず逆に規範を作り出し、これにはじめて妥当性を付与する人格」＝「絶対的作為者（聖人＝先王＝道の制作者）」（二一二頁）に求めた。つまり、聖人を先験的絶対性としての普遍的イデーの体現者としてではなく、むしろ、そうしたイデーや「一切の政治的社会的制度に先行」する存在として、「無秩序から秩序をつくり出す」（二一三頁）「政治的人格」として位置づけたのである（二一七頁）。この、「ペルゾーンのイデーよりの優位性」（同上）は丸山において近代への不可欠な前提として次のように述べられている。

「聖人概念に……普遍的イデア的意味がまつはつてゐる限り礼義法度の制作者としての具体的聖人も結局、その価値性を己の背後のイデアから仰いでゐることになる。それでは先王は未だ絶対的主体ではない。徂徠が聖人を全く具体的歴史的存在としての先王に限定し、『聖人は学びて至るべからず』（弁道）として非人格的理念化を防止したことは、先王に道の絶対的作為者としての論理的資格を付与するための不可欠の前提であつた。」（二一三頁）

ここにみられる「主体的人格の絶対化」論こそは、丸山が徂徠的「作為」の中に政治的主体としての「自立的・理性的主体」の確立を見出したものである。秩序とそれを形成する主体との内面的連関づけを保証するものであると同時に、逆に自ら作り出した社会規範＝制度に対する責任を積極的に受けとめていく主体のあり方を見出したものということができる。その意味では、この主体は、制度の枠内においてその自己展開に身をゆだねていく「受動的」な人間のあり方を示すものではない。つまり、この主体は、「政治」制度を対象化し変革していく操作能力を十分もつものに限定されており、被支配＝弱者の立場にある人間を想定しているわけではないのである。しかし、こうした一定の限界があるとはいえ、これは丸山の一貫した「主体形成」論の輝かしい根拠創出となったものとしてとらえることができる。

また、徂徠における「超人間的絶対的人格」（二七〇頁）を根拠としそれを介在させることによってはじめて秩序観は、所与としての「自然的秩序」観から「秩序の外に立ってそれを制作し動かす主体」（二二七頁）による合目的的（合理的）な「作為的秩序」観へと転換されたのである。しかし、この「主体的人格の絶対化」即ちイデーからペルゾーンへの転回による「近代的＝合理的」秩序観への転回は、丸山も述べているように、「聖人（国学の場合は皇祖神）に対する（絶対的な）非合理的信仰」（一八六頁）という人間としての没主体化によって逆に合理性と主体性を獲得する、というパラドックスの所産であることに気づかねばならない。こうした最も無理な「転回」点に注目してその内的連関を執拗にパラドクシカルに解いていくところに、丸山思想史学の

「思惟様式転回」論の真骨頂があるというべきであるが、それを世界史的普遍性において説くところに丸山の強さ（強靭な形式論理性）とそれ故の弱さ（質の欠落）とが同居しているといわねばならない。丸山は、朱子学より徂徠学を経て国学に至る経過を「非合理的傾向への展開」として次のように述べている。

「近代的理性は決して屢々単純に考へられる様に、非合理的なものの漸次的な駆逐によつて直線的に成長したのではない。近代的合理主義は多かれ少かれ自然科学を地盤とした経験論と相互制約の関係に立つてゐるが、認識志向が専ら経験的＝感覚的なものに向ふ前には、形而上学的なものへの志向が一応断たれねばならず、その過程においては、理性的認識の可能とされる範囲が著しく縮小されて、非合理的なものがむしろ優位するのである。われわれは欧州の中世から近世にかけての哲学史において、後期スコラ哲学の演じた役割を想起する。ドゥンス＝スコートゥスらのフランシスコ派やそれに続くウィリアム＝オッカムらの唯名論《ノミナリスト》者は、盛期スコラ哲学の『主知主義』との闘争において、人間の認識能力に広汎な制限を付与し、従来理性的認識の対象たりし多くの事項を信仰の領域に割譲すること（不可知論）によつて、一方に於て宗教改革を準備すると共に、他方に於て自然科学の勃興への路を開いた。徂徠学や宣長学に於ける『非合理主義』もまさにかうした段階に立つものにほかならぬ。」（一八五～一八六頁）

後期スコラ哲学以降デカルトに至る哲学史は、「神と世界との内面的牽連（連続的関係）」をふりほどき、神に万物の創造主としての「絶対的自由意思＝絶対主権性」を付与する道であったが（二三六頁）、この「神の営んだ役割」こそ徂徠学における「聖人の役割」（二三八頁）であったのであり、この神の俗化としての人格的表現が後に指摘する「絶対君主」であり江戸期における「徳川将軍」（二三九頁）であったのである。しかし、後述するようにこの類比の位相には大きな問題が残ることはいなめない。

(c)この徂徠的「作為」が古代聖人とその時代に限定され、自然から作為へ転換したまま放置されることによっては、「現実の事態に対する政治的決断」（二一九頁）は招来されず、また「作為された道が、その作為主体から離れ、客観化されたイデー」（二一八〜二一九頁）へ転化し、「自然」的秩序へ回帰することになる。丸山は、この回帰防止として徂徠的「作為」を「そのたびごとの作為」としてとらえ、そこに政治的リアリズムを見出しているのである。

「徂徠に於て聖人の道は時代と場所を超越した普遍妥当性を持つてゐる。しかしそれは決して自づから実現されるイデーではなく、各時代の開国の君主による、その度ごとの作為を媒介として実現さるべきものである。ここではイデーの実現は自然的秩序観の様に内在的連続的ではなく、時代の替るごとに、新たな主体化を経験するといふ意味に於て非連続的である。」（二一九頁）

ここには「自然—作為」関係の不断の転化＝ダイナミズム認識と絶えざる作為があるが、そこにこそ、丸山は永久革命としての民主主義論、「民主主義の不断の秩序形成[4]」を見出しているのである。それ故、政治制度の妥当性をその現実の政治制度固有のリアリズムに基づく実効性においてのみ評価する、という態度を示しているといえよう。

(d)以上が、丸山が徂徠的「作為」においてとりあげた主要な特質とそれに対応する近代的メルクマールであるが、もう一つ、丸山の「政治学」者としての位置認識にかかわる徂徠の学問論にふれておくことにする。公的政治と私的道徳との連続を断ち切り聖人の「政治的価値を絶対化」することによって、徂徠学においては、「道を実践し乃至は作為することはもっぱら政治支配者の任務」(一一四頁)となり、それ故儒教は「治国平天下の(手段の)学」として専ら政治支配者の学となった。そしてそれ故に、『学問をすること自体は却って私的なこと」(一一三頁)とされ、「学問それ自身を究極の目的とする儒者」(一一四頁)の任務は、最広義においては学問を通して治国平天下に寄与しているとはいえ本来的には「私的=非実践的領域」(同上)に属せしめられ、「道を認識し之を叙述する」(一一二〜一一四頁)点に限定されたのである。

「窮理と徳行と、徳行(修身斎国)と治国平天下とを直線的に連続せしめる朱子学においては、その理論的性格が非政治的であるが故に却つて儒者の任務は政治的となり、私的道徳と政治との連鎖を断ち切つた徂徠学においては儒教の本質を治国平天下に見出したが故に却つて儒者の地位は非政治的なものとされるのである。」(一一四頁)

これを学問的価値をポジ化する方向で読みとれば、この文は、「政治」と「政治学」の峻別に基づく、政治学者としての丸山自身の「学者の自立=非政治化」とそれ故の「学問の自由」の堅持が確固たる位置を占めていることを示すものとなる。

(3) 徂徠的「作為」の位置づけ

丸山はさらに、以上のような徂徠的「作為」＝主体的「作為」を世界史的な「近代国家」論と結合させて位置づけ、時代批判へと媒介させようとする。自然的秩序から作為的秩序への転換に際し、「あらゆる非人格的なイデーの優位を排除し、一切の価値判断から自由な人格、彼の現実在そのものが究極の根拠でありそれ以上の価値的遡及を許さざる人格」(二三八頁)を起点としなければならない点を指摘してきたが、その人格こそは、世界に対して「絶対的自由意思＝絶対主権性」をもつ神と、「宗教的絶対者にまで高められている」(二三三頁)聖人のアナロジーとしての、「俗化した神＝政治的(絶対)支配者」であった(同上、二三八頁)。丸山は、この政治的主体について、「自己の背後になんらの規範的拘束を持たずして逆に一切の規範に対する主体的作為者」(二三四頁)、「一切の規範秩序内在性から解放され逆に一切の規範秩序を自己の自由意志から制定し、之に最後的妥当性を付与する人格」(二三五頁)等と執拗にペルゾーンの優位性を繰返しながら、その具体的人格を西欧の「絶対君主」(徂徠学における「徳川将軍」)とその類比としての「天皇」に求め、その政治的主体の限定から拡散への線上において政治的主体としての「市民＝国民」を登場させてくるのである。つまり、丸山は権力の集中性と拡散性の原理(二四五、三五九頁)を適用した形で、「絶対主義国家」から「近代市民国家」への段階的移行過程を以て「近代国家」を把握しているのである。むろん、丸山の意識にあっては、この絶対主義国家と政治的絶対主義は、封建的秩序解体＝変革のための「魔物」であり、「人作説＝社会契約説」による市民国家への進展の契機としての過渡的＝短命的存在という希望的位置づけがされている。それ故、この移行に至らない絶対主義国家の停滞、絶対君主の強化・固定化は、近代国家の全体的枠組によって厳しく批判されることになっている。しかし逆にいえば、政治的絶対主義における「主体的作為」は、主体的作為という限りでイデー克服としての反封建的要素をもつものではあるが、その量的拡大への契機を閉ざされている場合には、まさに真正の「魔物」としてのマイナス機能に転化することになるのである。「近代」を切開くファクターのすべてが無条件に「良き近代」を保証し続けるものではなく、桎梏に転化することもあり得るのである。この点が、丸山自ら「明治維新の近代的側面」「一君万民的絶対主義」（あとがき八頁）のプラス評価を過大評価だったとして反省をしている根拠になっているのである。(5)

また、丸山の近代国家の枠組における政治主体の拡散＝移行が限定された「上から」の「政治支配者（絶対君主）」から「下から」の両義的な「政治支配者＝被支配者（市民）」への移行とされる限り、その両者には政治主体としての質的位相の相異があるのであるが、丸山においてはそれが不問にされたまま、すべてが政治支配者としての「市民＝小君主」として、単に上からの方向の量的拡大の次元に還元されて考えられているのである。したがって、いうまでもなく、徂徠的「作為」＝主体的「作為」の「政治的支配」としての質的限定性からくる限界ではあるが、政治秩序を対象化し操作しえず、運命的所与として受けとめざるを得ない大多数の「弱者＝被支配者」層は対象のらち外とされ、それ故その層の「非政治的」主体性も対象のらち外に位置づけられてくる。丸山における徂徠的「作為」はあくまでも、「政治的＝近代的主体」の形成とそれによる「政治的＝近代的国家」形成のアクティブなる論理なのである。

その意味では、丸山がとらえた徂徠的「作為」＝主体的「作為」は、徂徠学の諸側面のうち極めて限定されたプラス面のものということなのである。徂徠学を「質」的な側面からみれば、「作為＝武士の農本化」による「自然＝原初的な封建制」への復帰（二二〇頁）によって幕府的絶対主義を再強化しようとした点で、まさに進行する商業資本主義に対する「反動」的内容をもつものといえる。また「形式」的な側面からみれば、徂徠学は、これまでみてきたように、対象の公的領域への限定によって支配者の立場からの「政治的主体・政治的思惟」を確立させたものとして、絶対主義国家段階を端緒とする近代＝政治的国家に対応するものとして位置づけられる。また、公的領域への限定の裏返しに注目すれば、まさに公的領域への限定を前提とした限りでの、即ち政治制度の制約下での「人間性の解放」(6)として、一面市民国家の段階に対応するものとして位置づけられてくる。こうした徂徠学の三面性のうち、丸山が最も評価してすくいあげたのは、いうまでもなく二番目の「政治的主体・政治的思惟の確立」の側面であり、その近代性であった限りで、第1節で示した戸坂潤の「徂徠＝復古主義者」としての外在的なマイナス評価を退けているといえるのである。ここには、時空に制約された思想「内容」の外在的評価をこえて、思想的「体質」の内在的評価と「思想＝思考」再生産の可能性を求める思惟様式論の切開いた地平が明確に示されているというべきであろう。

(1) 丸山はマンハイムの「ペルスペクティヴィスムス（視座構造の理論）」に、「対象と認識との一対一の対応関係」をつきくずし、「精神史を社会史の文脈の中におきながら同時に、精神史特有の発展形態を明らかにする」鍵を見出したとして、次のように述べている。

「精神史特有の発展形態の一つとして、先行する思惟様式や体系からの継承が、いわゆる加算的綜合〔Additive Synthese〕として単線上で起らないで、問題設定の移動——思惟を組織化・体系化する際の中心点の変動として起る、ということがあります。……しかも、そうした問題設定の移動は、先行する思惟様式・諸範疇を継受しながら、その意味転換が行われるという二重の過程を伴います。同じ範疇が存続しながら、思考を組織化し体系化する〔狭い意味の理論『体系』をいうのではありません〕中心が異るためにいわば『配置転換』が起って遠近法的な位置づけが違ってくるわけです。」（前掲「思想史の方法を模索して」一八〜一九頁）

(2) 吉本、前掲『丸山真男論』（『吉本隆明全著作集』第一二巻）五一〜六八頁。

(3) 思想史における「思惟範疇の内在的な連続性」と後続する思想における同じ範疇での「意味転換（非連続性）」とを統一的に把握する方法論の適用として、第一論文のケースを次のように指摘している。

「……徂徠学と国学との思想的関係を考えた折に、個々バラバラの『影響』としてでなく、徂徠学の体系構造における公的側面と私的側面との分裂……、という前提の下に、後続する国学における思惟の体系化の中心が徂徠学においてはあたかも私的領域に位置づけられていた、というところに両者の体系的連関性を認め、そこから両者における諸々の概念の連続性と非連続性とを、また思考様式の継承と『価値の顚倒』という一見矛盾した両側面を、描き出そうとした……」（丸山、前掲論文、二〇頁）

なお、国学の側面からの追究として、松本三之介『国学政治思想の研究——近代日本政治思想史序説——』

（有斐閣、一九五七）を参照のこと。

（4）丸山は「民主主義＝永久革命」論を、〈「である」こと＝自然〉と〈「する」こと＝作為〉との関係の中で次のように述べている。

「民主主義というものは、人民が本来制度の自己目的化――物神化――を不断に警戒し、制度の現実の働き方を絶えず監視し批判する姿勢によって、はじめて生きたものとなり得るのである。それは民主主義という名の制度自体についてなによりあてはまる。つまり自由と同じように民主主義も、不断の民主化によって辛うじて民主主義でありうるような、そうした性格を本質的にもっています。民主主義的思考とは、定義や結論よりもプロセスを重視することだといわれることの、もっとも内奥の意味がそこにあるわけです。」（丸山「『である』ことと『する』こと」一九五八『日本の思想』岩波書店、一九六一、一五六～一五七頁）

（5）丸山は日本における絶対主義の究明において、「徳川封建制の政治構造が決して典型的なレーンスヴェーゼンに貫徹されていず、ウェーバーのいわゆる家産的官僚制の契機によつて深く浸透されていること、その結果、絶対主義化の途が一面近世初期のヨーロッパ絶対主義〔いわゆる官僚化された後期家産制bürokratisierter Spätpatrimonialismus〕への方向と他方、アジア的専制への方向との重畳として進展して行くこと」（あとがき九頁）に留意しなければならないとしているが、「近代日本国家」の二重性を指摘し、自らの前者（ヨーロッパ絶対主義）への傾斜を反省するものとして注目される。

（6）尾藤は、徂徠の「礼楽刑政」観を「制度や組織がうまくできあがっていれば、世の中はよく治まる。そして、人々はそれぞれ所を得て、安らかに生活することができる」（尾藤・野口武彦「荻生徂徠全集」〈思想と潮流〉『朝日ジャーナル』一九七三年四月一三日号、六一頁）という点に求め、その体系を「人間の生活とか社会とかを、全体として包み込んでしまうもの」（同上）としている。それ故、その中での人間は、「〃包まれた存在〃で、受動的なものになるわけだから、そこにかえって無責任という意味での自由が出てくる」（同上）とし、そこでの「人間性の解放」・「欲望の解放」について、確かに、社会的な「責任が全部社会機構のほうに移されてしまって、個人個人の次元では非常に自由になる」（同上）が、その意味での「人間性の解放は、やはりワクのなかでの解放にすぎない。ほんとうの意味でのヒューマニティーとかヒューマニズムとは少し性質が違う」（同上、六一〜六二頁）と疑問視している。なお、徂徠の「法と人間との関係」論については、尾藤「荻生徂徠の思想――その人間観を中心に――」（『東方学』第五八輯、一九七九）を参照のこと。

3 天皇制国家批判

(1) 主体的「作為」の位相

丸山のとらえた徂徠的「作為」＝主体的「作為」の実質は、政治的領域における「近代的主体」とそれに基づく「近代的国家」の形成にあり、そこに丸山自身自らの「近代政治」学成立の可能性をみた。丸山のすくいあげた徂徠学の近代性こそは、ファシズム期のいわゆる国体論的政治学によって保証された天皇制国家に対する批判規準として対抗的に提出されたものであったということができる。丸山はまず主体的「作為」を、「ゲマインシャフト（自然的）よりゲゼルシャフト（作為的）へ」・「身分社会（家族関係）より契約社会（自由意思）へ」（二二四頁）という前近代から近代への社会的結合関係の理念的な構造的転換において鮮やかに位置づけたが、そのことは、その世界普遍史的な位置づけと正当性を与えることをねらったものということができる。主体的「作為」に託した丸山の天皇制国家批判・時代批判の具体的諸相を以下に検討することにするが、それは作為の特質に対応した形で、(a)固有価値の独立・固有法則性＝相対的多元的価値、

(b)主体的作為＝政治的能動性、の主張点に求められ、それらの総括として(c)天皇制的「作為」イデオロギーの批判に至ると考えられる。

(a)まず、徂徠学における自然と規範の分離、公（政治社会）私（個人内面）の分離は、何よりも「政治の固有性」を限定的に獲得するとともに、諸々の「文化価値の自律性」（一八八頁）を保証することになった。この点は、とりもなおさず、公私の未分離のままあらゆる精神的規準・価値体系を一元的に収斂し独占的に決定する、徳川封建体制と類比された天皇制国家のありようを直接的に批判するものである。むろん、ここには、「国家主権が精神的権威と政治的権力を一元的に占有する[1]」ことによって、「倫理が権力化されると同時に、権力もまた絶えず倫理的なものによって中和されつつ現われる[2]」という二重の問題性が的確につかまれていることはいうまでもない。それ故に、丸山における国家観は、「近代国家＝中性国家」の理念として後年次のように規定されたものに通じていたといえる。

「ヨーロッパ近代国家はカール・シュミットがいうように、中性国家〔Ein neutraler Staat〕たることに一つの大きな特色がある。換言すれば、それは真理とか道徳とかの内容的価値に関して中立的立場をとり、そうした価値の選択と判断はもっぱら他の社会集団〔例えば教会〕乃至は個人の良心に委ね、国家主権の基礎をば、かかる内容的価値から捨象された純粋に形式的な法機構の上に置いているのである[3]。」

ここには、国家が「倫理的実体」として君臨することにより「主観的内面性[4]」の価値決定まで外在的に下すことによって、個人自立の根拠たる内面的自由を底あげ・喪失させられることへの根強い抵抗的姿勢が貫かれている。

また、いわゆる「近代批判・近代超克」が叫ばれていた時代状況にあって、こうしたザイン（自然）とゾルレン（規範）の分裂進行を「前近代的なものへの復帰」（一八九頁）によって性急に解決しようという動向に対して、丸山は新カント派の立場のごとく「政治と倫理の分離」・「各々の文化価値の自律性」を厳然として受入れようとしているともいえ、この外見上「分裂」に対し「分裂」を以てする矛盾ともいえる問題の対応の仕方をどうみたらよいのか。丸山は「近代批判・近代超克」の問題提起そのものを、真の問題は「近代」受容上の特殊日本的問題でありながら近代西欧一般そのものの問題として提起しているとし、そうした「近代認識の皮相性」こそが問題であるとしてとらえているのである。いわば「底の浅い日本の近代」にして起りうる「底の浅い」問題把握と幻想的な問題解決としてとらえているのである。(5) それ故、「近代批判・近代超克」は何より「真正近代」そのものの定着を前提としてはじめて可能となる問題なのであり、その解決は前近代へのストレートな復帰ではあり得ないとして次のように述べている。

「市民は再び農奴となりえぬごとく、既に内面的な分裂を経た意識はもはや前近代的なそれへの素朴な連続を受け入れる事は出来ない。むろん自律性を自覚した各文化価値も他から全く無関連には存しえない。例へば芸術と雖も深い根柢においては倫理的なものと連つてゐよう。しかしその連繫が直接的に主張されるとき、芸術は芸術たることを止める。歴史も決して単なる過去の事実の叙述にはとどまらぬであらう。しかし歴史がなんらかの道学的規準の奴婢となつてゐる間は、如何なる意味においても本来の歴史を語ることは出来ない。ヘーゲルのいはゆる実用的歴史叙述〔pragmatische Geschichtsschreibung〕の徹底的な超克の後に、真の歴史叙述は始まる。……現在のわれわれにとつては、一切の規範的制約を排した歴史的事実そのものの独自的意義の承認の上に立ちつつ、如何にその実証性を失はずしてこれを価値に関係づけるかといふ事、並びに、あくまで政治の固有法則性の自覚を保有しつつ、その倫理との新たなる結合を如何に構成するかといふ問題だけが残されてゐるのである。」(一八九頁)

「近代批判・近代超克」という名の「前近代」への直接的復帰論は、その天皇制国家の価値体系・思考様式に通ずる形式的同質性故に厳然として否定され、「前近代」は「近代批判・近代超克」上の否定的媒介として認知されるに止まるということなのである。それ故、実際的問題の現実的解決は、すべて、矛盾に引き裂かれた主体自身の辛抱強い理性的な「主体的努力」に託されてくるのである。

(b)丸山のすくいあげたこの主体的「作為」は、何よりも「政治的能動性」においてとらえられており、万能の神に類比した統治者の側に傾いた一定の限界はあるものの、自立的で理性的な判断能力をもって政治秩序をアクティブに制作・変革する主体(政治的主体)のものとしてとらえられている。その意味で主体は、時々の問題状況を自らの問題として受けとめ、不断に決断し合理的に秩序を再形成していく主体として、したがって決断に伴う政治責任を自らアクティブに受けとめていくものとしてとらえられている。したがって、既述したようにこの主体は、制度と主体との深い内面的な繋がりを保証されており、その連関が分断され制度のオートマチックな運転に依存していく「制度の物神化」現象下のものではない。[6] これは明らかに、政治支配者という限りでの一種の「人間＝職分」論ではあるが、当時の国体論的職能国家論における客体的＝対象的な「人間＝職分」論とは対極的な位置を占める。それ故、こうした徂徠学における政治的「人間の発見」（二二六頁）は当然に客体的な秩序観から主体的な秩序観への転換を伴い、「社会関係を以て人間の自由意志を以て如何ともし得ない自然的運命的な関係」（二三〇頁）として受入れさせ歴史的・現実的社会秩序の固定化を図ろうとする、「有機体＝自然秩序」観を否定することになる。

「……現実在が過去的なものの生成として現はれ、未来的なものが既に萌芽として過去的なものに含まれてゐるといふ事態が典型的に見られるのは有機体である。有機体に於てはそれの外に立ちそれを作り出す主体といふものは少くも第一義的には考へられない。有機体は自足的全体であつて、一切は有機体の中に自然的に生成する。之と正反対に対立する形象はいふ迄もなく機械である。それは本来的にその外に立つてそれを制作しそれを動かす主体を予想する。それは手段として、その主体の定立した目的に従属する。」（二二七頁）

つまり、こうした「秩序＝有機体」観の否定は、秩序の外に身を置き秩序そのものを対象化し変革していく「秩序＝機械」観に立っている点で、明らかに現実的には、天皇制国家秩序＝自然的秩序の思考基盤そのものを掘り起こし否定していることになるのである。丸山の「有機体＝〈自然〉秩序」観から「機械＝〈作為〉秩序」観への転換に対する固執は、まさに、天皇制国家秩序転換の鍵を底礎たる思考基軸の「ラディカルな転回」に求めていたことによるのである。

(c)このようなラディカルさをみると、丸山の徂徠的「作為」は、本質的には「権力的」関係である天皇制秩序をあたかも非権力的な「家族的」関係のようにすりかえ、「自然的」秩序（作為的「自然」）がその実体）として偽装する天皇制的「作為」に対して真向から否定的に対置されていることに気付く。天皇制的「作為」（「作為的＝政治的」自然）に対する否定的営為としては、長谷川如是閑・柳田国男ら国民生活思想の立場からの真正の「自然」（「自然的＝生活的」自然）を対置させる方法もあるが、(7)丸山は天皇制国家と同じ「作為＝政治」の次元において、その抑圧的かつ主体性理没的な「作為」に対して主体的な「作為」を対置し、政治参画と秩序形成のあり方を問うたのである。したがって、このような見方に立つとき、朱子学的秩序観の自己解体の叙述は、まさしく「絶対主義天皇制」秩序観の自己解体と二重写しにされアナロジー化されて切迫した現実性を帯びてくるのである。例えば、次のような「太極」把握もそのラディカルな「否定の構図」のもとに明らかに「天皇」と等置される目によってとらえられるとき、その背後に激しい否定的情熱すら感じさせるものとなる。

「……朱子学の最も深い形而上学的根柢をなすものはまぎれもなく有機体的思惟

〔organisches Denken〕であった。即ちそこでは宇宙的秩序の根本原理たる太極は世界の統一的根源であると共にそれは特殊化して一切の個物に内在して之を窮極的価値に参与せしめる。」（二三〇頁）

そしてまた、社会的勃興期や安定期に照応する「朱子学＝自然秩序思想」が社会的解体期にその社会的照応性もなく復興させられるとき、政治的社会的動揺と分裂という矛盾の激化を隠蔽し「分裂の観念的統一」（二八五頁）を図る統制的イデオロギーと化す点を指摘するところでは、丸山にはその強調がまさしく体制固定化のための「天皇制イデオロギー」の強調と同断されてくるのである。

「……徂徠学は自らの当然帯びる危機的性格の故に、支配的立場にとってきはめて限定された使用価値しか持たない。その認識の仮借なきリアリズム、その論議の『あれかこれか』的な徹底性は、封建権力が未だ全体としては強靭な地盤の上に立つて、現実の矛盾を矛盾として率直に承認する余裕をもつ限りに於て喜ばれもするが、社会的動揺があまりに甚しくなり、支配層がひたすらその隠蔽と瀰縫に腐心する段階に於ては、かうした性格はむしろ堪え難くなる。況や……その思惟方法の内包する反逆性が漸く感知されはじめたに於てをや。かくしていまや本来的に静態的構造をもつ朱子学が、その社会的照応性の故にでなく、そのいとなむイデオロギー的機能の故に、民心安定に焦慮する封建支配者によつて再び登場を命ぜられたわけである。」「……それは畢竟、自然的秩序思想の強制的復興であり、既に自然法としての一義的な妥当性を夙くに失つた封建社会規範を、強力を以て自然法として通用せしめんとする試みだといふ事になる。」（二八二頁〜二八三頁）

朱子学と徂徠学との対照を前提とした、徂徠学の時代を超える反逆性が鮮やかに示されているが、そこには、天皇制イデオロギーを「自然的秩序」思想の強制として類比的に批判する、丸山の現代批判の目の鋭さと根拠の確かさが改めて示されている。その意味ではこの叙述は、「すべての歴史は現代からの歴史である」というクローチェの主体的意識に共感しながらも一定の禁欲的態度を確保しようとした丸山の、しかし、その禁欲を超えた、「歴史意識と危機意識との間に存する深い内面的な牽連」（あとがき一〇頁）を表出したものということができよう。

(2) 天皇主権（主体）説批判

むろん、こうした「自然的秩序から作為的秩序へ」の転換図式による「作為的〈自然〉秩序」批判は、政治的主体の視点からみるというまでもなく、「国家＝有機体」説に基づき天皇を頂点とする現実の秩序を自然的なものとして固定化し、その頂点的な意思決定の故を以て「国家主権（意思）イコール天皇主権（意思）」とし政治的主体を天皇唯一人に求める、「天皇主権」説に対する明らかな批判である。丸山の絶対主義国家から近代市民国家へという「近代国家」観、即ち政治的主体の拡散を前提にして徂徠的「作為」を天皇制国家に対置させるとき、絶大な権力を占有し国家意思の独占的決定者である天皇は、過渡期の存在と化し「一政治主体」と化して完全に相対化されることになる。その意味では、「国家有機体」説と「天皇＝現人神」説とが結合した国体論に対して、極めてラディカルな批判的機能をもつものといえる。それ故、天皇制国家の二重性たる「特殊性（国体論）⟷普遍性（立憲論）」のうち、丸山は後者に与し、絶対君主制から立憲君主制（天皇機関説）さらには議会君主制へという民主制拡大へのミチを選択していたということになるのである。(8) もちろん、丸山はそれを国家「制度」の形態論としてではなく、制度とかかわる主体的精神の問題として説こうとしたのであり、ここに、天皇制国家とその保証イデオロギーに対し、その内在的解体の「論理的必然性」において自らの「精神のポリティーク」を完遂するに至ったのである。丸山にとって徂徠的「作為」＝主体的「作為」こそは、天皇制国家に食い入った「獅々身中の虫＝突破口」であったのである。

（1）丸山「超国家主義の論理と心理」一九四六（同『現代政治の思想と行動』増補版、未来社、一九六四）一七頁。この論文は戦前の徂徠学研究における「天皇制国家批判」に連なり、それをポジ化したものとして位置づけることができる。
（2）丸山、同上論文、一九頁。
（3）丸山、同上論文、一三頁。
（4）丸山、同上論文、一五頁。
（5）同旨は、橋川俊忠『近代批判の思想』（論創社、一九八〇）三三頁。
（6）丸山「日本の思想」一九五七（前掲『日本の思想』）三六、四二〜四三頁。丸山における「国家―個人」関係＝矛盾対立関係の内的連関論については、拙稿「丸山真男のヘーゲル観と思想史学――『戦中と戦後の間』

論考ノート――」（拙著『日本市民思想と国家論』論創社、一九八三）第3節を参照のこと。

（7）拙著『長谷川如是閑「国家思想」の研究――「自然」と理性批判――』（雄山閣、一九八一）三七七～三七八頁。

（8）日本憲法学において、天皇制国家の「特殊性＝国体論」面を担ったのは、ラーバントを受容した穂積八束→上杉慎吉（東大憲法第一講座）→筧克彦の系譜であり、「普遍性＝立憲論」面を担ったのは、イェリネクを受容した一木喜徳郎→美濃部達吉（東大憲法第二講座）→宮沢俊義の系譜である。この点については主要なものとして、松本三之介「日本憲法学における国家論の展開――その形成期における法と権力の問題を中心に――」（同『天皇制国家と政治思想』未来社、一九六九）、鈴木安蔵『日本憲法学史研究』（勁草書房、一九七五）、長尾龍一『日本法思想史研究』（創文社、一九八一）等を参照のこと。

4　丸山思想史学の問題点

(1)　天皇の位置づけと国家観の位相

「徳川封建体制（日本朱子学）」の崩壊と「天皇制国家」の崩壊とを自然的秩序から作為的秩序への転換として類比させ、その内在的媒介要因を徂徠的「作為」＝主体的「作為」の近代的性格に求める丸山の意図をみてきたわけであるが、一定の時代的制約故に、丸山の「作為」把握に全く問題がないというわけではない。

(a)まず、「規範―人格」関係の転回（ペルゾーンのイデーよりの優位性）における「聖人＝絶対的人格」の位置づけにかかわる問題がある。丸山は問題意識（天皇制国家批判）において「聖人

（皇祖神）」に対して類比的に「天皇」を代置するわけであるが、問題はこの「聖人＝天皇」を絶対君主たる政治的「人格」においてとらえようとする点である（一六二頁）。その意味では丸山は、天皇制国家を「政治的国家＝権力的国家」の側面においてとらえ、君主による人格（私的意思）的支配から主体的人格による法（国家意思）的支配へという「政治支配の合理性」の拡大という方向において位置づけようとしている。そこには、秩序の妥当性を秩序自身の内部にもち「イデー∨ペルゾーン」の関係に立つ中世的自然法からの解放を起点として、政治支配者による「国家理性＝規範」（実定法的支配）の固有の法則性を見出そうとする、丸山の「近代的政治」と「近代政治学」の成立への期待を見出すことができよう。しかし、「聖人＝天皇」は政治的「人格」であるに止まらず、非合理的信仰に基づく「宗教的絶対者」（二一七〜二一八、二三三頁）＝「神格」でもある。問題は、こうした「天皇」の二重性を、どちらにウエイトをかけ、どちらに基底性を与えるかという点である。少なくとも丸山は、「人格」に絶対的ウエイトをかけ、その「神格」性は単に過渡期なものとして、しかもいわば人格の絶対性を保証し強調する限りにおいてとらえるに止まる説明によって、「天皇」の二重性の問題を政治的「人格」の問題へと一元化したのである。

しかしながら、この二重性について、「神格」性をむしろ「基底＝本質」的なものとし、政治的「人格」をその「表層＝実体」的表現としてとらえるならば話は別となる。こうした見方に立つならば、天皇制国家は本質的にはむしろ「宗教的＝道徳的国家」であり、その法と秩序はそれ自身に内在する超越的権威（神的理性〈二三六頁〉）によってオーソライズされた「自然的＝宗教的」な法と秩序としてとらえられる。それ故、天皇制国家（秩序）はそれ自身、超越的イデー＝神的理性を内在した「自足的全体＝有機体」（二二七頁）として観念されることになり、その成員は、丸山の中世神学における表現を転用すれば「その理性的行為を通じて神（天皇）の恩寵行為に協力するもの」（二三六頁）と考えられる。その意味では、こうした「天皇制思想＝自然思想」(1)は、規範の秩序内在性、「イデー∨ペルゾーン」関係において明らかに「中世的＝前近代的」自然法の域に止まるものであり、絶対君主を類比せしめた後期スコラ哲学以降の神学（「神と世界との内的牽連」を断ち切り「神に主権的自由」〈同上〉を与えた）に照応されるものではないのである。そうしたズレは、丸山が天皇制国家の二重性（＝アジア的専制国家性）を不当に等閑視し、その宗教的側面を「非合理的支配」の側面として切捨てることによって、政治主義的な偏重に陥ったためということができよう。それ故、丸山の天皇制国家批判は、天皇制「政治学」批判たりえても天皇制「神学」批判たりえていないということになるのである。

(b)こうした国家と宗教、国家と文化との関係をめぐる態度は、両者の間に深い内面的結合を求めてその次元からの「ナチス批判＝天皇制神学批判」を展開した南原繁と、両者の関係を切断してしまった丸山との批判的態度の相違を招来させたものでもある。ちなみに、南原は『国家と宗教』（一九四二）のなかで、「国家の問題は、根本において全文化と内的統一を有する世界観の問題であり、したがって、究極において宗教的神性の問題と関係することなくしては理解し得られない」[2]とする立場から、ナチスの出現そのものを、政治と文化との関係を断ち切ることによって「人生および世界の全体との関連においての価値的考察」[3]を欠落させた西欧的合理主義（近代実証主義とマルクス主義）、さらには「近代の機械論・技術文明」に対する反抗であり、新たな「有機的な精神的一大綜合の文化の創造」[4]運動としてとらえる。南原によれば、戦間期のドイツ国民にみられるように、「実証主義的に理解せられた人間――遡っては自己みずからの裡に神的理性を宿すものとしての理性的人間――がついに自己存在の確実性を喪失し、みずからの不安（存亡の危機）に直面」した時に、近代実証主義に基づく国家観には「自己（人間）の存在の問題」[5]に答え得るすべはない。なぜなら、「価値的・原理的なものは国家の外にあり、国家は単に権力的手段視または機構視せられ、みずからのうちに自己自身の根拠を有するもの」[6]でさえなかったからである。それに比してナチスは、人間存在の根拠を「民族的生の全体」[7]に求めるに至り、「国家の種族的＝生物的存在の力を強調することによって、巨大なデモーニッシュの国家をつくり、あらゆる精神的＝価値的なものをみずからのうちに引き寄せて、みずから生の根源的な創造的原理たらん」[8]としたのである。

むろん、南原はナチスの近代実証主義克服のあり方を正当化するものではない。実証主義＝自然主義のリアリズムに対し、「民族的非合理的価値」の至上化によって「一種の理想主義」を標榜しながらも、そのこと自体が「原理的に自らふたたび自然現実主義的傾向をたど」り、「生命化し神秘化された形而上学的自然」[9]の主張に陥ったとして、ロマン主義的精神に還元された点を厳しく批判しているのである。そして、その「国家と宗教」の皮相的内的連関性を批判し、「国家共同体は、それを構成する個人の自律、言いかえればその宗教的信仰ならびに文化的作業の自由の意志による内面的紐帯なくしては、決してみずからの自律性を確立しえない[10]」として、真の「国家と個人（宗教・文化）」の内的結合を求めて、個人の宗教的・精神的世界の深い形成と自律性の必要を説くのである。以上のような南原の、ナチスを否定的媒介とする問題（近代実証主義止揚）の正当な受けとめ方は、それを可能とした国家と宗教・文化との内的連関＝結合を求める視点によって、両者の切断から発する丸山の「外在的＝非内面的」国家批判に対して、極めて「内在的＝内面的」な国家批判を保証することになったということができる。

(2)「西欧型近代」モデル

丸山の以上のような問題は、氏の依拠した照応体系＝「西欧型近代」モデルに起因するわけであるが、丸山の「近代」認識における問題としては、(a)近代国家観、(b)近代的主体（人間）観、(c)形式合理性認識、についての諸問題が指摘される。

(a)まず、丸山の「近代国家」は、権力の集中化（絶対主義国家）から権力の拡散性（市民国家）への移行を以てとらえられていたわけであるが、そのことは構成論的にみれば、近代国家が「国家主権の絶対性」（集中性）と「個人の自然権」（拡散性）との矛盾的結合においてとらえられ、それ故、国家間の特異性は後者の市民社会発展の特異性によって規定されていることを示すことになる。そして何よりも注目しなければならないのは、この「最高主権への凝集」と「国民層への拡大」（三五九頁）こそは、中世段階まで国家と個人との間にあった教会・ギルド・村落共同体などの封建的「中間勢力の解体の二つの方向」（同上）を示す契機であるということである。例えば、丸山は封建社会とその解体＝「近代国家」の成立を次のように述べている。

「封建社会は本来閉鎖的完結的な社会圏〔その枢軸をなすのは主従関係と親子関係〕が階層的に牽連することによつて全体の秩序の統一性が保たれてゐるところにその本来の特徴がある。それは政治的には間接支配の原則として現はれる。かかる支配の間接性に対応して政治の物的基礎が各社会圏に内在的に分属せしめられてゐる。所謂人的行政職〔Der persönliche Verwaltungsstab〕と物的行政手段〔Das sachliche Verwaltungsmittel〕との結合がそこで典型的に見られる。従つてまた法の定立及執行も広汎に各身分関係に分散する。しかも社会圏の閉鎖性の原則は武士だけでなく庶民間の社会関係にも及ぼされる。……この閉鎖性が破れ、個々の社会圏に内在し分散してゐた価値がピラミッドの頂点に凝集した瞬間に封建体制は崩れる。支配の間接性が消え、中間的権力が最高権力に吸収されたとき、行政の物的設備〔建物、馬匹、武具等〕が行政職の私的所有から切離されて国家に集中したとき、立法権や裁判権の複数的分布が中央に統一されたとき、それは即ち近代国家の誕生にほかならない。」（二四五頁）

これは中間勢力の解体による権力の集中面について述べたものであるが、この解体は同時に拡散面としての個人析出を伴う。丸山において「近代国家」とは、中間勢力の解体によって両極分解した国家と個人との関係を、再度国家が個々人を直接的に掌握し頂点にむけて凝集するものとして理念化されているのである。したがって、この理念型においてはギルドや村落共同体などの中間勢力は、国家と個人との中間集団への帰属意識(団体意識)において、近代国家の要請たる「国家と国民(市民)の内面的結合」(三五九頁)をすすめていくうえでの桎梏としてマイナスに位置づけられていることになる。この点がまず以て、中間勢力(村落共同体)の自足的存在を前提としその自然的総括として国家をとらえる「アジア的専制」国家論と大きく異なるところであり、日本の特殊性を無視した理念型として適用矛盾を起こす問題とされるところである。

むろん、一つの理念型である限りにおいて、史実からの普遍的抽象=フィクションによって現実批判を遂行することをねらったものではある。[11](したがつて、丸山の「近代」はフィクションであるという限りでの「丸山的近代=非現実」という批判は批判に値しない。)そこで丸山は、日本の特殊性を次のように批判的にとらえようとするに至る。

「……『前期的』国民主義思想は上の如き二契機(集中と拡大=拡散)の軽重なき均衡の上に発展したであらうか。答は明白に否である。そこでの終始圧倒的な役割を与へられたのは容易に見らるる如く政治的集中であつた。対外的危機に面してなにより急速に要望されたのは封建的―割拠的政治勢力を可及的に一元化し、……強力な中央集権によつて国防力を充実することであり、そのための前提として国民生活の安定と『殖産興業』の進展が説かれたのである。之に対して、他方政治的関心を益々広き社会層へ浸透せしめ、それによつて、国民を従前の国家的秩序に対する責任なき受動的状態から脱却せしめてその総力を政治的に動員するといふ課題は、漠然たる方向としては最初から前の問題と不可分に提起されながら前者の動向に喘ぎ喘ぎ追随するのみで、そのテンポは著しく遅れがちであつた。……政治的権利の下部への浸透の主張はつねに超すべからざる一線によつて限界づけられ、国家的独立の責任を最後まで担ふ者は誰かといふ決定的な点に立至ると、水戸学に於て典型的に示されてゐる様に封建的支配層以外の国民大衆は忽ち問題の外に放逐されてしまふのである。……前期的国民主義思想における『拡人』契機のかうした脆弱性は封建的『中間勢力』の強靭な存続を許すことによつて、また却つてその『集中』契機をも不徹底ならしめたのである。」（二二九〜二三〇頁）

ここに丸山は、自らの理念型のもとに、日本「近代国家」の特殊性を封建勢力＝中間集団の残存としてマイナスにとらえ、しかもその中間勢力の排除を中間勢力の支配者自らによって遂行する（三六二頁）、という「支配層の自己分解過程」に求めてくるのである。丸山思想史学が体制の自己崩壊、「体制イデオロギー」の自己崩壊史に固執する所以は、まさに、日本における西欧型政治主体の可能性を「封建的支配層」に求めその国家と個人との内面的連関（イデオロギー）の変容をその鍵として把握したことによるのである。

しかしながら、丸山の理念において中間勢力＝封建的勢力をマイナス的存在とし排除すべしとする点においては、大きな疑点を残し一定の限定を要する。中間勢力＝集団の存在が桎梏となるのは、政治的にみた場合中央に一元化していく限りにおいてであって、社会的・文化的諸相においで各々の「生の充実」を保証していく上においてでは必ずしもない。中間勢力の即自的形態は認められないとしても、その自己変革の可能性をも葬り去り、存在そのものを解体すべしとするのは問題が残るのである。しかし、先の引用（二四五頁）にみられるように丸山においては、政治の社会的諸関係への相互規定性を前提とする視点から、その団体意識の国家意識への桎梏というマイナス点に収斂されるが故に、政治主義的に「政治的」中間勢力と「社会的」中間勢力とが同視され、政治的次元の下に存在する多様な「非政治的＝社会的」諸相における「生活共同体」とそのあり方も一元的に否定し去られることになっているのである。その意味では、西欧近代の「政治的国家」意識の次元に上ってこない非政治的国民大衆の中間的「生活集団性＝共同性」と、その固有の関係に根ざした下からの内発的な秩序再形成への契機は、丸山の視野には上ってこないということになるのであり、極めて政治主義偏重の性急な「政治的国家」形成を求めた枠組といわざるを得ないのである。

しかも、資本主義の日本的現実からも、この中間勢力排除論には問題が指摘される。後進国である日本は、絶対主義国家による資本主義の推進という矛盾の中で、当時の世界的資本主義段階〈産業資本段階〈機械制大工業の生産力水準〉＋金融資本段階〈重工業の生産力水準〉〉を移入しつつその自立を図らねばならなかった。しかし、「機械制大工業は手工業やマニュファクチュアと較べて、資本蓄積の異常な増進を実現しつつも、必ずしもこれに応じて労働人口の需要を増加[12]させるものではなく、生産力の高度化・商品経済の浸透に伴う「農村の強力的分解による過剰人口を工業に吸収するという典型的機構を有していない[13]」。また、「金融寡頭制（株式制度を利用する資本集中）によって経済と政治との支配中枢を形成し、（外国市場の確保にむけて）新たな国家的統合を志向する」金融資本の段階においては、その国家主義保証のために、「農村分解の阻止と小農維持、そのイデオロギー的統合が政治的目標として設定される[14]」ことになるのである。それ故、この二つの段階を並行させなければならぬ後進資本主義国故に、中間勢力（村落共同体）が残存しまた逆にそれを排除してはならない実体構造を有していたのであり、その点からみても、丸山の「中間勢力の排除」という「先進資本主義国家＝近代国家」の理念型の適用による欠如批判は、日本の実体からの内的必然性と段階性を軽視した外在的な国家批判だったといわざるを得ないのである。

(b)また、丸山の「近代的主体」は繰返し述べてきたように、政治的領域における「自立」的精神と「合理的」認識をもった主体としてとらえられている。そして、政治的秩序の外に在ってそれを対象化し変革する自在の能力をもつという点で、「政治的秩序操作可能者＝支配者」の立場に立ち、現実をこの主体依存の産物として極めてダイナミズムにみちたものとしてとらえる地平を切開くことになった。それ故、前述の「近代国家」成立との関連でいえば、その主体は中間勢力の排除＝解体を自ら遂行する支配者層に限定されてしまい、明らかに、現実的秩序の内部に組込まれそれを所与の「不動のもの＝固定的なもの」として観念せざるを得ない被支配者層は排除されてしまっているのである。しかも、丸山の政治的人間の「政治的自由＝理性的自由」は、万能の神の俗化として神的理性の自由に類比するものとしてとらえられている限りでは、自然的人間のレベルを超えた個人の相互外在的関係（孤立）のまま承認される抽象的理念的レベルでの産物であり、非現実的な当為（自然法的自由）であるにすぎない。その意味では、社会に先行するものであり、現実的人間の具体的な社会生活の中における「市民的自由＝感性的自由」とその相互関係から内在的に生まれた具体的自由ではないのである。(15) それ故、この段階の丸山においては、「生活と政治」とは統一的連関のもとに把握されておらず、その内的連関を分断されたまま「政治」が至上化されているのである。したがって、主体観の側面からみてもやはり、「政治」思想史家丸山には、非政治的生活世界における「民衆相互の主体形成」とその「生活合理性＝民衆的理性」による非政治的な「社会秩序」形成の可能性をすくいあげる目は残念ながらないのである。

(c) さらに、丸山の「近代合理性」における内容についての問題がある。丸山の「近代的国家」と「近代的主体」が政治的国家と政治的主体に限定されていたのと同様に、氏の「近代合理性」も「政治（支配）的合理性」の拡大・浸透に求められるものとなっているが、そこにはその前提となっている「国家」権力・「政治」概念の中性的把握の問題性が集約されて出てくることになっている。内容的価値に対して中立的な立場をとる限りにおいて、国家権力と政治はプラス評価されて肯定的にとらえられているのであるが、そこには政治のマイナス面＝支配性（搾取・抑圧面）とその立脚根拠への批判的認識が著しく欠落されているのである。それ故、丸山における「政治」行為は、近代的＝理性的人間による主体的かつ合理的な行為である限りにおいて肯定的に認知され、その行為の実質的内容のいかんは不問に付されていくことになる。「自由なる主体意識」を前提としている「独裁」は、その主体性なるが故に「必ず責任の自覚と結びつく[16]」とされ、その点でドイツ・ナチスの指導者を日本のそれとの比較においてではあれプラス評価してくるのは、その極みといわねばならない。その意味において丸山は、政治の実質的内容を捨象して「支配―被支配の関係性＝秩序」を、脱体制的・脱イデオロギー的な「形式合理性＝機能的合理性」の一般規定の次元で、「純粋政治学」として追究しようとしている、といえよう。

　したがって、このような前提のもとに成立している丸山の「政治的合理性」＝「法による支配と〈秩序＝機械〉の合理的組織化」の要求は、非合理的支配（非合理的ファシズム）を批判することはできても、合理的支配（合理的ファシズム）を批判することはできないという限界をもつことになる。後年、丸山は次のように近代日本国家における合理・非合理の二つの契機の同時併存を把握したが、そこにおいても、戦前までの病理の出方が顕著だったせいもあってか、非合理的契機とそれに起因する政治的非合理性（したがって合理的契機の未貫徹）しか、的確には否定の対象に入れていない。

　「日本の近代国家の発展のダイナミズムは、一方中央を起動とする近代化（合理的官僚化が本来の官僚制だけでなく、経営体その他の機能集団の組織原理になって行く傾向）が地方と下層に波及・下降して行くプロセスと、他方、……『むら』あるいは『郷党社会』をモデルとする人間関係と制裁様式――飴と鞭〔ビスマルク〕ではなく、『涙の折檻、愛の鞭』〔『労政時報』一九四二・八・二一〕――が底辺から立ちのぼってあらゆる国家機構や社会組織の内部に転位して行くプロセスと、この両方向の無限の往復から成っている。したがって一般的にいえば、組織や集団をどの種類で、また上中下どの社会的平面でとりあげてみても、そこには近代社会の必須の要請である機能的合理化――それに基く権限階層制の成立――という契機と、家父長的あるいは『閥』・『情実』的人間関係の契機との複合がみいだされることになる。それは認識論的には、非人格的＝合理的思考の建て前と、直接的感覚や仕来りへの密着との併存として現われ、また機能形式としては、リーダーシップが一元化しないで、しかも他事にやたらに世話をやくという傾向……として現われる」(17)

丸山は「政治的合理性」の問題領域においては、制度の物神化（官僚制の肥大化）・管理国家化という今日顕著になった「形式合理性」の病理現象の萌芽を的確に把握し得なかったということになるのであるが、この点は、より思想内在的には、丸山自身が受容した「ボルケナウの市民社会論」の脆弱性およびその読み方に深く規定されているといわなければならない。この問題は余りに大きく、丸山におけるボルケナウ受容の問題（市民社会論と思惟様式論との関連）として、さらには戦前期の近代日本思想史学におけるボルケナウ受容の問題として別稿を要するが、ここでこの問題についての総括的な見解を、ボルケナウとホルクハイマーの市民社会論比較から述べておくことにしたい。[18] ボルケナウは市民社会をトーマス的封建的世界像から「力学的・機械論的世界像」への転換としてとらえ、その機械論的合理性を生産過程における「労働の質」の変遷から肯定的に追究した。それに対してホルクハイマーは、市民社会を「商品形態とその交換原則」の成立に求め、流通過程における「商品交換」の展開過程を否定的に追究した。つまり、このホルクハイマーの構図は、一九三〇年代（市民社会末期）のファシズム運動などをも的確に視野に入れて、「交換原則の崩壊」を「市民社会の頽落」としてとらえようとする現代批判的問題意識に支えられているものといえよう。[19] その点からみれば、ボルケナウの市民社会論は「前近代から近代へ」の過程の肯定的評価に止まり、市民社会の崩壊と時代への批判的対応において後退した形になっていることはいなめない。というのも、ボルケナウの市民社会のメルクマールである「機械論的合理性＝量化された思考性」は、体制操作者の政治的支配理性を前提とした単なる「道具的理性＝技術合理性」へ転化・堕落することによって、その極限的帰結を「技術合理性」の国家「権威」への一元的収斂としての「ファシズム的秩序」に求められるからである。その意味からいえば、この「機械論的合埋性の技術合理性への転化」の認識の有無が両者の決定的分岐点であったのである。

「ナチズム的思考性こそは、一七世紀以来の量化（形式化）された思考性を技術合理性という形で完成させ、これとゆがんだある種の自然法（『自然＝質的不平等』を規範とする階層秩序）とを結びつけようとする運動であった[20]」。「……ファシスト的秩序は（それ故）理性的である。だが、この理性のなかにあっては、理性自体は非理性として姿を現わさざるをえないのだ。[21]」

それ故、ボルケナウのような「市民社会＝機械論的合理性」を規準とする政治・社会批判は、非合理性的ファシズム支配に対する批判たり得ても、合理的ファシズム支配に対しては、その思惟様式の同質性故に有効な批判たり得ないのである。以上のボルケナウの諸問題を前提にして考えれば、丸山はボルケナウの「市民社会＝機械論的合理性」論を、まさに特殊日本的な「有機体論的非合理性＝国体」論に対置させる形で、「ファシズム批判の書」としてラディカルに読み込んだのだということになるのである。その意味で、丸山の『日本政治思想史研究』における天皇制国家批判の有効性と限界は、まさしくこのボルケナウの市民社会論とその読み方に収斂されるのである。

（1）天皇制国家を「アジア的専制」とみる立場から、丸山や松本（「天皇制法思想」一九六四・一九六七、前掲『天皇制国家と政治思想』）における、日本国家の「〈宗教的共同性〉と〈政治的権力＝政治体制〉との独特の累進構造」把握の欠陥を指摘するものに、三上治「近代天皇制の起源」㈠・㈡（『天皇制研究』第三・四巻、一九八一〜八二）がある。

まず、氏は、「朱子学はキリスト教と異って全一的な支配力を持たなかった」（同上㈠、八二頁）ことを理由に、「ヨーロッパの中世的自然法の支配と儒教的自然法の支配は同一の構造ではありえない」（同上）としてそのアナロジーを否定し、「私にはヨーロッパの絶対君主と天皇制を中世的自然法の解体から出てきた同一的なものとはみなし得ない。何故ならキリスト教的法支配から分離して出てきたその法思想、あるいはその体現者である絶対君主とむしろキリスト教的絶対精神のあらわれに比すべきものとして出てきた天皇制思想とを同一化しえない」（同上）としている。また、徂徠学における丸山・松本の「〈政治〉とは〈作為〉である」という解釈についても「近代的すぎる」（同上、八五頁）とし、その根拠を先王の宗教的「神格」と政治的「人格」の二重性に求めて次のように述べている。

「私にはむしろ徂徠の〈天下国家を治める道〉（作為）を天理（自然思想）から切り離したことは、〈天理〉という絶対的宗教観念から〈聖人への道＝先王の道〉という宗教的観念への移行を媒介にして成立していたと想われる。だから、〈道を基礎づける人格〉＝先王というより、先王とは幻想的共同性の象徴であり宗教的な絶対観念であり、それこそ自然法的なものであったのである。」（同上）

さらに、徂徠学から国学への展開についても、「徂徠学が儒教を政治化し、その結果生じた私的領域の自由な展開＝解放を宣長は継承したのだ」（同上(二)、一〇九頁）という丸山の見解に対し、「宣長が『政治』から『文学＝私的領域』を分離し、独自の展開をなしたのは、実は『政治一般』の排除でなく『儒教』に象徴される制度的自然としての『政治』であった」（同上）として、次のように述べている。

「……丸山のいっている政治性はあくまで〈政治国家〉に於ける政治のことであり、〈宗教的国家〉としてのそれではない。そして日本で儒教（制度化された自然）は〈政治国家〉の論理になりえたが、〈宗教的国家〉のそれになりえなかったことを暗示している。そこに宣長により観念化され、形而上学化された日本的自然思想が一切の政治原理を包括する宗教的共同性として現象する根拠をなしたのである。」（同上、一一〇頁）

ここには、国学への展開過程を徹頭徹尾、「アジア的自然思想の内部での『制度的自然（としての政治＝儒教）』から『日本的自然（としての宗教＝国学）』の分離」（同上、一一一頁）として、宗教性の大枠＝制度の中で政治性をとらえる姿勢が貫徹されている。

（2）南原繁『国家と宗教――ヨーロッパ精神史の研究――』一九四二（岩波書店、一九五五）序六頁。

南原の立場は、「政治は創造である。文化的創造の業である」（丸山「解説」『南原繁著作集』第四巻、岩波書店、一九七三、五八三～五八四頁）とする立場であり、それは、少年時代親しんだ『論語』の「政は正なり」

という「東洋的な文化的政治理念」に源泉している（同上、五八五頁）。

（3）南原、前掲書、一五七頁。

（4）南原、同上書、一六一頁。

（5）南原、同上書、一九七頁。

（6）南原、同上書、二六一〜二六二頁。

（7）南原、同上書、一九七頁。

（8）南原、同上書、二六二頁。

（9）南原、同上書、一九五頁。

（10）南原、同上書、二六三頁。

（11）欧米的な座標軸（理念型＝フィクション）による日本的特殊性の把握に対する批判に対して、丸山は、そもそも物をみる場合誰でも「なにか幻想を規準にしている」（丸山・鶴見俊輔「丸山真男＝普遍的原理の立場」鶴見編集・解説『語りつぐ戦後史』一、思想の科学社、一九六九、九二頁）とし、「過去のなにかを理念化するのがいけないというのなら、一切の思想形成自体が不可能になっちゃう」（同上、九四頁）とその批判の無効性を原則的に語っている。そして、さらに、特殊性の前に普遍性が論理的に先行してなくてはならぬとして、「どんな特殊的な命題のなかにも論理的に普遍的なものが含まれている」（同上、一〇〇頁）とその普遍主義的立場の正当性を主張している。したがってこの立場からは、単なる「内＝特殊、外＝普遍」の固定的図式は退けられることになる（丸山「日本の近代化と土着」未来社編集部『社会科学への道』未来社、一九七二、一一〜一八頁）。

（12）降旗節雄『マルクス経済学の理論構造』（筑摩書房、一九七六）二七二頁。

（13）降旗、同上書、二七三頁。

（14）降旗、同上書、二七四頁。

（15）L. T. Hobhouse, The Elements of Social Justice, London, 1922, p. 37より転用。なお、「啓蒙的・自然法的」自由（普遍主義的かつ非歴史主義的な人権論）と「実証的・進化論的」自由（有機的個体を進歩せしめる具体的な条件論）との近代日本における史的展開の素描については、前掲拙著『長谷川如是閑「国家思想」の研究』八五～八七頁を参照のこと。

(16) 丸山、前掲「超国家主義の論理と心理」一二三～一二四頁。

(17) 丸山、前掲「日本の思想」四七頁。

(18) 丸山思想史学の方法論（体制イデオロギー崩壊史論・思惟様式論）の問題点については、とりあえず、前掲拙稿「丸山真男のヘーゲル観と思想史学」第4節を参照のこと。

「近代意識の成長を思惟方法の変容からみる」（一八三頁）という丸山思想史学の方法論的問題は、大きくは二つに分れる。問題の一つは、思想の「全体性」把握の位相。下部構造と個々の理論・学説との媒介項である「思惟様式」が思想主体を介在させられないで直接「社会構成」と類比させられ、次元別対応に止まっている点である。他の問題の一つは、この次元別対応とかかわるのであるが、「矛盾の弁証法」の解き方にある。観念（諸要素の矛盾・対立関係）の現存形態次元での内的連関把握に止まり、その生成の政治的・社会的諸条件との具体的連関把握に至っていないこと。また、その矛盾の解き方が、西欧型への線上での「単線的整合性」を求めることに止まり、矛盾の諸レベル・諸類型など、諸々の内発的な展開可能性の契機を把握するに至っていない点があげられる。これらの方法論的問題は、「ボルケナウの市民社会論」（F. Borkenau, Der Übergang vom feudalen zum bürgerlichen Weltbild. Studien zur Geschichte der Philosophie der Manufacturperiode, Paris, 1934. 水田洋・田中浩他訳『封建的世界像から市民的世界像へ』みすず書房、一九六五）の受容の仕方と深くかかわっており、丸山の「近代形式合理性」認識の問題に収斂させた本論文に続く研究課題である。

(19) 清水多吉『一九三〇年代の光と影――フランクフルト学派研究序説――』（河出書房新社、一九七六）一三一～一三二頁。詳細については、同上書、第二部第一章「市民社会論争史」を参照のこと。

(20) 清水、同上書、一三二頁。ホルクハイマーの『エゴイズムと自由解放運動』（Egoismus und Freiheitsbewegung, 1939）の真意。「自然＝不平等」論については、K. Sontheimer, Antidemokratisches Denken in der Weimarer Republik. Die politischen Ideen des deutschen Nationalismus zwischen 1918 und 1933, München, 1968.（河島幸夫・脇圭平訳『ワイマール共和国の政治思想――ドイツ・ナショナリズムの反民主主義思想――』ミネル

ヴァ書房、一九七四）二〇四～二〇五頁を参照のこと。
(21) M. Horkheimer, Vernunft und Selbsterhaltung, 1970, S. 55.（清水訳「理性と自己保持」同編『権威主義的国家』紀伊国屋書店、一九七五）九八頁。

（一九八二・八・三一）

Ⅱ　ファシズム論と「自然」思想批判

第三章　丸山真男のファシズム論と「近代日本」認識

——日本ファシズム論の思想的位相——

1　ファシズム論の視座と丸山の枠組

　羽仁五郎は戦後日本の出発に際し、「天皇制反対＝日本共和制の樹立」と「戦争責任の追及」を二つの課題として提起したが、ほとんどの知識人は日本人としての「共同体意識」の問題から出発した。それ故に、彼らの問題提起は、丸山の「超国家主義の論理と心理」(一九四六)をはじめとして、自己批判としての日本人論として展開され、いわば国民総懺悔受入れの感情的基盤を共有することになった(1)。これは、羽仁五郎と羽仁進との対談の中で示された。丸山のファシズム論の位置づけに関する一つの図式である。むろん、丸山も「戦争責任」論を展開したが、それが天皇の退位を求めるものであっても廃位を求めるものでなかった点からいえば(2)、「共和制」体制への構想下で展開されたものではないことは確かである。しかし、単に、政治的構想力の貧困と政治戦略の欠落、と大きく裁断することについては若干の留保を要する。丸山の一連のファシズム論が(3)「共同体意識」から出発したという点については、その意図が、共同体意識の負＝病理の外在的批判という点にあったとしても、アジア的専制にかかわる「共同体＝幻想」意識の内在的究明という点にあったのではない。肯定的＝積極的には「共和制」論と、否定的＝消極的には「共同体」論とかかわりながらも、双方に全面的にコンタクトすることなくその中間位に位置づけられるというべきである。いわば、「制度」論としてではなく制度を支える主体の「意識」の領域において、ファシズムの裏返し＝近代民主主義論に与したというべきなのである。その意味では、日本の底辺から乖離したまさに「中空」的立場において、それ故に、近代日本において不在し続けた理念としての「民主主義」の定着・浸透に賭けたという、アクティブでかつ虚妄といわれる図式が描かれることにもなろう。しかし、このことは丸山の悲劇でもなければ喜劇でもない。むしろ、一定の高みからであるとはいえ、「近代日本」の総体をはじめて対象化しその総体そのものの止揚を図ろうとした点では、極めて優れた立場と視点であったということができる。以下において、羽仁親子の外在的評価を超えて、丸山に内在しつつその批判的継承を図る視点から、丸山のファシズム論の位置づけを試みることにしたい。

まず第一に、丸山にとってファシズムを論ずることは何を論ずることであったのか。この問いは、とりもなおさず、丸山のファシズム論を論ずる前提として、我々自身のファシズムへの接近の仕方を問うことになる。つまりファシズムをいかなる視座においてとらえれば丸山のそれが最も典型的かつ有意味なファシズム論として位置づけられてくるのか、という問題である。それは、最も優れた地点において評価し批判するという、今日的な思想的継承のあり方とかかわる。この点からすれば、まずファシズムを、「近代（国家）」のはらむ危機の問題解決として現出したものとしてとらえる視座が要求される。これは、ファシズムの中に「近代解体」（「近代から現代へ」の転換）の契機が内包されているということを意味するが、この視座からは、早熟故に問題解決上多くの問題を抱え込んでいたとしても、ファシズムの「近代の批判」「近代の超克」の少なくとも問題提起の重要性だけは無視できないものである、という認識が導かれてくる。むしろ、積極的には、何よりもファシズムの問題提起にこそウエイトを置くべきで、その真正の問題解決は、ファシズムによる解決方向を否定的媒介として我々自身が考えていかねばならない課題になる、ということにもなる。それが、「近代＝近代知の解体」が叫ばれている今日、ファシズムを論ずることのアクティブな思想的意味なのである。それ故、このファシズム論は、「近代」の問題認識にかかわるという点で、何らかの「近代国家・文明」についての認識を不可避な前提としており、その「近代」認識のメルクマールそのものが問われる構図になっているのである。したがって、真のファシズム論は、「近代」の総体認識とかかわるレベルでのみ成立することになり、単なる時代的「状況」論、歴史的「変遷」論の問題領域をはるかに超えたものとなるのである。

それ故に、日本ファシズム論の問題もまた、特殊「近代日本」の総体把握にかかわる問題領域にあり、ファシズム一般としての世界的普遍性と、前近代と超近代の結合した日本的特殊性との二重性の問題とかかわることになる。したがって、例えば「転向」の問題も、こうした「ファシズム論＝〈近代〉認識論」を前提とする限り、単に「思想的節操」うんぬんの問題ではなく科学性の問題となる。「近代」認識の皮相性それ故に歴史認識の見通しのなさこそが転向を招いたということになり、また「非転向」さえも、必ずしも無条件に賞賛さるべきものとはならず、その「近代」認識のステロタイプ性によってかえって保証されたものだったということになるのである。以上のような「ファシズム論＝近代の総体認識論」、したがって「日本ファシズム論＝近代日本の総体認識論」という視座からみると、丸山の日本ファシズム論は、前に垣間見たごとく、知識人の立場からの最も典型的かつ優れたものとして位置づけられることになるのである。

さて、丸山の日本ファシズム論の方法的枠組は、「超国家主義の論理と心理」が戦前の徂徠学研究における天皇制国家批判をポジ化したものとしてとらえられることに象徴的に示されているように、徂徠学研究で確立した「体制イデオロギー崩壊史」[(4)]論を継承し連続的に適用しているということができる。つまり、ヘーゲルにおける体制の「自己崩壊」史論と、ボルケナウにおける市民社会の「思惟様式」論との結合を、体制の日本的担い手である「封建的中間勢力＝支配者層」[(5)]を媒介として成立させているのである。近代社会における新中間層の未成熟故に、西欧において担った「近代」形成の役割を封建的中間層自らが担わなければならず、それ故、封建勢力の排除を封建的中間層自らが行なわなければならぬという自己矛盾が、丸山における「近代日本」の特殊性であった。この「支配者層の自己分解過程」への注目からは、当然に「近代」化であれ「超近代＝ファシズム」化であれ、その注目すべき遂行主体は丸山にとって終始体制側以外に求められることにはならなかった。それは、「体制崩壊」史論を一貫してとる限りにおいて方法的に規定されたものであったが、むろん、日本の近世から近代への歴史的経過に加えて、近代史上における、「維新革命が……絶対主義的勢力のヘゲモニーをきたし、明治十年代の自由民権運動が上からの強力な抑制と内部的な脆弱性によつて潰え去つたときに、すでに日本の政治的近代化の軌道が定まつた」(6)とする歴史認識によって二重に規定されたものであったのである。この点が、日本におけるファシズムの主体を求めていくうえでの大きな分岐点を形づくっている。

また、丸山の「近代」認識は、ボルケナウの市民社会論における思惟様式論を継承している点で、社会の特性を思惟様式・行動様式において対応的に把握することになっており、それ故、単なる制度論や精神論に止まることなく、「『制度』と『精神』との構造連関」(7)を問うことになる。したがって、「制度における精神、制度をつくる精神が、制度の具体的な作用し（ママ）方とどのように内面的に結びつき、それが制度自体と制度にたいする人々の考え方をどのように規定しているか」(8)（圏点は原執筆者、以下と同じ）という点に焦点が絞られてくるのであり、その視点に限定される限りにおいて「近代的思考様式」と「ファシズム的思考様式」の落差が問われてくることになる。そして、支配者層を媒介として成立した「体制的イデオロギー（思惟様式）崩壊史」論は、徂徠学研究において「封建体制から明治＝近代国家体制へ」の移行に適用されたように、ファシズム論においても、「ファシズム体制から戦後民主主義体制へ」という移行において時期をずらせて類比的に適用されているのである。「前近代から近代へ」の転換図式が繰返し繰返し適用されており、逆にいえば、近代日本における根強い前近代的体質と、それ故に停滞した「近代」化の歩みを克服せんとする丸山の実践的課題がみうけられるものとなっているのである。

（1）羽仁五郎・羽仁進『父が息子に語る歴史講談』（文芸春秋社、一九八三）一六三頁。同旨は、羽仁五郎『自伝的戦後史』（上）（講談社、一九七六）第六章。

（2）丸山真男「戦争責任論の盲点」一九五六（同『戦中と戦後の間』みすず書房、一九七六）。

（3）丸山の主要な日本ファシズム論と関連論文は次のとおりであるが、とくに＊印を付したものが重要である。

(a)『現代政治の思想と行動』増補版（未来社、一九六四）所収……＊「超国家主義の論理と心理」一九四六、＊「日本ファシズムの思想と運動」一九四七、「軍国支配者の精神形態」一九四九、＊「肉体文学から肉体政治まで」一九四九、「ファシズムの諸問題——その政治的動学についての考察——」一九五二、＊「ナショナリズム・軍国主義・ファシズム」一九五四。

(b)『日本の思想』（岩波新書、一九六一）所収……＊「日本の思想」一九五七。

(c)『戦中と戦後の間』（前掲）所収……「政治学に於ける国家の概念」一九三六、「ファシズムの現代的状況」一九五三、「戦争責任論の盲点」一九五六。

（4）「体制イデオロギー崩壊史」論の方法論的根拠と問題点については、拙稿「丸山真男のヘーゲル観と思想史学——『戦中と戦後の間』論考ノート——」（拙著『日本市民思想と国家論』論創社、一九八三）第4節、同「丸山政治思想学と天皇制国家批判——『日本政治思想史研究』論考——」（同上書）第4節を参照のこと。

（5）丸山『日本政治思想史研究』（東大出版会、一九五二）二三〇頁。

（6）丸山「科学としての政治学」一九四六（前掲『現代政治の思想と行動』）三四六頁。

（7）丸山「日本の思想」（前掲『日本の思想』）五三頁。

（8）丸山、同上論文、三六頁。

2 ファシズムのメルクマールと日本的特質

(1) ファシズム＝「否定」の統合運動

丸山の日本ファシズム論は、以上のように西欧的「近代」からのバイアスとしてとらえる面が極めてつよいが、その操作は二段階においてなされている。第一段階は、「一般的＝西欧的近代からファシズム一般へ」、第二段階は、「ファシズム一般から特殊日本ファシズムへ」という操作である。（むろん、後者の操作には、近代日本の特殊性が媒介されており、「近代一般→ファシズム一般」と同じように、「近代日本→日本ファシズム」という特殊性レベルでの対応が暗黙の前提となっているとみることができる。）まず最初に注目したいのは、「近代→ファシズム」の段階での、ファシズム一般＝西欧的ファシズムについてのとらえ方である。この図式で明らかなように、丸山はファシズムを「近代社会、もっと広くいって近代文明の真只中から、内在的に、そのギリギリの矛盾の顕現として出て来た[1]」ものとして、即ち「近代国家の矛盾＝《イコール》ファシズム」として近代の末期的現象としてとらえている。こうした認識は、学部学生時代の緑会懸賞論文の中に早くも認められる。そこでは、近代国家を「個人の自然権」と「国家主権の絶対性」という、権力の拡散性と集中性の矛盾的結合においてとらえ、ファシズム国家をこの近代国家の「国家主権の絶対性」への極限的移行形態としてとらえている[2]。問題は、丸山のファシズム論したがって「近代」認識論が、いかなるメルクマールでとらえられているかという点にある。

ファシズムは何より「否定」の統合運動であり、「反革命のトータルな組織化へ向ういわば無限の運動」[3]である、というシュミットの規定を丸山は受入れている。これはまさに丸山における、固定化する制度に対する批判（否定）的な「不断の民主化」[4]（傍点は引用者、以下同じ）という、近代民主主義のダイナミックな把握の仕方と通底したとらえ方である。民主主義にせよファシズムにせよ、丸山においては「否定の運動」としてとらえられているのである。[5]こうした丸山のファシズムのとらえ方は、ちょうど「近代」の「裏返し＝否定」という形で典型的には次のようにとらえられる。

「……ファシズムは革命勢力の直接的抑圧にとどまらずに、革命勢力の成長する一切の社会的な路線《ルート》や溝条《チャネル》自体を閉塞しようとする。そのためにファシズムは消極的には支配体制にたいする抵抗の拠点となりうるような民衆の大小あらゆる自主的集団の形成を威嚇と暴力によつて妨害すると同時に、積極的にはマス・メディアを大規模に駆使してファシズムの『正統』とするイデオロギーや生活様式にまで大衆を画一化するのである。ファッショ化の過程とはつまりこうした異質的なものの排除をつうじての強制的セメント化〔ナチのいわゆるGleichschaltung〕の過程にほかならない。これがそのまま帝国主義戦争のための国家総動員体制を確立する役割を果すわけである。[6]」（角括弧内は原執筆者、以下同じ）

したがって、丸山においてファシズム進行の判断基準は、「立憲制や『自由』選挙制あるいは複数政党制の形式的存否にあるよりも、むしろ思想、言論、集会、結社、団結の実質的確保と民衆の間における自主的コミュニケーションの程度如何にある」(7)ことになる。丸山にとって、ファシズムの脅威は、外面的な政治・社会構造レベルより内面的な意識的レベルにおけるステロタイプ化に求められているのである。即ち、丸山のファシズム理解の特質は、狭義におけるファシズム＝「『極右』政党ないし軍部・官僚中の反動分子による政治的独裁であつて、立憲主義と議会制の否認、一党制の樹立をその必然的なコロラリーとし、イデオロギー的には自由主義・共産主義・国際主義の排撃と全体主義・国家ないし民族至上主義・軍国主義の高唱を特徴とし、多くの場合、独裁者の神化と指導者原理にもとづく社会の権威主義的編成を随伴する」(8)という解釈を退け、また最広義におけるファシズム＝「現段階における独占資本の支配体制と実質上同視する」解釈をも「ブルジョア民主主義・社会民主主義・ファシズムの差は最低限までおしさげられる」(9)として退けて、ファシズムを「構造」としてではなく「状況―機能」の関係に注目して、反革命のための「強制的同質化」と「動員体制化」という「統合」過程を追うところに求められる。したがって、近代国家における中間媒介集団である「自主的集団」の形成と連合を解体し、個性を抜き去られ「無規定・無性格」となった等質的で非理性的・受動的民衆(10)を、再度国家の頂点にむけて凝集するものとして、ファシズム国家体制をとらえていることになる。このファシズム国家論はまさに、丸山の「近代国家」論――封建的中間勢力（ギルド・村落共同体）の解体によって両極分解した国家と個人との中世的秩序関係を、再度国家が自由平等な個々人を基礎に直接的に掌握し頂点にむけて凝集する(11)――とパラレルなとらえ方であり、その意味では、丸山にとって、ファシズム（国家）は近代（国家）の換骨奪胎＝改悪版としてとらえられているといってよい。したがって、ファシズムは、近代資本主義の危機状況にあって抬頭する「革命」勢力を封じ込めるために、「近代社会の階級構造を根本的には維持しながら、……社会的流動性《モビリティ》をなくして身分的に固定させた」[12]ものとしてもとらえられる。

しかし、その強制的同質化と動員体制化の運動主体は「ブルジョア民主主義革命」を経由した西欧と未経由の日本とでは自ずと異なる。この差異が丸山によって、「外から下から」の運動として国民的基盤をもち大衆政党として国家権力を全面的に掌握したドイツ・ファシズム＝「革命」と、体制の「内部から上から」進められた日本ファシズムの相異として指摘されるところである。

「日本のファシズムはドイツやイタリーのようなファシズム『革命』をもつておりません。……大衆的組織をもつたファシズム運動が外から国家機構を占拠するというような形はついに一度も見られなかつたこと、――むしろ軍部、官僚、政党等の既存の政治力が国家機構の内部から漸次ファッショ体制を成熟させて行つたということ、これが日本ファシズムの発展過程におけるもつとも大きな特色であります。[13]」

したがって、日本における体制外的「運動」としての民間ファッショ運動は、「日本のファシズムが軍部及び官僚という既存の国家機構の内部における政治力を主たる推進力として進行した」ことの逆説として、「民間の右翼勢力はそれ自身の力で伸びて行つたのではなく、むしろ前述（ファシズム運動）の第二期（昭和六～一一年）に至つて軍部乃至官僚勢力と結びつくに至つてはじめて日本政治の有力な因子となりえた」[14]（丸括弧内は引用者、以下同じ）と評価されるに止まる。つまり、その政治的機能は、次のように体制的ファシズム化を促進する触媒としてのそれに位置づけられているのである。

「……下からのファッショ的動向——急進ファッショ運動（民間右翼や急進青年将校の動き）のけいれん的な激発はその度毎に一層上からのファッショ化を促進する契機となつたのであります。支配機構の内部から進行したファシズムは軍部、官僚を枢軸として、こういう急進的ファッショの社会的エネルギーを跳躍台として一歩一歩自分のヘゲモニーを確立していったこと、これが重要な点であります。[15]」

したがって、丸山にとって、民間の「家族主義・農本主義・大亜細亜主義」の思想と運動は、民衆自身による「体制」構想も「体制」化への転化も期待されず、専ら国家機構と一体化し寄生しつつ利用される対象に止まる形になっているのである。こうした民間のファシズム運動に対する「過小」評価が、丸山のファシズム論評価の一つの分岐点を形づくることになるが、こうした評価は政治を徹頭徹尾合理的な統合上の「結果」責任においてみていこうとする丸山の評価態度からは当然として与えられるものであろう。ここに、「体制」主導型のファシズム化が、丸山の「体制自己崩壊史」論の枠組に整合的に適合し、またそれを逆に正当化する点にも改めて注目しておきたい。

また、丸山は、日本のファシズムの統制の末端が極めてファナティックなものになった点について、その原因をファシズムの基盤である「中間階級＝小市民階級」の日本的特質に求めている。しかも、中間層を、「擬似インテリゲンチャ・亜インテリゲンチャ」類型＝「小工場主、町工場の親方、土建請負業者、小売商店の店主、大工棟梁、小地主、乃至自作農上層、学校教員、殊に小学校・青年学校の教員、村役場の吏員・役員、その他一般の下級官吏、僧侶、神官、というような社会層」と、「本来のインテリゲンチャ」類型＝「都市におけるサラリーマン階級、いわゆる文化人乃至ジャーナリスト、その他自由知識職業者（教授とか弁護士とか）及び学生層」[16]に分け、前者を以て軍部・官僚ファシズムの推進にアクティブに共鳴した階層としている。しかし、後者については、たとえ軽薄な「ヨーロッパ的教養」だったとはいえ、その教養故に「ファシズム運動の低調さ、文化性の低さ」には同調できず、むしろ「消極的」であったとして免罪的である[17]。この点も丸山のファシズム論について疑義の可能性が出てくる点であるが、丸山においては、「日本の社会の家父長的な構成によって、……（各）グループのメンバー……に対して家長的な権威をもって臨み、彼ら本来の『大衆』の思想と人格とを統制している[18]」擬似インテリ層の、「小天皇的権威をもつた一個の支配者[19]」である点、つまり中間支配者である点に、上からの統制の結節点を見出しているのである。

「……一切の国家的統制乃至は支配層からのイデオロギー的強化は一度この層（擬似インテリ層）を通過し、彼らによつていわば翻訳された形態において最下部の大衆に伝達されるのであつて、決して直接に民衆に及ばない。……他方またこれらの『親方』『主人』は町会、村会、農業会、或はもろもろの講、青年団、在郷軍人分会などの幹部をもつとめ、そういった場所において醗酵する地方的世論の取次人であります。[20]」

ここに、日本ファシズムの全体的支配構造は、丸山において「軍部・官僚―大衆代表」という二極を形づくる形で明確化されているとみることができる。そしてまさに、この二極に類型化される思考様式（「官僚的思考様式」「庶民的思考様式」）こそが、近代日本の思考様式の矛盾＝日本ファシズムとして摘出されてくるものなのである。

(2)　ファシズム＝直接無媒介性

しかし、これら思考様式に、より根本的に指摘されることは、ファシズムにおける思考一般として「近代の精神」と乖離している、ということである。丸山における「近代精神」とは、『フィクション』の価値と効用を信じ、これを不断に再生産する精神」であり、そのフィクションも「本来は広く人間がある目的なりアイディアの上に何かをつくり出すこと[21]」としてとらえられている。つまり、『フィクション』を信ずる精神の根底にあるのは、なにより人間の知性的な製作活動に、従ってまたその結果としての製作物に対して、自然的実在よりも高い価値評価を与えて行く態度だ[22]」とする。したがって、極論すれば、近代精神＝フィクションの精神とは、「自然的直接的所与からの距離」を前提としている点で、知性によって「媒介された現実を直接性における現実よりも高度なものと見る精神[23]」ということにほかならない。そこから出てくる「現実」認識は、「人間をとりまく社会的環境（現実）がすべて人間の産物であり、人間の知性の力で変えて行けるもの」[24]として、動かしがたい所与のものとしてではなく操作可能なものとして、即ち、ずるずるべったりの惰性的なものとしてではなく操作者の「主体的責任意識」[25]と結びついたものとしてとらえ返されることになる。したがって丸山においては、思考様式の領域において、こうしたフィクション＝近代精神の解体が、即「〈直接無媒介＝実体〉的思考＝ファシズム」としてとらえられてくることになる。たとえば、丸山にとって、ナチスの出現は近代社会一般の実体化傾向のもとで次のようにとらえられる。

「大体近代国家内部で社会的分化が進行するに従って、……ますます人間相互の関係が直接性を失って組織が介在し……夫々のグループ内部の機能的分業……も進行して行くものなのだが、その際に制度の外面的な合理化と意識構造の能動化との間にズレがあると、一つ一つの組織なり部局なりがかんじんの社会分業として機能しないで、すぐ実体化してしまう。そうなると分業は割拠になり専門は縄張りになる。いつて見れば社会のあらゆる領域で技術的官僚化が実質的官僚化に変容しちやうんだ。[26]」

「……（ナチスは）近代社会の組織的分化から生じた病理現象（組織相互の自主的な媒介作用の欠如による機能的統合の失敗）を、いわば文化以前の直接的自然性への復帰――血と土――によつて克服しようとしたんだ。ナチの御用学者は近代デモクラシーの核心をなす『代表』と『多数決』の理論を猛烈に攻撃し、そんなものはみんなフィクション〔虚構〕で真実の民意の表現じゃない、こういう欺瞞的な制度とちがつて、指導者ヒットラーこそ真のドイツ国民意思の表現者だ、ヒットラーと国民との関係は選挙で頭数を数えるといつた『機械的』な方法を媒介とする冷いつながりではなく、もつと有機的な情緒的な結合であり、それは選挙などよりも遥によく大衆の喝采〔acclamation〕のうちに表現されている、というようなことを盛んに述べたてていた。実際、経済的危機に追い立てられ、激化する社会不安に精神的安定を喪い、議会政治の無能に絶望した大衆——とくに未組織大衆がノーマルな民主的統合過程を信じられなくなつて、自己の願望や不満欲求の直接的な捌け口を、絶対的権威との非合理的な合一のうちに求めて行つたのだ。」(27)

ナチスは、近代の進行＝社会的分化（多元化）に伴って要請される「統合」をその機能的媒介のレベルではなく、直接無媒介のレベルでなしとげたのだということになる。その意味では、「媒介された現実に満足しないで直接なまの感覚に浸ろうとする」(28)ナチスの問題解決は、正当な意味での「近代の超克」ではなく、まさに「前近代の復帰」に止まるということになる。一応の「近代＝フィクション」の精神革命を経たドイツにおいてさえ、このような安直な直接性への復帰が行なわれたのであるから、「近代」革命を経由しない日本においては、所与としてある前近代的な「実体＝直接無媒介」の世界への埋没はいとも容易にずるずると行なわれることになる。ここにおいて指摘された丸山の危惧は、単なる「伝統的な風習・慣行」への復帰に止まらず日本社会の「制度」的領域に対しても、深い絶望的な響きを伴ってむけられている。

「人間が社会的環境を自然的所与として受け取る傾向が強いところでは、それだけフィクションも凝固し易く、従つて本来ある便宜のため設けた制度なり組織なりが効用をはなれて実体化される。目的と手段との間の不断の媒介を行わないから、手段はすぐ自己目的化してしまうのだ。長い伝統を背負い、しかもその存在理由を『問う』ことがタブーとされた天皇制が、一切の社会的価値の根源として最も強固な実体性をもつていたことはいまさらいうまでもないが、本来近代的な制度までがここでは、揉まれながら形成されたのではなく、いわばレディメードとして上から移植されたために、国民にとつてはフィクションとしての意味をもたず、伝統的な支配関係と同じ平面で実体化される傾向がある。[20]」

これは、日本ファシズムの病理現象であると同時に、未成熟な「近代日本」そのものの生理＝病理でもある。政治的処理は、「精神が感性的自然から分離しないところでは、政治的精神もまた暴力とか『顔』とか『腹』とかいう政治的肉体への直接的依存を脱しない[30]」場で、行なわれることにもなる。丸山が民主主義を戦後民主主義「制度」において実現されたものとして実体的にとらえることを拒否し、徹頭徹尾理念として現実に対する「否定性」においてとらえようとする態度も、根強い実体化傾向に対する批判からくるものであることは、すでに述べたところである。

日本ファシズムにおける「直接無媒介＝実体」的思考は、典型的にけ、前述の引用文中にもあったように「国体」論の中に見出される。丸山はこの思考の一点から日本ファシズムの病理の全体構造をあざやかに抽象化していく。日本の「近代国家」は、「真理とか道徳とかの内容的価値に関して中立的立場をとり、そうした価値の選択はもっぱら他の社会的集団〔例えば教会〕乃至は個人の良心に委ね」る「中性国家〔Ein neutraler Staat〕(31)としてではなく、「国体」の名において「真善美の内容的価値を占有」する価値の実体として、価値内容の「独占的決定者(32)」として存在した。このことは、法律ばかりでなく学問や芸術さえも「国体＝絶対的価値」の実体たる国家へ内面的・実質的に依存するよりほかに存立しえなくなる、ということを意味し、それぞれの固有領域が認知されず、公私を問わずすべての領域に国家権力が自在に浸透することを意味する。(33)しかも、「国家主権が精神的権威と政治的権力を一元的に占有する」結果、その国家活動は、「その内容的正当性の基準を自らのうちに〔国体として〕持っており、従って国家の対内及び対外活動はなんら国家を超えた一つの道義的基準には服しない」ということになり、「主権者自らのうちに絶対的価値が体現している」以上、「大義と国家活動はつねに同時存在(34)」として認められることになる。ここには、「権力と倫理との相互移入」が行なわれ、「権力が倫理化」すると同時に「倫理が権力化」するという相互的中和の問題、政治的リアリズムの欠落という「近代政治」にとって致命的な問題が存在するが(35)、ここでは問わない。ここでむしろ注目しておきたいことは、価値の流出が国体から起源するという点から現象する、強制的同質化・動員体制化とファシズム的統合における精神的側面である。

「……究極的実体（天皇＝絶対的価値の体現者）への近接度ということこそが、個々の権力的支配だけでなく、全国家機構を運転せしめている精神的機動力にほかならぬ。官僚なり軍人なりの行為を制約しているのは少くも第一義的には合法性の意識ではなくして、ヨリ優越的地位に立つもの、絶対的価値体にヨリ近いものの存在である。国家秩序が自らの形式性を意識しないところでは、合法性の意識もまた乏しからざるをえない。法は抽象的一般者として治者と被治者を共に制約するとは考えられないで、むしろ天皇を長とする権威のヒエラルヒーに於ける具体的支配の手段にすぎない。だから遵法ということはもつぱら下のものへの要請である。」(36)

それ故、「国家的社会的地位の価値基準はその社会的職能よりも、天皇への距離にある」(37)というような、「横の社会的分業意識」よりも「縦の究極的価値への直属性」(38)を尊重する意識は、ひとり軍部・官僚のみでなく全国民的規模において成立する。その象徴的病理のミニチュア版が「軍隊」において典型化したにすぎぬ。こうした上下関係のもとでの相互連鎖的な自己規定のあり方は、上から下まで「無規定的な個人」(39)の存在を許さず、したがって、「自由なる主体意識」、その主体的責任意識に基づく「独裁観念」の成立をも許すことをしない。かくて、丸山は全国家的な精神的秩序の体系を、絶対的価値体である天皇を頂点として次のように総括するのである。

「……自由なる主体的意識が存在せず各人が行動の制約を自らの良心のうちに持たずして、より上級の者〔従つて究極的価値に近いもの〕の存在によつて規定されていることからして、独裁観念にかわつて抑圧の移譲による精神的均衡の保持とでもいうべき現象が発生する。上からの圧迫感を下への恣意の発揮によつて順次に移譲して行く事によつて全体のバランスが維持されている体系である。これこそ近代日本が封建社会から受け継いだ最も大きな『遺産』の一つということが出来よう。(40)」

しかし、天皇制秩序は、丸山の指摘するような上からの方向に即応する「抑圧委譲の体系」のみで実際上は稼動しているわけではない。秩序である限り、下からの救済願望を吸収する「救済の体系」(41)が同時に存在するはずであるが、この点については触れられていない。それはともかく、丸山の批判は、頂点に立つ天皇の「主体的自由」の欠落、その正統性の無内容な「空間性」を次のように突くことによって、日本ファシズムの「抑圧委譲の体系」が実は全くの「無責任の体系」(42)そのものに転落することを指摘したのである。

「天皇はそれ自身究極的価値の実体であるという場合、天皇は……決して無よりの価値の創造者なのではなかつた。天皇は万世一系の皇統を承け、皇祖皇宗の遺訓によつて統治する。欽定憲法は天皇の主体的製作ではなく、まさに『統治の洪範を紹述』したものとされる。かくて天皇も亦、無限の古にさかのぼる伝統の権威を背後に負つているのである。……天皇を中心とし、それからのさまざまの距離に於て万民が翼賛するという事態を一つの同心円で表現するならば、その中心は点ではなくして実はこれを垂直に貫く一つの縦軸にほかならぬ。そうして中心からの価値の無限の流出は、縦軸の無限性(天壌無窮の皇運)によつて担保されているのである。(43)」

ここに、日本ファシズムの「政治=価値」体系は、近代日本そのものの「政治=価値」体系とオーバーラップする形で接続されたのである。それは丸山の言葉を借りれば、日本国家主義イデオロギーの「太平洋戦争において極限にまで発現された形態に着目して、その諸契機を明治以後の国家体制のなかにできるだけ統一的に位置づけよう」という意図から生まれた「一個の歴史的抽象」(44)であった。

(1) 丸山「ファシズムの現代的状況」(前掲『戦中と戦後の間』)五三七頁。
(2) 丸山「政治学に於ける国家の概念」(同上書)一三～一九頁。同旨は次の文章にも伺うことができる。
「近世において解放された二つの要素、すなわち一方における絶対的な国家主権と、他方同じく奪うべからざる個人の基本的人権と、その二つの対立的統一は、凡そ近代国家の宿命であるように思える。それはイデオロギー的には、国家理性の思想と近世自然法思想の相剋として現われる。」(同「権力と道徳」一九五〇、前掲『現代政治の思想と行動』四〇五頁)
(3) 丸山「ファシズムの諸問題」(同上書)二六九頁。
(4) 丸山、前掲『日本の思想』一五七頁。
(5) 丸山の民主主義を「否定性」においてとらえる態度は、「近代日本の知識人」一九七七(同『後衛の位置から――「現代政治の思想と行動」追補――』未来社、一九八二)においても、「『民主主義』が否定の情熱を失って理念や運動であるよりは、法律制度の中にビルト・インされた何ものかへと変貌した」(一二四頁)として、戦後民主主義の変質を批判している点にも一貫してうかがわれる。
(6) 丸山「ナショナリズム・軍国主義・ファシズム」(前掲『現代政治の思想と行動』)二九六頁。
(7) 丸山、同上論文、二九七頁。
(8)(9) 丸山、同上論文、二九二頁。
(10) 丸山、前掲「ファシズムの現代的状況」五三八頁。

（11）丸山、前掲「政治学に於ける国家の概念」一三～一四頁。

（12）丸山、前掲「ファシズムの現代的状況」五四〇頁。

その意味では、ファシズムは、「民主主義機構を破壊し、赤裸のテロルによつて階級支配を維持せんとする試みであり、国家権力が労働者階級の抑圧に百パーセント利用される」（同「ラスキのロシア革命観とその推移」一九四七、前掲『現代政治の思想と行動』二四二頁）ものであった。

（13）丸山「日本ファシズムの思想と運動」（同上書）七〇～七一頁。

（14）丸山、同上論文、五八頁。

（15）丸山、同上論文、七一頁。

丸山は、日本において民間のファシズム運動がヘゲモニーをとれなかった点について、「ファシズムの進行過程における『下から』の要素の強さはその国における民主主義の強さによつて規定される、いいかえるならば、民主主義革命を経ていないところでは、典型的なファシズム運動の下からの成長もまたありえない」「（同上、八〇頁）と述べている。この点に、第一次大戦後ブルジョア民主主義が確立し強大なプロレタリアートの組織が形成されたドイツ（イタリー）において、ナチスが「民主主義的偽装」や、「社会主義の実践者」「労働者の党」として「ファシズム組織のなかにある程度の『下からの要素』を、偽瞞のためにせよ、保持せざるをえなかつた理由がある」（同上、八一頁）としている。

（16）丸山、同上論文、六三～六四頁。

（17）（18）丸山、同上論文、六五頁。

（19）（20）丸山、同上論文、六六頁。

（21）丸山「肉体文学から肉体政治まで」（前掲書）三八二頁。

（22）丸山、同上論文、三八一～三八三頁。

（23）（24）丸山、同上論文、三八三頁。

丸山は「近代」を「人間関係」の側面から次のようにとらえている。

「近代社会のように人間がその固定的環境から分離し、未知の人間相互の間に無数のコミュニケーションが行われるようになれば、既知の関係を前提とした伝統や『顔』はだんだん用をなさなくなる。だから客観的な組織やルールが『顔』に代り、人間相互の直接的感性的関係がますます媒介された関係に転化するという面を捉えれば、近代化というのは人格関係の非人格化の過程ともいえるが、他方因習から目ざめてそうしたルールなり組織なりを工夫してつくつて行く主体として己れを自覚する面から見れば、それは逆に非人格関係の人格化ということになる……」(同上、三八七頁)

(25) 丸山「超国家主義の論理と心理」(前掲書)二四頁。

(26) 丸山、前掲「肉体文学から肉体政治まで」三八九頁。

(27) 丸山、同上論文、三九〇頁。

(28) 丸山、同上論文、三九一頁。

(29) 丸山、同上論文、三八八頁。

(30) 丸山、同上論文、三九二頁。

(31) 丸山、前掲「超国家主義の論理と心理」一三頁。

(32) (33) 丸山、同上論文、一五頁。

(34) 丸山、同上論文、一七頁。

(35) 丸山、同上論文、一八～一九頁。

「国家主権が倫理性と実力性の究極的源泉であり両者の即自的統一である処では、倫理の内面化が行われぬために、それは絶えず権力化への衝動を持つている。倫理は個性の奥深き底から呼びかけずして却つて直ちに外的な運動として押し迫る。国民精神総動員という如きがそこでの精神運動の典型的なあり方なのである」(同上、一八頁)。ここでは、ファシズムの精神運動そのものの低劣さを知れば足りる。

(36) 丸山、同上論文、二〇～二一頁。

(37) 丸山、同上論文、二一頁。

(38) 丸山、同上論文、二二頁。

(39) 丸山、同上論文、二三頁。

（40）丸山、同上論文、二五頁。

（41）丸山も下からの方向性＝「下剋上」について次のように述べているが、それはしょせん「抑圧委譲」の半面でしかない。

「下剋上とは畢竟匿名の無責任な力の非合理的爆発であり、それは下からの力が公然と組織化されない社会においてのみ起る。それはいわば倒錯的なデモクラシーである。……もっぱら上からの権威によつて統治されている社会は統治者が矮小化した場合には、むしろ兢々として部下の、あるいはその他被治層の動向に神経をつかい、下位者のうちの無法者あるいは無責任な街頭人の意向に実質的にひきずられる結果となるのである。」（同「軍国支配者の精神形態」前掲書、一一四頁）

色川大吉は、天皇制の支配構造を、頂点からの「差別の構造（階級委譲）」と頂点へ至る「救済の構造（隔級救済）」との二重構造においてとらえ、前者を陽画の側面（天皇→平民→新平民→辺境民→植民地民）、後者を陰画の側面（「一視同人・一君万民」的側面）としてとらえている。この視点からすると、戦後天皇制は、ハードな陽画部分を解体されたものの、市民社会に適応した形の「市民的天皇」をいただくソフトな陰画部分において、新たな「共同性」を幻想させる形態に変容したものとしてとらえられる（同「天皇制の今日的支配構造」『同時代への挑戦』筑摩書房、一九八二、一五七〜一七八頁）。その意味では極めて柔構造的な支配構造を成立させていることになるが、この点についての解明は、菅孝行「天皇制の最高形態とは何か」（同『天皇論ノート』田畑書店、一九七五）を参照のこと。

（42）丸山、前掲「軍国支配者の精神形態」一二九頁。

（43）丸山、前掲「超国家主義の論理と心理」二七頁。

（44）丸山「追記および補註」（前掲『現代政治の思想と行動』）四九五頁。

3　「近代日本」認識とファシズム論の位置

(1)　権力的統合とイデオロギー的同質化

丸山にとってファシズムは、近代の矛盾の激化に伴う解体の危機＝社会的分化にたいする、反革命的な「乗り超え」として、実際的には超近代の課題を理性的媒介による機能的統合にではなく、直接無媒介的な実体的「前近代」への復帰に求めるものとして否定的にとらえられた。その日本的形態として、ファシズムのメルクマールである「否定の統合」が「体制」主導の二重構造に、「直接無媒介性」が「国体」論の体系に、求められてきたものといえよう。その意味で丸山は、西欧における「近代→ファシズム」の転化を基準として、日本ファシズムの特質を西欧からの偏差としてみているわけである。しかし、同時にそこには、もう一つの影の構図、即ち西欧における「近代→ファシズム」に対応して、日本ファシズムという「病理」現象と構造がまさしく「近代日本」の「生理」構造から連続的に生起している、という「近代日本→日本ファシズム」の構図がある。つまり、日本ファシズムは、「近代日本」の体質的矛盾の構造に深く根ざし、その生理的バランスの限界を超えて病理化（転化）したものとしてとらえられていることになる。それ故、「体制」主導・「国体」論に象徴される日本ファシズムの特殊形態は、「近代日本」の生理構造を媒介項としてはじめてその生成のメカニズムを内在的に解かれることになるのである。しかし、病理の根源的部分である「生理構造」そのものとそれからのファシズムへの転化については、前節では日本ファシズムの特殊性にウエイトをかけた限りで取扱ってきたにすぎない。そこで、近代日本の統合と同質化の構造・形態・機能について、改めてその「政治構造と思考様式」の即応関係の視点から光をあてて、丸山の「近代日本」の政治的総体把握をよりストレートな形でとらえていくことにしたい。これは、日本ファシズムを「比較」的視点からあてた前節に対して、「内在」的視点から光をあてるということでもある。この点は前節の国体論の体系でも同様な主旨でとらえられているが、丸山が「日本の思想的過去の構造化」(1)と総体的止揚を試み、「個人の発想のレヴェルから、政治制度と社会機構のレヴェルに至る近代日本の思想的見取図」(2)を提出した論文「日本の思想」に、より典型的にうかがうことができる。

丸山において、近代社会における危機＝社会的分化・多元化の構造は、ワイマールにみられたように政治的次元における多元性（分裂）への転化としてとらえられてきたが、この多元性は近代日本においてはむしろ「常態」としてとらえられている。しかもそれは、「近世の認識論の構造と近代国家の政治構造との密接な関連」(3)というE・カッシラーやC・シュミットの思想史的解明と同じく、「近代日本の認識論の多元性と近代日本国家の多元的政治構造との内的連関」という根深さにおいてである。

「……明治絶対主義は、当初から中江兆民によって『多頭一身の怪物』と評されたような多元的政治構造に悩まねばならなかった。これはむろん直接的には維新の革命勢力が、激派公卿と西南雄藩出身の『新官僚』との連立のまま、ついに一元的に組織化されなかった社会的事情の継続であるが、そこにも、世界認識を合理的に整序せずに『道』を多元的に併存させる思想的『伝統』との関連を見いだすに難くない。(4)」

したがって、政治的多元性を克服する「統合」的機能は頂点的には天皇にむけて求められる。しかし、その最後的主体でさえ、前述したように「主体的責任」意識の欠落したものであった。しかも丸山によれば、下から上への上昇過程において一元化は多くの君側の「輔弼」に媒介され、また上から下への下降過程においても、天皇の意思の多様な「解釈」を君側の次元からタテ割の官僚制の次元まで各種各様に許容するというものであった。そこにあるのは「恣意の体系」以外の何ものでもない。

「明治憲法において……大権中心主義……や皇室自律主義をとりながら、というよりも、まさにそれ故に、元老・重臣など超憲法的存在の媒介によらないでは国家意思が一元化されないような体制がつくられたことも、決断主体（責任の帰属）を明確化することを避け、『もちつもたれつ』の曖昧な行為連関（神輿担ぎに象徴される！）を好む行動様式が冥々に作用している。『補弼』とはつまるところ、統治の唯一の正統性の源泉である天皇の意思を推しはかると同時に天皇への助言を通じてその意思に具体的内容を与えることにほかならない。……（臣民の天皇に対する）無限責任のきびしい倫理は、このメカニズムにおいては巨大な無責任への転落の可能性をつねに内包している。(5)」

むろん、こうした政治的多元性は「絶対君主制」に共通のものであり、君主に直属する「官僚の責任なき支配」とそこから生まれる「統治の原始的分裂」を克服する可能なケースは、丸山によれば、「君主（或は直属する官僚）が真にいわゆるカリスマ的資質をもった巨大な人格」である場合と、イギリスのように「実質的に強力な議会」が存在している場合とに限られる。この点、近代日本の場合はまさに、一方における「『官員様』の支配とその内部的腐敗、文武官僚の暗闘、軍部の策動による内閣の倒壊」、他方における政党勢力の脆弱性故に「帝国議会は……一貫して政治的統合が最終的に行われる場」でもなかった。にもかかわらずある程度政治的統合が可能となっていたのは、「明治天皇の持つカリスマ」とこれを補佐する「藩閥官僚の特殊な人的結合と比較的豊かな『政治家』的資質」に負うところにあった。つまり、近代日本の原罪である政治的多元性は、主に「藩閥＝人閥」たる重臣・元老を媒介として統合化されていたのであり、それ故にそこでは「機構的合理性」は不在であったのである。

しかし、トップレベルの合理性の欠落に対して、近代日本の中間領域の近代化＝合理化は、前近代社会の「封建的＝身分的中間勢力の抵抗の脆さ」によって、体制主導の上からの官僚制度化により「無人の野」を行くように進展した。だが、底辺民衆の次元では厚い壁にぶつかり、民衆を上から一元的に統合する方式の転回をせまられる。丸山は、この統合上の二重構造について次のように述べている。

「……絶対主義的集中が……権力のトップ・レヴェルにおいて『多頭一身の怪物』を現出したことと対応して、社会的平準化も、最底辺において村落共同体の前にたちどまった。むしろその両極の中間領域における スピーディな『近代化』は制度的にもイデオロギー的にもこの頂点と底辺の両極における『前近代性』の温存と利用によって可能となったのである。その際底辺の共同体的構造を維持したままこれを天皇制官僚機構にリンクさせる機能を法的に可能にしたのが山県の推進した地方『自治制』であり、その社会的媒介となったのが、この共同体を基礎とする地主＝名望家支配であり、意識的にその結合をイデオロギー化したのが、いわゆる『家族国家』観にほかならない。(11)」

ここには、最頂点と最底辺での多元性の統合が人を媒介として成立し、それらの中間領域を「天皇制官僚機構――地方自治制」が接続する形で支配の全体構造が把握されている。底辺の村落共同体をそのままに包摂する形での地方自治制の枠が、そっくりそのまま天皇制官僚機構に組込まれた形としてとらえられているのである。村落共同体は、「同族的（むろん擬制を含んだ）紐帯と祭祀の共同と、『隣保の旧慣』とによって成立」し、「その内部で個人の析出を許さず、決断主体の明確化や利害の露わな対決を回避する情緒的直接的＝結合態である点、また『固有信仰』の伝統の発源地である点、権力（とくに入会や水利の統制を通じてあらわれる）と恩情（親分子分関係）の即自的統一である点で、伝統的人間関係の『模範』であり、『国体』の最終の『細胞』をなして来た(12)」。それ故に、底辺の「自治体＝共同体」は頂点の「国体」とともに非分裂的・非対立的な非政治的領域におかれたものとしてとらえられた。ここにとらえられた近代日本の国家構成は、藤田省三が総括したごとく、政治的合理性＝官僚制を中心とした「権力国家」原理＝

「国家を政治権力の装置〔Apparat〕乃至特殊政治的な制度として構成しようとする」原理と、頂点から底辺の共同体を組込み統体として総括される「共同体国家」原理＝「国家を共同体に基礎付けられた日常的生活共同態〔Lebensgemeinschaft〕そのもの乃至はそれと同一化できるものとして構成しようとする」原理、による二重的構成として把握されていることになる。[13]

「近代」と「前近代」の二重化による矛盾、即ち「合理的機構化」と「伝統的心情の価値化」[14]との深刻な矛盾を結合し、前者の支配性を隠蔽するものとして現われ観念的に保証する装置が、頂点から底辺までを貫く「実体的関係＝親子の温情関係」の擬制に基づく「〈天皇＝親〉―〈臣民＝赤子〉」の家族国家観（この矛盾については後述）であったということになる。そして、ここに特殊日本的な「国体」論の体系が底辺までに浸透したのである。つまり、下から見上げた共同体国家原理は、上から見下ろせば国体原理そのものなのである。丸山においても、こうした近代日本のメカニズムの「権力と恩情との即自的な統一」[15]＝二重性による運転は、制度における精神に触れて次のように総括されている。

「日本の近代国家の発展のダイナミズムは、一方中央を起動とする近代化〔合理的官僚化……〕が地方と下層に波及・下降して行くプロセスと、他方……『むら』あるいは『郷党社会』をモデルとする人間関係と制裁様式……が底辺から立ちのぼってあらゆる国家機構や社会組織の内部に転位して行くプロセスと、この両方向の無限の往復から成っている。したがって一般的にいえば、組織や集団をどの種類で、また上中下どの社会的平面でとりあげてみても、そこには近代社会の必須の要請である機能的合理化——それに基く権限階層制《アムソヒエラルヒー》の成立——という契機と、家父長的あるいは『閥』・『情実』的人間関係の契機との複合がみいだされることになる。……しかも大事なことは、天皇制社会の円滑な再生産は右の両契機が——むろん時代の変化や組織の性格で比重を異にするが——微妙に相依存して、一方だけに傾かないことによって可能となったという点である。／近代化によってともすると崩れようとするこの（二重性の）バランスを上からの国体教育の注入と下からの共同体的心情の吸い上げによって不断に調整するのがそこでの『統治技術』にほかならなかった。[16]」

しかし、このバランスが「形式合理性と家父長的心情との複合」[17]であり併存であった限り、本来的に矛盾を内包するものであり、「合理的機構化」にも「人情自然」にも徹底し依拠できないが故に、かえって「不断の崩壊感覚」[18]の只中に浮遊することになった。それ故、この矛盾的要素の「結合」は、その内部矛盾の程度が激化するにつれて両要素に「分極」化傾向を呈し、また同時に「統合」化とそのイデオロギー的強化というリアクションをもたらさずにはおかない。このバランスの崩壊が、生理と病理との分岐となり、近代日本の生理が日本ファシズム＝病理へ転化していくことになった内的回路だということができる。この二重性の解体傾向とその防止としてのイデオロギー拡大再生産は、政治の論理からみればまさに神学の拡大再生産として打出される限り無限の「政治の解体」でもあり、これこそ丸山がファシズムのメルクマールとして指摘した「ナショナリズムのウルトラ化」の側面である。[19]この点は藤田によっても二重性を観念的に糊塗する「家族国家観」自体の内部矛盾の拡大再生産として論理化され、補完する形で示されている。それによれば、家族国家観は、「日本社会の家父長的構成に依拠して、しかも個々の封建的な家父長制的世界を国家的規模にインテグリーレンしようとするもの[20]」で、「国家＝合理的機構」を「家＝伝統的心情自然」の延長拡大として理解させようとするものであった。この対立する二契機が「矛盾しながら結合」する点に家族国家観の特質が存在するが、矛盾の激化によって「国家的要請が『家族』を圧倒していくにしたがって」、即ち「『家』と『国家』をむすぶ紐帯の弛緩が一定程度になるたびに、はなれ去ろうとする家を対外戦争の醸成によって強力に繋縛[21]」することになったのである。そして同時に、こうした国家主導のウルトラ化の打開策に対する抵抗に対しては「苛烈無比なる抑圧」を行なったわけであるが、これは前述したとおり国家と家とのアナロジーによって、「家に政治が拒否される」ように国家からもまた政治が排除され、天皇制が家族と同じような「自然の秩序」として認められ、革命勢力の体制的変革が「自然の破壊者[22]」として認定されたことによるのである。また、こうした「国家＝合理的機構」と「家＝自然心情」との矛盾的結合の分極化傾向の側面については、丸山はそれを思考様式の視点からとらえているが、前節で指摘したファシズムの「軍部・官僚─大衆代表」の二重構造に対応した「近代日本の思考様式の類型＝日本ファシズムの類型」として次のように指摘している。

「……一方で、『限界』の意識を知らぬ制度の物神化と、他方で規範意識にまで自己を高めぬ『自然状態』〔実感〕への密着は、日本の近代化が進行するにしたがって官僚的思考様式と庶民（市民と区別された意味での）的もしくはローファー的……思考様式とのほとんど架橋しえない対立としてあらわれ、それが『組織と人間』の日本的なパターンをかたちづくっている。しかもこの両者は全く機能する次元を異にし、思想的な相互媒介ができないためにかえって同一人間のなかに共存して、場によって使い分けられることもあるし、異った方向から意図的にあるいは無意図的に、同じ目的に奉仕するという結果にもなる。それは近代化の矛盾がはげしくなるにつれて乖離を露わにしたが、もともと日本の『近代』そのものに内在し微妙なバランスを保っていた契機の両極化であり、すなわち日本における『制度』と『精神』との構造連関が認識論的側面において、両極として表現された形態にほかならない。[23]」

ここに指摘された「官僚的思考様式」と「庶民的思考様式」が丸山の想定する「市民的思考様式」と区別されているところに、近代日本とその矛盾激化としての日本ファシズムの病理が鋭く指摘されていることになる。そして、前二者の思考様式こそ、丸山がファシズムにおいて指摘した二つのメルクマール（権力的統合とイデオロギー的統合＝同質化）の後者に対応する「病理」的思考様式だったということになろう。しかも、丸山の目は二者のうち庶民的思考様式の方により厳しいものがあるが、いずれにせよそれらの根本的病理は、それら思考様式に内在する「伝統」の実体化や「制度」の実体化という、「直接無媒介」性であったことは、すでに前節で詳しく指摘したとおりである。

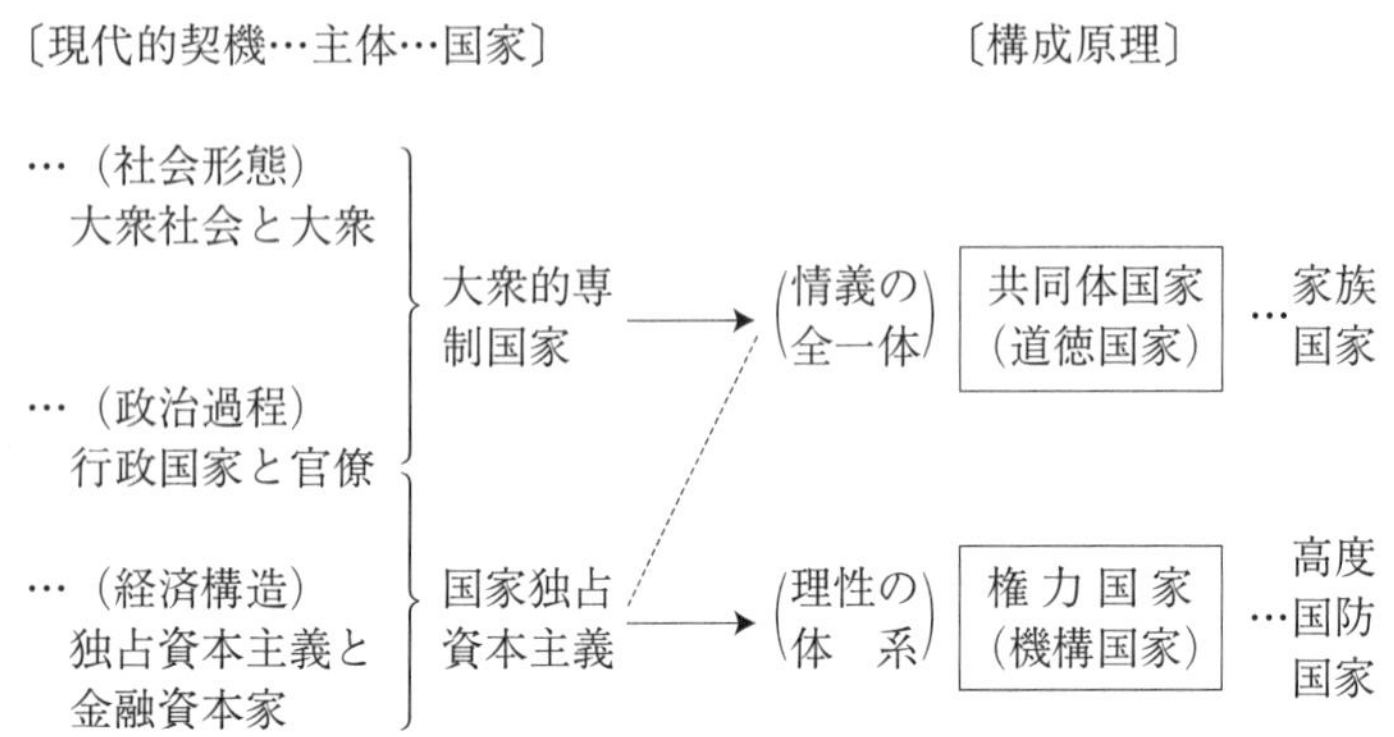

ズム論の中心領域　　**図3**　日本ファシズムの国家構成

(2)　日本ファシズム論の位置づけ

以上、丸山の日本ファシズム論について再構成してきたわけであるが、第1節で述べたようにそれは、「近代の解体」（「近代→現代の構図」）という一定の見方を前提として、その日本的乗り超えの形態（体制主導の二重構造、国体論の体系）を追究したものであった。しかも、特殊「近代日本」の総体認識と止揚を求めて、その「生理」的バランスに内在しそれから「病理」への転化をみるものでもあった。ここでは、第1節でのファシズム認識を一歩具体的にすすめ現代的契機をも組入れて、「ファシズムの主体と国家」の視点から丸山の日本ファシズム論の対象領域を画定し相対化しておきたい。そして、丸山の内容についての問題点は次節で論ずることにしたい。

丸山の日本ファシズム論の枠組を参考にして日本ファシズム全体のパースペクティブを示せば、図1「ファシズムの主体類型」、図2「ファシズム論の中心領域」、図

〔主体類型〕		〔「典型」的階層〕	〔基軸〕
庶民的思考様式…	「感覚的」人間…（家父長的心情＝非合理性）	中間層（小ブルジョア層）	…《中間層論》
官僚的思考様式…	「理性的」人間…（形式合理性）	軍部・官僚層	…《テクノクラート論》
資本家的思考様式…	「理性的」人間…（形式合理性）	大ブルジョア層	…《独占資本主義論》

図1　ファシズムの主体類型　　　図2　ファシ

3「日本ファシズムの国家構成」のように一覧することができる。まず、図1の「ファシズムの主体類型」であるが、これは丸山の思考様式の二類型（「庶民的」・「官僚的」）に加えて、広義のファシズム論をも組入れるために第三類型として「資本家的」＝独占的利潤追求人間を加えたものである。これらはなんらかの形で「反革命」を標榜する主体であり、したがってこの図からは、「革命」側に属する「プロレタリアート的」思考様式、および丸山の規範とする「市民的」思考様式はファシズムのらち外に存在するものとして除外されている。この三類型は、「理性的」思考を軸とするか否かで大別されるものでもある。また、丸山のいう中間層は二分されているわけであるが、ここでの中間層はファシズムの共鳴基盤となる層の方を想定している。こうした三類型が類型である限り、そのまま現実に存在するわけではなく、現実的にはそれらの混合形態として存在するわけであるが、ここでは「典型」化する階層として一応の対応関係として、庶民的思考様式と中間層（小ブルジョア層）、官僚的思考様式と軍部・官僚層、資本家的思考様式と大ブルジョア層、をセットしておくことにした。こうしてみると、資本主義の高度化に伴う、中間層のプロレタリア化と大ブルジョア化の階層分解などを考慮に入れると、ファシズムが「近代」史の全体的動向のいかなる位置におかれるものか、という点にも目をむけることができよう。むろん、丸山のファシズム論は「軍部・官僚層――中間層」の二系列の二重構造論であった。

次に、図2の「ファシズム論の中心領域」であるが、これは、図1でファシズムの主体からみたファシズム論を、対象領域を何を基軸として貫徹させているかという見方からとらえたものである。その際、ファシズムが「近代超克」（近代→現代）の課題を提起するものであるという点を考慮して、その契機を対応的に組入れたものである。これによれば、「中間層」を主体とするファシズム論は当然、「大衆社会」形態とその中での「主体＝大衆」の存在形態（意識形態・行動様式）を基軸とした「中間層」論を射程に入れて展開することになる。また、軍部・官僚層を主体とするファシズム論は、その権力の集中化に伴う「行政（軍事）国家」とその政治過程の中での「主体＝軍部・官僚」の存在形態を基軸とした「テクノクラート」論を射程に入れて展開することになる。さらに、大ブルジョア層を主体とするファシズム論は、経済力の集中に伴う「独占資本」主義とその構造下における「主体＝金融資本家」の存在形態を基軸とした「独占資本主義」論を射程に入れて展開することになる。つまり、この図式では、「経済構造―政治過程―社会形態」の三層性が組入れられ歴史の横断的な全体構造が示されているということになる。したがって、ウエイトの置き方から現代的契機を組入れた国家論としては、社会形態と政治過程の結合からは「大衆的専制国家」論が、政治過程と経済構造の結合からは「国家独占資本主義（国家）」論が提示されてくることになる。むろん、丸山におけるファシズム論は、「テクノクラート」論と「中間層」論、およびその結合としての「大衆的専制国家」論の「統合」的様相の領域にあったということができる。

さらに、図3の「日本ファシズムの国家構成」であるが、これは図1・図2で示された超近代の諸契機を内包したファシズム国家が、いかなる特殊日本的形態をとって現出したか、という見方からとらえたものである。日本ファシズムが近代日本の生理から病理への転化だとすれば、この「日本ファシズムの国家構成」は「近代日本の国家構成」とオーバーラップすることになる。その意味では、おおむね前述した藤田の二国家原理（共同体国家原理と権力国家原理）に対応するものととらえることができよう。図2との対応関係からしいていえば、情義に基づく全一体＝全人的一体化としての「共同体国家」はより中間層に傾斜した「大衆的専制国家」に、理性の機能体系としての「権力国家」はより官僚層に傾斜した「国家独占資本主義（国家）」に対応するものといえる。国家を存続の必要性に基づく視点からとらえればハード・ウェアとしての「権力国家」論ということになり、存続の可能性に基づく視点からとらえればソフト・ウェアとしての「共同体国家」論となるが、そのことは、矛盾の高度化に至った段階では、「権力国家」面がむき出しの形（高度国防国家）となり、「共同体国家」面をふりおとす、という内部矛盾を露呈することになる。しかし、それに至るまでは、この二重性において近代日本国家＝日本ファシズム国家は存続し続けることになるのである。このうち丸山において重点的にかつ「負」としてとりあげられたのは、「直接無媒介」性による「共同体国家」観（家族国家観）であったことはいうまでもなかろう。

以上、日本ファシズムを三極構造（中間層＝社会形態論、軍部・官僚層＝政治過程論、大ブルジョア層＝経済構造論）において枠組化し、その中で丸山の日本ファシズム論の対象領域を指摘したが、総括的にいえば丸山においては前二者の二極構造とその内的連関に思惟様式論の角度からメスが入れられたものといえる。その意味では同じ二極構造とはいっても、中間層（小ブルジョア層）と大ブルジョア層の本質還元論的二極構造論においてとらえようとした、長谷川如是閑の日本ファシズム論とはおのずと趣きを異にしているといえよう。(24)

（1）丸山、前掲『日本の思想』一八七頁。
（2）丸山、同上書、一八九頁。
（3）丸山、前掲「日本の思想」三七頁。
（4）丸山、同上論文、三八頁。
（5）丸山、同上論文、三八〜三九頁。

この「大日本帝国」における政治的多元性とその「統合」の欠如に関して、丸山は「天皇の戦争責任」を条件付きで次のように述べている。

「……政治力の多元性を最終的に統合すべき地位に立っている天皇は、擬似立憲制が末期的様相を呈するほど立憲君主の『権限』を固くまもつて、終戦の土壇場まで殆ど主体的に『聖断』を下さなかつた。かくして日本帝国は崩壊のその日まで内部的暗闘に悩み抜く運命をもつた。それにはむろん一つには天皇の弱い性格の故もあるし、また敗戦よりも革命を恐れ、階級闘争よりも対外戦争を選んだ側近重臣の輔弼も与つて力があろう。」（前掲「軍国支配者の精神形態」一二五頁）
(6) 丸山、同上論文、一二六頁。
(7) (8) 丸山、同上論文、一二七頁。
(9) 国家の「全機構的把握」と「機構経営」の重視という機構的合理性は、マルキシズムの教養を経由した昭和の「革新官僚」によって「高度国防国家論」（職能国家論）として構想される（藤田省三「天皇制のファシズム化とその論理構造」『天皇制国家の支配原理』第二版、未来社、一九六六、一七四〜一七六頁）。しかし、これは、「一点への集中（コンセントレーション）と全体の綜合（インテグレイション）」という「近代国家そのものの論理」（同上、一六六頁）であり、「近代超克」の名において行なわれた一サイクルずれた近代主義そのものである。
(10) 丸山、前掲「日本の思想」四四〜四五頁。
(11) 丸山、同上論文、四五〜四六頁。
(12) 丸山、同上論文、四六頁。
(13) 藤田「天皇制国家の支配原理」（前掲書）一〇頁。
(14) 藤田「天皇制とファシズム」（同上書）一二六頁。
(15) 丸山、前掲論文、五〇頁。
(16) 丸山、同上論文、四七〜四八頁。
(17) 丸山同上論文、五一頁。
(18) 丸山、同上論文、四九頁。
(19) 丸山、前掲「超国家主義の論理と心理」一二一〜一二三頁。
(20) 藤田、「天皇制」（前掲書）一九二頁。

「家族国家」観は思想的には、「反動化した西ヨーロッパ資本主義のイデオロギーである社会有機体説」と「伝統的な儒教政治論」（同上、一九二～一九三頁）を二つの契機とする。詳細については、石田雄「家族国家観の構造と機能」（同『明治政治思想史研究』未来社、一九五四）を参照のこと。

（21）（22）藤田、同上論文、一九三頁。

「国家」と「家」との分極は、矛盾の激化に伴って国家がむき出しの「権力的機構国家」として、「職能的中間層」を等質な労働力として直接的に掌握し再編成しようとする「高度国防国家・総力戦国家」の段階に入って顕著になる。ここでは、情義に基づく全一体としての「家族国家＝共同体国家」の基盤そのものが解体にさらされることになる。この点については、拙稿「大熊信行の『主体化』論と職能国家論」（前掲拙著『日本市民思想と国家論』）を参照のこと。なお、藤田は、「天皇制一般」と「天皇制ファシズム」との区分をこの「媒介組織の排除」に求め、「系統農会などの中央と部落との連鎖階層的組織が機能を弱められて国家が直接に在地・職能中間層を把握した」（前掲「天皇制国家の支配原理」四七頁。同旨は、同上・三二頁、前掲「天皇制とファシズム」一三五頁）点に求めている。

（23）丸山、前掲「日本の思想」五二～五三頁。

（24）長谷川如是閑の日本ファシズム論は、彼が最も労農派系のマルキシズムに接近した『批判』誌期（一九三〇～一九三四）の産物である、『日本ファシズム批判』（大畑書店、一九三二、発禁処分）のとくに一〇八～一三七、七三～八九頁に示されているが、大枠的には次のように示される。

「……独裁主義は最高ブルジョアジーの議会主義によるもの、即ち資本家階級の一般的支配として成立してゐるそれ（→寡頭支配の合法化を求める合法的ファシズムに至る）と、小ブルジョア層の『反』資本主義的イデオロギーとして成立してゐるそれとあるが、両者の対立は要するに、資本主義形態の支持といふ点に於て、一つは高度のそれに拠り、一つは低度のそれに拠るといふに過ぎないのである。（しかも、前者においても『独裁』形式の要求は、最高ブルジョアジーのそれとしてではなく、小ブルジョアジーの要求として起こされる〈一一三頁〉。）而して日本の場合は、前者の性質の独裁が、政治機構の上に成立する可能性を示してゐる時に、後者の性質の独裁が、（最高資本主義的統制から独立した）国家的発動として成立したといふ一種の表面的混乱である。／この混乱を『表面的』といふのは、最高資本主義の統制の下に於ける小ブルジョア運動は特殊の政治形態を産み出す過程ではなく、資本主義の政治形態それ自体の形成される過程に外ならないものだからである。」（同上書、一二〇～一二一頁）

如是閑には、ファシズム（独裁）は、大ブルジョアジーによる階級支配＝寡頭支配への過程における「一頓挫」期の産物であり、しかもその小ブルジョア層の運動はしょせん必然的過程の「泡沫」現象にすぎないという世界普遍史的認識がある。したがって、日本の場合も他の国と例外ではなく、「世界の資本主義国家のすべてに於て見受けられる、小ブルジョア層の運動が封建的勢力（軍部・官僚層）に指導された」（同上、一二一～一二二頁）ものであるが、「かかる中間的階級層が事実上の独裁的地位を国家的発動に於て占め得ることは不可能」（同上、一二二頁）と評価している。したがって、その独裁の可能性は最も高いイタリアの場合でさえ、「その小ブルジョア主義が資本主義の統制経済と合致する程度に於て可能なのであつて、その成立条件として同国の独裁政治の形式と内容とは、最高ブルジョアジーの諸国家に於けるそれと同一傾向をとつて進まねばならぬものである」（同上）と述べている。

ここではファシズムは、「大ブルジョアジー―小ブルジョアジー」の二極構造に還元されているが、「中小ブルジョアジーの勢力」をうけた「中間層的社会政策主義＝官僚主義」（同上、一二八頁）という官僚や軍部の介在は軍部・官僚層による中間層運動の指導という点で、丸山の「軍部・官僚層―中間層」の構図を先取りしているといえよう。しかし、如是閑はファシズムにおける軍部・官僚層の固有の指導性の把握については本質還元論の強さ故に十分ではなく、例えば軍部についても、「その内部構造に於ても、その階級的地位に於ても、一般資本主義組織と何等異なる所がな」く、「上層にあるものはブルジョア的の、中間層は小ブルジョア的の、下層はプロレタリア的の存在」（同上、一二七頁）と階級運動次元に解消し、対外的ファシズム運動においてさえも本質的に「小ブルジョア運動の伴侶」（同上）と把握されるに止まっている。その意味では、如是閑の、大ブルジョアジーによる軍部・官僚層コントロールの「必然＝当然」的期待が貫かれているといえよう。軍部・官僚層の「政治」的次元での相対的固有性は、丸山における、「経済」的運動法則次元から「政治」的固有法則次元の分離・独立という「近代政治」学の成立を以てダイナミックに獲得されることになる。しかし、この「如是閑→丸山」の継承関係については、さらに如是閑における日本ファシズムの特殊形態把握の詳論とともに詳細な検討を要する。

4　丸山ファシズム論の問題点――新たな視点を求めて――

丸山の日本ファシズム論は、前節・註（24）で補足した如是閑の『日本ファシズム批判』を継承しながら極構造とアングルを「軍部・官僚層＝体制」中心の次元に転回した形で構想されたものといえるが、さらにそれは緻密な「論理」による史的論証によって藤田の『天皇制国家の支配原理』へと継承された、といえる。その意味では、丸山がとらえた枠内での止揚努力は藤田においてその到達点をもったということができる。しかし、この丸山の「論理」そのものの内的矛盾とともに、さらにその前提たる丸山の明確な「近代」「ファシズム」認識故に切落された「負」の部分の、ファシズム論展開における重大性と可能性も指摘されねばならない。この側面は丸山学派においても積極的には橋川文三の『日本浪曼派批判序説』（未来社、一九六〇）などにおいて既に一定の成果があげられている。少なくとも丸山止揚をめざす以上は前者から後者へとアクティブな形でそれを提示しなければならないが、ここでは、その私なりの路線提示（「日本国家学研究――〈近代批判の政治学〉――」と「日本市民社会共同体論の研究――民衆的理性と〈相互性＝社会〉論――」）の前提作業として、丸山のファシズム論の問題点を上記二側面にわたって指摘しておくことにしたい。むろん、その際のとりあげ方は、第1節で指摘した「ファシズム論＝〈近代〉認識論」・「日本ファシズム論＝〈近代日本〉認識論」という日本ファシズム論への視座を前提にすることになる。

丸山は日本ファシズムを「体制」主導の統合運動としてとらえ、「近代＝フィクション」性を基準とし、それを前面的に打出して日本の「〈直接無媒介＝実体〉的思考」を否定的にとらえた。それ故に、頂点と底辺に根をはる、権力と倫理、権力と心情との即自的統一＝実体化としての「国体」（共同体）論の体系が、社会的多元性の非合理的合一性の根拠を提供する点で執拗に否定された形になっているのである。したがって、内容的には、ファシズムの主体＝「体制」主導、国体論評価（共同体評価を含む）が主要な問題として浮びあがってくることになる。しかし、これらの問題は方法的手続きに規定された問題でもあるので、その点と関連させて検討していくことにしたい。方法的な問題点としては、(a)第2節での丸山の前提となっている、「西欧型」中間層との「比較」による主体の問題、(b)第3節での丸山の前提となっている、「近代日本→日本ファシズム」という「内在」的方法からくる連続性の問題、が考えられる。むろん、これらの方法論的大前提としては、丸山の体制イデオロギー崩壊史論（「体制自己崩壊史」論と「思惟様式」論の結合）の問題にからんで、「西欧型近代」モデルとそれからの偏差という一般に指摘される問題があるが、この点については既に取扱ったものがあるのでここでは触れない[1]。ただ、この次元の問題については、丸山がファシズムを「近代→近代の解体」として、その直接無媒介性故に実質

「前近代」への復帰としてとらえることによって、「前近代→近代」という規範的図式を批判基準として繰返し適用する点についての問題だけを指摘しておくことにする。それは、達成水準を良き「近代」と既定することによって「前近代」的現象を批判することはできても、これによっては「近代を超える契機＝現代化の契機」を「近代」の崩壊現象としてしかすくい上げられないのではないか、という点である。この点は、丸山が「ファシズム国家」を「近代国家」の改悪版として近代国家統合の枠組でとらえるとらえ方の問題でもある。(さらには、スターリニズムをファシズムと同様に「直接無媒介」性に還元して「近代」の枠内で処理してしまう問題性にもつながる。[2])これは「前近代」と「超近代」の二重性をもつファシズム一般への適用においてはもちろんのこと、さらには「前近代」そのものといえるものの「超近代」的要素をも含む日本ファシズムにおいても、アクティブな超近代的要素をどれだけすくいあげられるかという問題ともからんでくるのである。

(a)さて、西欧との「比較」によって、日本ファシズムの「主体」を体制「支配者層」に求め「上から」の統合化としてとらえた点についての問題であるが、それは、基底的には丸山の「民衆」評価とかかわる。もちろん、「体制崩壊史」論のモチーフによる方法的規定が強く働いていることは考えられるが、それにしても政治的方向の規定性が余りにも政治的ダイナミズムを欠くものとしてとらえられているといわざるをえない。その点は、民間の「家族主義・農本主義・大亜細亜主義」などの右翼運動の過小評価、さらには中間層の擬似インテリゲンチャ類型へのマイナス評価と連動している。ここにあるのは、実質的問題を捨象した政治的「統合」という形式的視点と、統合の「対象」としての民衆把握である。近代西欧的教養を経由していないが故に非理性的レベルの民衆は、丸山のいう下からの「統合＝秩序形成」の政治的「主体」には転生できないというとらえ方である。

しかし、政治の「上から」の動向は、それが民衆を統合するものである限り、いかなるものであれ「下から」の動勢いかんによってはじめて規定されるものであり、吉本隆明によって「大衆の存在様式が、支配の様式を決定するという面が決定的に重要である」(3)といわれる点は、政治学的に欠落させてはならぬ「政治」認識であろう。それ故この視点からいえば、むしろ問題になるのは、民衆を客体＝対象として固定化し、また中間層を西欧的教養をメルクマールとして二類型化して、その相互連帯への可能性を断絶視する見方そのものに求められよう。こうした見方からは、民衆のエネルギーを正当に吸収して「民衆とともに」下からの秩序を形成していく内的回路を見出すことは不可能となる。ファシズムにアクティブに共鳴した民衆とは丸山にとって、「悪しきファシズム」にイカレた嫌悪すべきセルフ・コントロールを欠いた民衆ということになるのであるが、しかし、政治的＝相互的ダイナミズムを前提とすれば、民衆の「気＝内なる志向」（変革志向であれユートピア志向であれ）をとらえたのが家族主義・農本主義・大亜細亜主義の思想と運動であり、またそれらを吸収することに成功したのがファシズム体制であったという見方も成立する。だとすれば、その実質的な変革的契機を不問にして、高踏的な知識人の立場からファシズムを一方的に反動的なものとしてマイナス評価するわけにはいかないはずであり、むしろ、民衆の「生活」レベル・「実感」レベルでの実像（民心）を見落したファシズム論の立て方こそが責められてしかるべきである。

こうした一連の批判の構図は、丸山の「『大衆』をすどおりして……われわれに『仮構』を強いる」(4)一連の構図のまさに裏返しであるといえるが、逆にいえば、丸山はこの「『仮構』を犯すことによってはじめて日本ファシズム論に比類のない視座」(5)を獲得することになったものともいえる。それ故に、この地点における丸山の「フィクション」の堅持は、ファシズム的思考＝「直接無媒介＝実体」的思考を全否定する立場を確立し、実体（現実の存在の仕方）から離れて全体像を高踏的かつ批判的に把握する可能性をもつことになったのだということにもなる。その意味では、丸山のファシズム論の論理の構図は「現実存在」不在の構図として、先細りのG線上のアリアをかなで続けることになったものといえよう。この線上から免れる道は、「大衆はファシズムを選んだ」(6)という民衆心性に内在する地点から、ファシズムの「論理」を再度往復的に抽象化していく以外にない。例えば、家族主義・農本主義・大亜細亜主義または「国体」論に共鳴し吸収された民衆とて、イデオロギーの次元そのもので全面的にコンタクトしたわけではなく、「国体」論のはらむその無内容性故に、逆にそこに組込まれた多彩な内容を生活的次元で受けとめ嗅ぎ分け自らの生活志向にマッチする限りにおいてそれにコンタクトしていったといえるのである。まさに、単なる現実問題のストレートな「抽象」ではなく、民衆生活次元を媒介し「実体化」を経由したうえでの屈折した抽象回路が求められてくるのである（国体論については後述）。

(b)次に、日本ファシズムを「近代日本→日本ファシズム」と、近代日本の連続性においてとらえる問題に移ることにする。むろん第3節で述べたように、丸山も近代日本の「生理＝病理」が日本ファシズム＝「病理」へ転化するに際し、近代日本における「形式的合理性」と「自然心情」の統合バランスの崩壊＝分極化傾向とその防止的拡大再生産をあげているが、それは二契機の「矛盾的結合」という点では連続線上にとらえられているものである。その点に関しては第2節末尾で触れたが、丸山自身も、「日本では下からのファシズム革命を要せずして、明治以来の絶対主義的＝寡頭的体制がそのままファシズム体制へと移行しえた」[7]とし、「どこからファッショ時代になつたかはつきりいえない。一歩一歩漸進的にファシズム体制が明治憲法の定めた国家体制の枠の内で完成して行つた」[8]と明言している。それ故、日本ファシズムは近代日本国家（天皇制国家）の「生理＝病理」構造そのものに求められ、その非合理的権力的統合のあり方と、とくにその「直接無媒介＝実体」的思考たるイデオロギー＝「国体」論の体系が否定の対象にあげられてきたのである。しかし、そのことは、「近代日本」の体制的イデオロギーと「日本ファシズム」のイデオロギーの根拠に無限定な「国体」論を見据えたところに、丸山の卓越性と限界性がセットされていたということになるのである。つまり、「国体」論の包括性に依拠することにより批判の射程を「近代日本」総体にまで遡及させることによって、思惟様式次元での「近代日本」総体の止揚の地平を獲得した輝かしい反面で、その余りの包括性によって逆に、「明治の伝統的国家主義」と「昭和の超国家主義」との区分を不明確にする犠牲を払わなければならなかったということになる。[9] ここにも、ファシズムの「統合」実態そのものから離れて論理的抽象によって一息に全体像を獲得しようとする丸山の方法的限界が現われているといえよう。

だが、ここでの実質的な問題は、丸山における「国体」（その最終細胞としての「共同体」）論に対するラディカルなマイナス評価である。例えば近代日本の思想史的方法の形成過程について言及した中で、「『日本精神論的思想史』（国体論的思想史）は日本思想史研究だけでなく、およそあらゆる学問分野にわたる『原論』としての正統的地位を僭称しようとしたにもかかわらず、方法的にはなんら独自の典型に価するものを残さず、比較的に学問的な形態を具えたものも、せいぜいそれ以前の段階、とくに国民道徳論の変奏曲にとどまった[10]」として、学問的次元での国体論の不毛性を指摘している。さらに、もっともダイレクトかつラディカルに「国体」論を否定したものは次の文章である。

「日本の近代天皇制はまさに権力の核心を同時に精神的『機軸』としてのこの事態（精神的雑居性の甚だしさ）に対処しようとしたが、国体が雑居性の『伝統』自体を自らの実体としたために、それは私達の思想を実質的に整序する原理としてではなく、むしろ否定的な同質化（異端の排除）作用の面でだけ強力に働き、人格的主体――自由な認識主体の意味でも、倫理的な責任主体の意味でも、また秩序形成の主体の意味でも――の確立にとって決定的な桎梏となる運命をはじめから内包していた。[11]」

丸山にとって「国体」論は、その直接無媒介性、それ故の政治的非合理性故に合理的な主体形成を伴わず、したがって合理的な政治秩序の形成にも至らなかったとして、全面的に否定の対象とされたのである。むろん、国家サイドからの「国体論の体系」が絶対的価値の占有的体現として、政治的支配の正統性の根拠として、したがって批判者弾圧の根拠として打出されることについては、丸山と同様全面的な否定をとることにやぶさかではない。しかしながら、そうした政治の「結果責任」においてのみ全面的に断罪するだけでこの問題が片付かない、という根の深さに注目しなければならない。そして、この国体論の「否定性」と「主体性」論の脆弱性を、結果としてではなく過程的に取扱う場合には、受け入れた民衆サイドの視点を介在させる場合にはなおさらのこと、必ずしも丸山のごとく外在的にマイナス一色に塗りつぶすわけにはいかず、いわば「負」性の「正」性への転生可能性の契機をも内在的に検討していく必要があるのである。

国体論の「否定性」は、その向けられる対象によってその実質的内容を異にし、したがって単なる偏狭な特殊性の固執に止まらずアクティブな契機をもはらんでいることにもなる。例えば、単なる「歴史的特殊性＝国柄」をこえて「アジア諸民族の解放」としてヨーロッパ帝国主義の否定を打出す場合には、「国体」は日本の帝国主義的側面を内包しているとはいえ、それ故擬似的ではあれ「使命」として「普遍的当為＝規範性」をも合わせもっていることになる[12]。同様に「日本主義（日本魂）」や「農本主義」の主張がその否定性の実質に内在してみられる場合には、それが文字どおりの偏狭な「神政古代」や「農業社会」への復帰を意味するものではなく、西欧的な大工業・大都市文明の受容と高度化に伴う極度の階級対立や生存競争の激化、農山漁村民の想像を絶する生活破綻という、現状のラディカルな批判・否定としてとらえられてくる点にも注目する必要がある。[13]思想の解釈については、単に思想的次元のそれに止まるだけでなく、民衆的生活次元を介在させる場合には、彼らの貧困なボキャブラリー故に「官製用語」をそのまま借用しながらも「お上」の意図とは全く異質な意味内容が内包されている点を鋭く感取しなければならないのである。この点に関していえば、丸山も、例えば村落共同体の評価に際して、「部落共同体的人間関係はいわば日本社会の『自然状態』であり、そのかぎりで、また上からの近代化＝官僚化（国家状態）にたいする日本的『抵抗』形態のモデルを提供している」と一定のプラス的評価を示しながらも、「しかしそれが本来実感から抽象された規範意識一般と無縁なものであるかぎり、その『反抗』は規範形成力として、したがって秩序形成力としては作用せず、きわめて非日常的な形で爆発するにとどまる」[14]と、結局マイナス評価を下し、村落共同体の内在的な変革可能性の契機を把握する努力は放棄されているのである。これは「自然状態」を「自然権」にまで対象化・抽象化しえていないという結果によって全否定したものといえよう。

また、これに関して国体論の「主体性」論の評価についても、丸山の次元を超える必要がある。丸山は、「国体＝絶対的価値」の体現者＝天皇との上下関係における相互連鎖的な自己規定のあり方を、「自由なる主体意識」の形成を阻むものとして全面的に否定したが、そこにある「主体性」とはむろん、近代社会における「自然権」をベースにした、それ故理性によってあらゆる自他の関係を対象化していくことのできる主体のものであった。ここには、権力とその根拠を対象化していく強い理念としての「主体」がそびえている。しかし、ここでの問題も、国体論における「主体化」のプラスとマイナスを内在的に腑分けしていない点にある。とくに西欧的教養を媒介しえない民衆にとっての「主体性」の獲得のパターン、という視点からみると、国体論の中には民衆の「自己の位置認識（自分と他者との関係認識）」のあり方と、それを通しての「生き方の正当性」のもち方という問題が潜んでいることがわかる。その点からすれば「国体」論はまさに民衆にとって生きる「主体性の根拠」でもあったという側面が浮び上がってくるのである。むろん、それぞれの職分の位置・役割を、個人と個人との内在的・協業的な社会的分業＝ヨコの関係認識においてではなく、「絶対者＝天皇」と「個人＝臣民」との外在的・非協業的なタテの関係認識を優先する形において獲得した点についての致命性は否定しがたい。しかしながら、そうすることによってではあれ、一定の社会性と「内面的自己認識＝使命感」を獲得したことは事実なのである。(15)また同様な同心円的拡大方式において、国家性・国際性とそこにおける自己認識をともかくも獲得していったことも事実なのである。その意味では、前述した擬似「普遍的当為＝規範性」と結合したこの擬似「主体性」の功罪が問題とされてこよう。ただいずれにせよ、プラス・マイナスの二重性を帯びたこの「民衆的主体性」を丸山のごとく単に一方的に否定しさることは、危ういがしかしそれなりの内発的な主体形成の可能性とそれへの転生の契機を見落とすことになるのではないか。これは、丸山が否定した「アジア的＝朱子学的世界」における主体性の問題ともからみ、次のような守本順一郎の丸山批判につながるものでもある。

「フューダルな世界では、たとえそれが近代社会とは異って個における充全なる主体性の確立——自然権をもったものとして映じる真に平等且つ独立自由なる個の確立——こそ未だしとはいえ、少くともそこには封建的な分＝上下というかたちにおける、いわば制限付きではあるが、個の主体性の確立があった筈であり、そして、そうした個の主体性の確立の基礎には、社会的分の下たる直接生産者＝農奴が、人格的独立の基礎となる生産手段＝土地を所有して自ら経営主体となるまでに成長するに至っていたという事実が存した……[16]」

問題は、擬似的「主体性」から擬似的側面をコントロールしながら真正の「主体性」の水準に達する内在的な回路はいかにして可能なのか、という点にある。しかもそれは、丸山の「上から」＝国家サイドからの「統合」的視点によるものを、単に「下から」＝民衆サイドの「分極」的視点に転回し解消させることだけの批判的次元を超えて、民衆心性を経由しながら再度「統合」への論理的抽象（民衆的理性による社会統合の論理）を要求されてくることになる。ここに至ってはじめて、丸山「批判」は丸山「止揚」となる可能性をもつのである。その意味では、「民衆」の負性から正性への転化、「国体（共同体）」の負性から正性への転化、という自己変革の可能性と、それを軸とした民衆的次元からの「日本ファシズム」と「近代日本」の総体把握が、アクティブな構想として問われてくることになる。

その際、さらに考えなければならないことは、ファシズムが「近代」の解体的危機＝社会的分化に対応するものであったことからすれば、問題解決の方途（直接無媒介的統合）を誤ったとはいえ、社会関係の極度の「機能＝役割」関係化に伴う「疎外」の解消という問題提起そのものと、何らかの形での「実体＝人格」的関係の再生の必要性の提示は、十分に評価されなければならないという点である。[17]それ故、「近代」解体の著しい現象下にある今日、ファシズムの「近代批判」「近代超克」を否定的媒介として、真正の「近代の乗り超え方＝〈機能—実体〉の二重関係の再編成」を考えなければならないのである。しかもその際、「近代主義」がファシズムによる「民衆心性の吸収」を見誤った点をも考慮に入れて、「民衆心性」を媒介し民衆とともに連帯して歩む「近代の乗り超え」を構想しなければならぬということを肝に銘じておかなければならない。でなければ、ファシズムの失敗と近代主義の失敗の二重の「負性」を止揚することは困難であるばかりでなく、二重の「負性」そのものを背負う羽目に陥ることになるのである。

（1）第1節・註（4）の拙稿を参照のこと。
なお、ヘーゲル自己崩壊史論とボルケナウ思惟様式論の問題は、とりもなおさず丸山の「歴史認識」と「市民社会観」についての問題であることに注目しておきたい。とくに歴史認識については、「自然」と「生（人為＝歴史）」の関連を、前者（自然）の後者（生）への包摂としてとらえるか（ヘーゲル『精神現象学』『大論理学』）、両者の対立としてとらえるか（同『エンチュクロペディー』『歴史哲学』）、の選択の問題と深くかかわる。この点については、H. Marcuse, Hegels Ontologie und die Grundlegung einer Theorie der Geschichtlichkeit, Frankfurt am Main, 1968.（吉田茂芳訳『ヘーゲル存在論と歴史性の理論』未来社、一九八〇）を参照のこと。
（2）丸山「『スターリン批判』における政治の論理」一九五七（前掲『現代政治の思想と行動』）。

(3) 吉本隆明「丸山真男論」(『吉本隆明全著作集』第一二巻、勁草書房) 三〇頁。
(4) 橋川文三「丸山真男批判の新展開――吉本隆明氏の論文を中心に」(同『現代知識人の条件』新版、弓立社、一九七四) 二九八頁。
(5) 橋川、同上論文、二九九頁。
(6) 高橋順一「大衆はファシズムを選んだ――一九三〇年代ドイツ」(『マルクス死後一〇〇年』〈別冊・経済セミナー〉一九八三年二月)。
(7) 丸山、前掲「日本ファシズムの思想と行動」八四頁。
(8) 丸山、同上論文、八五頁。
(9) 橋川は、「超国家主義=日本ファシズム」の根本的特質を「天皇制国家原理」そのものの特質とみるとらえ方を、「日本ファシズムの無限溯及」として批判し、「明治の伝統的国家主義と昭和の超国家主義」との区別の必要性を指摘している。丸山のとらえた「家族主義・農本主義・大亜細亜主義」は「日本超国家主義をファシズム一般から区別」するイデオロギー的特質ではあっても、「日本超国家主義を日本の国家主義一般から区別」するものではないというのである(同「昭和超国家主義の諸相」『近代日本政治思想の諸相』未来社、一九六八、一九一〜一九四頁)。しかし、安部博純は、この指摘に賛意を表しながらも、橋川の「超国家主義=日本ファシズム」の等置的把握に対しては、日本における「ファシズム」とその中核的=一イデオロギーである「超国家主義=ナショナリズムの極限状態」との区別(丸山には次元的区別はなされている)の必要性を指摘している(同「超国家主義の概念について」『日本ファシズム研究序説』未来社、一九七五、三二四頁)。なお、「超」国家主義の「国家主義=ステイテイズム」と「民族国家主義=ナショナリズム」の二契機(丸山の場合は前者にウエイト)などについては、安部、同上論文、三一八〜三二五頁を参照のこと。
(10) 丸山「近代日本における思想的方法の形成」(福田歓一編『政治思想における西欧と日本』〈下〉、東大出版会、一九六一)二七一頁。「日本=国民精神論」的思想史を組入れた形で、丸山における「日本思想史学方法論の形成過程」を批判的に再設定したものとして、芳賀登「幕末国学研究の課題」(同『幕末国学の展開』塙書房、一九六三)二五四〜二五六頁を参照のこと。

（11）丸山、前掲「日本の思想」六三頁。

（12）橋川「国体論・二つの前提」（前掲『現代知識人の条件』）二〇五～二〇六頁。規範的「大アジア主義」に依拠して、「大東亜戦争」における二面性（植民地侵略戦争と対帝国主義戦争）の歴史的定位をせまったものに、竹内好「近代の超克」（『竹内好全集』第八巻、筑摩書房、一九八〇）がある。

（13）例えば、「皇道ラディカリズム」と「終末観的世直し思想」の結合した大本教神学における、「日本魂＝やまと魂」「日本主義・皇道主義」の普遍的価値（人間解放）の掘りおこしについては、安丸良夫「出口王仁三郎の思想」（同『日本ナショナリズムの前夜』朝日新聞社、一九七七）九六、一一八～一一九頁を参照のこと。

（14）丸山、前掲「日本の思想」五一頁。丸山の同上論文における村落共同体論についてのさしあたっての批判は、共同体のオプティミスティックな評価に傾斜したものではあるが、色川大吉「近代日本の共同体」（鶴見和子・市井三郎編『思想の冒険――社会と変化の新しいパラダイム――』筑摩書房、一九七四）がある。

（15）前掲拙稿「大熊信行の『主体化』論と職能国家論」六五～六六頁。

（16）守本順一郎『東洋政治思想史研究』（未来社、一九六七）一九〇頁。

（17）方法論的「自然」主義→方法論的「社会」主義→方法論的「個人」主義という近代の方法論的視座の展開を綜合する、方法論的「関係」主義の立場から、現代社会の社会関係の「機能＝役割」的関係から「実体＝人格」的関係への再生・復活と析出・構築の可能性をさぐるものとして、田中義久「方法論的『関係』主義の視座構造」（同『社会意識の理論』勁草書房、一九七八）二一～二六頁を参照のこと。

（一九八三・四・一七）

第四章　丸山思想史学の理論的性格

――「合理主義」と「作為」の位相――

1　丸山思想史学止揚と合理主義

丸山思想史学止揚の方法は、丸山のすくいあげた「論理」を存在論化し歴史の場に還元して相対化する歴史的相対化主義と、「論理」の前提となっている範疇あるいは方法論的枠組そのものを論理的に相対化する方法の二つが考えられる。前者は丸山の研究対象そのものに即すものであり、後者は丸山の方法そのものを突くものであり研究を「状況―内―思想研究」として受け取り、丸山の問題意識そのものに内在し超越していこうとするものである。したがって、例えば『日本政治思想史研究』の徂徠学研究の取り扱いは、前者によれば「近世」思想史学として位置づけられ、後者によれば、「近代」「政治」思想史学として取り扱われることになる。むろん、両者は二者択一ではなく、丸山の「論理」の特質を場の史的規定性においてただすことは、丸山の特殊な抽象化を支える規範意識を照らし出すことに連なることになろうし、また逆に、何より丸山の価値や規範意識を明確化することは、演繹的性格の強い丸山思想史学における個別論理の史的特殊性をより明確に導く大きな指針となろう。

しかし、本論であえて後者の方法に固執するのは、丸山の余りに強い規範意識によって、かえって対象把握の限定化と歪曲化とが行なわれていると考えるからである。しかも、初期の研究から今日の闇斎学派論に至るまで、不動のごとく固定的な「合理主義」理解が貫徹しているととらえられるからである。その意味では、丸山の思想史学は、極めて簡潔な「合理主義」理解が繰り返し繰り返し対象を異にして適用されているにすぎないということにもなろう。逆にいえば、丸山のとらえた「合理主義」が日本近代においてなおも規範としてしか存在しえていない、という深い丸山の絶望の表現になっているともいえる。いずれにせよ、本論では丸山の基軸である「合理主義」の内在的分析を通して、丸山思想史学の性格をより明確化したいと思う。このことは、丸山の説く「合理主義」の内部矛盾の問題に止まらず、その性格規定を通して、丸山のそれとは異なった日本における合理主義の存在と、その可能性の方向を論理的に指し示すことになろう。それ故に、丸山とは異なった合理主義に基づいた特殊「日本的政治」スタイルを明らかにすることにもなろう。

2　丸山の「近代合理主義」理解

丸山の近代合理主義の道筋は、「人神の分離」と「公私の分離」につきる。人間の自然的な身分制社会秩序そのものがそのまま連続的に規範的な神学的秩序とみなされ、それ故現実にかかわる政治がその固有性をもちえない状態からの、脱却の第一歩として「近代合理主義」が描かれる。即ち、神とその秩序を絶対視して、その領域を人間のレベルを超えた超理性的・非合理的な信仰領域として切り捨てることによって、人間の理性的領域は経験的・感覚的・現実的領域を獲得し、ここに自然（人間世界）と規範（神的世界）の連続性が分離され、前者における諸々の価値の固有領域が解放されリアルに認識されることになった、とする。そして、近代「政治」は、前者の人間世界においてさらに、政治が「固有の公的なもの」に限定・純化されることによって（近代合理主義にのっかって）支配の合理性拡大の方向で成立したとされるのである。その意味では、近代への「認識の転回」をとらえるうえで、宗教改革が決定的とされているのである。しかも、前近代的合理主義から近代合理主義へのプロセスは、「逆説的」転回によってであって、漸次的・連続的展開によってではない。近代合理主義の獲得は、「絶対神への非合理的信仰」という非合理的行為に基づく、というパラドックスによって成立しているのである。丸山は、以上の点を次のように述べている。

「近代的理性は決して屢々単純に考へられる様に、非合理的なものの漸次的な駆逐によつて直接的に成長したのではない。近代的合理主義は多かれ少なかれ自然科学を地盤として経験論と相互制約の関係に立つてゐるが、認識志向が専ら経験的＝感覚的なものに向かふ前には、形而上学的なものへの志向が一応断たれねばならず、その過程においては、理性的認識の可能とされる範囲が著しく縮小されて、非合理的なものがむしろ優位するのである。われわれは欧州の中世から近世にかけての哲学史において、後期スコラ哲学の演じた役割を想起する。ドゥンス＝スコートゥスらのフランシスコ派やそれに続くウィリアム＝オッカムらの唯名論者《ノミナリスト》は、盛期スコラ哲学の『主知主義』との闘争において、人間の認識能力に広汎な制限を付与し、従来理性的認識の対象たりし多くの事項を信仰の領域に割譲すること（不可知論）によつて、一方に於て宗教改革を準備すると共に、他方に於て自然科学の勃興への路を開いた。徂徠学や宣長学における『非合理主義』もまさにこうした段階に立つものにほかならぬ」[1]（圏点は原執筆者、傍点および丸括弧内は引用者、以下同じ。）

こうした、非合理的信仰（形式）によって近代合理主義認識（内容）の獲得が可能となるというようなパラドクシカルな「転回」が、終始丸山思想史学の軸を形成していくのである。最も無理な転回点に注目してその内的連関を執拗に解いていくところに、主体の内面的変革論としての「思惟様式転回」論を採用する所以があるのである。

こうした「認識の変革＝転回」へのパラドクシカルな内的連関の解明は、例えば、日本における近代化を説くマクロな内的連関の解き方にもその一端をうかがうことができる。R・ベラーが、ウェーバーの『プロテスタンティズムの倫理と資本主義の精神』をモデルとして、日本の近代化と宗教倫理との連関を、日本宗教の呪術性と合理性の二面のうち合理化の側面が近代化に寄与したと説く[2]のに対して、丸山は、こうした連続的展開の方法的態度そのものが問題だとして、「一方における伝統主義にもかかわらず、他方における合理化というように分離すべきではなく、伝統主義と合理化という両者の構造連関の歴史的プロセス」(3)こそが究明されねばならないとしているのである。

むろん、丸山の規範意識においては、こうした平面的な内的連関把握のレベルに止まるものではない。何より「思惟転回」にこだわる所以も、日常的な世俗的利益に従属させていた手段としての神の存在との関係（原生的状態）を逆転させ、自らを「絶対神の器」あるいは「絶対神の手足」として位置づけ（この前提を丸山はついつい捨象してしまい、神の作為と人間の作為を同視してしまう点については後述）、それ故に現世を拒否し、日常生活領域の隅々に至るまで生活態度の規律化＝組織化を浸透させていこうとする、西欧の近代合理主義の徹底性にこそ注目するからである。それは、まさに、「原生的状態の中にすでにある相対的合理性が、その現世的、世俗的性格を保持したまま、ただ量的に拡大し、到達点として合理主義に至る」という直接的進化ではなく、「原生的な状態では第二義的なものにすぎなかった呪術が宗教に発達し、宗教が自律化、独立変数化し、逆に現世的、世俗的諸価値を従属させる――従って、原生的な状態における世俗的、目的合理的行為がいったん非合理化される――そして、人間が第一次的に、もっぱら、その非合理的な宗教的諸力に志向する」(4)という逆説的展開のプロセスによって獲得されたものだったのである。

そして、「絶対」獲得の逆転とその浸透によってはじめて、「宗教―人間」関係における宗教のアナロジーとして位置づけられた「学問＝実学」も、「環境としての秩序への順応の原理」としてではなく、逆に、「現実が学問によって改変される」ものとして位置づけられ、「生活のいかなる微細な領域にも、躊躇することなく、『学理』を適用して是をすみずみまで浸透させる」ような「空理（学理）への不断の前進」が図られることになるのである[5]。それは、あくまでも逆転を伴う普遍性への強烈な志向である。ここには、丸山の西欧合理主義への熱い思い入れがある。その意味では、丸山の合理主義の浸透＝貫徹という使命感は、まさに、この「普遍」への絶対的信仰＝非合理的情熱によって支えられているということができよう。

しかし、それ故に、こういう「逆転」現象のない特殊日本近代においては、丸山の規範によるアナロジー論は、普遍性欠如の特殊性批判論として高くそびえるとともに、その論調は悲劇的なトーンを余儀なくされ、その余りにストレートな「合理主義」理解とそれに基づく「作為」理解によって、かえって「日本の特殊性」を捨象する多様な問題性をはらむことになったのである。

3 「自然」と「作為」の思想的位相

丸山の合理主義理解の問題性について、以下では、丸山の一貫した原理的問題性が原型として鮮やかに出ている点で『日本政治思想史研究』を中心にして把握していくことにする。まず、丸山の合理主義が「逆転」を伴う合埋主義である限りにおいては、非西欧型の不完全なる、例えば原生的状態における目的合理性などの連続的展開の可能性は、質的にらち外とされていることに、前提として注目しておかねばならない。そのうえで、丸山の方法論にかかわるアナロジー方法による問題性と、「自然と作為の位相」の問題性とに触れていくことにする。[6]

丸山の合理主義は、超越者＝絶対神への絶対的非合理的信仰によってパラドクシカルに獲得されたものとしてとらえられたが、この「絶対神」の俗化として絶対君主が位置づけられ、そのアナロジーとして、徂徠学においては「超越者＝聖人」とその俗化としての「将軍」が、また国学においては「超越者＝皇祖神」とその俗化としての「天皇」がそれぞれに位置づけられた。[7] したがって、超越者とその秩序は絶対的なものとされ、その超越者自身は、自らの背後にイデーや規範を前提とせず逆にイデーや規範そのものを作為する、無制約で自由な意志をもつ主体として位置づけられている。[8] それ故に、その秩序は、超越者の作為によるものではあっても、人間にとっては先験的な、人智を超えた「自然なもの」として存在し、その調和は疑うことなく成立していることを大前提としていることになる。

問題は、非合理的信仰を前提とし、超越者の俗化として立てられた「絶対君主・将軍・天皇」は、アナロジー方法によるあくまでも「俗化」レベルのものであり、そうした絶対的な道（聖人の道・神意）を背後にもち、そのイデーそのものを受け入れ、イデーの実現をそのたびごとに作為する者でしかないということにある。確かにそれは「作為」の一種ではあるが、超越者のごとき無制約的な存在のものではなく、普遍的イデーの体現者として制約された存在のものである。その限りでは、ペルゾーンのイデーとの関係は、後者に制約されており、その作為は「自然――内――

作為」として位置づけられるものである。いわば、超越者の「宗教的＝自然的秩序」を前提としたその枠内での存在であり、作為なのであり、その意味では「自然」思想そのものなのである。むろん、話を絶対君主・将軍・天皇の「作為」レベルからスタートさせ、その前提を問わないとすれば、単なる「作為」としてとらえることができるものではある。

したがって、アナロジーの位相を次元別にどう関連させて考えるかによって、丸山の「作為」思想は、「自然―内―作為」にも、単なる「作為」にも変転してくるものとなるのである。この「位相の相異」による質的問題の取り扱いも丸山における無視できない問題となる。丸山においては、アナロジー方法によって、超越者の「作為」→絶対君主や将軍・天皇の「作為」→小君主としての市民の「作為」、と作為の合理主義の内実を不問にしたまま、主体を同型的なものとしてその範囲を直接的かつ連続的に拡大している。それは、とりもなおさず現実的には絶対君主国家から近代国民＝市民国家への移行を前提にしたものであるが、(9) そこには「合理主義」の連続的量的拡大＝浸透を使命とする丸山の描速がみうけられる。

まず、「絶対君主」と「徳川将軍」「天皇」とのアナロジーは、その「政治的支配者」という限りにおいて成立するアナロジーであって、それ故丸山においては、皇祖神の俗化しかも政治的俗化として天皇を一面的に位置づけることになってしまっている。しかし、そもそも「俗化」という形での次元の置き換えは、日本記紀神話においては成立していないのである。天皇は、皇祖神の血統につながる直接的存在であって、(10) その点西欧の間接的結合としての「俗化」とは異なり、天皇自身未だ神でもある存在とされているのである。即ち、記紀神話を前提とする限り、天皇は単なる「政治的支配者」（人格）ではなく、それ以前に非合理的信仰につらなる「宗教的絶対者」（神格）そのものなのであり、俗化というアナロジー自体がストレートには成立しないと考えられるのである。だからといって現実の天皇の存在が直ちに皇祖神と一致するわけではなく、客観的には皇祖神の血統というよりも意志の連続性を体現するという形での制約下の存在であり、その限りで天皇は、神格・人格の二重性、それも基底的には前者に規定された二重性として定位されていると考えられるのである。

しかしながら、丸山は、天皇を「政治的支配者」（人格）に一元化してとらえ、その意味ではその前提たる「神格的」側面を切り捨ててしまったのである。したがって、丸山の「作為」は、皇祖神の制約下にある神格としての「作為」はもちろん、現実としての「自然―内―作為」という制約性も二重に捨象され、ストレートな西欧的「作為＝政治的支配の合理性」を求めるものになったのである。それはいうまでもなく、君主による人格的支配から法による支配への方向への歴史的認識によるものである。しかし、皇祖神の制約下にあるということを含めて、この自然内制約という前提をふまえるならば、明らかに、天皇支配思想は、政治的支配ではなく宗教的支配を前提としている「自然思想」の内部にあるということになる。丸山の「作為＝政治」が近代的すぎるということも、これらの前提捨象によるのである。

また、天皇と、支配者および民衆とは、丸山が絶対君主から小君主＝市民へ直接的に連続的拡大を図ったようにはアナロジー化されることはできない。「皇祖神＝天皇」（この等式は実体的等式ではなく意志的・血統的連続性という意）と「臣民（支配者・民衆）」との間は、神格か否かをメルクマールとして、完全に断絶しており連続的ではない。支配者レベルにおいても、超越神（聖人・皇祖神＝天皇）の権威を背後にもち、その正統性の枠内での「作為」であるにすぎないのである。したがって、支配者は、超越神の神意を体現すべく、その意志をひたすら聞くことになる。そうすることによってはじめて、意志の連続性が保証されることになるのである。その意味では、その支配意志の連続性をどう解釈するかが問題となるのである（この点次節）。むろん、「自然―内―作為」であるとはいえ、支配者そのもののレベルでの「作為」は存在する。そして、その支配者の「作為の正統性」においてはじめて、丸山の説く「そのたびごとの作為」[11]の妥当性、即ち政治的妥当性が、その制度や製作の機能的妥当性において問われることになってくるのである。

さらに、「天皇」と「臣民」との断絶性に加えて、「支配者」と「民衆（市民）」との関係も、丸山のごとくストレートにアナロジー化することはできない。超越神の作為たる秩序を先験的なものとして受けとめ、その意志を前提としている限り、民衆にとっては、その秩序そのものは自然的所与のものとしてとらえられる以外にない。少なくとも、制約されているとはいえ、「自然―内―作為」は支配者レベルのものであって、徂徠学における秩序・制度や国学における秩序・制度は、民衆にとっては所与のものとしてしか存在していないのである。丸山は、この超えがたい「支配―被支配」の断絶関係を、一遍のアナロジーで以て、いとも簡単に超え出てしまったのである。君主も市民も、支配者も被支配者も同型的な「作為＝合理主義」精神によって対等になりうるというオプティミズムにおいてである。しかし、近代啓蒙の予定調和を前提とし、「支配と被支配の同一性」(自由概念)を前提としない限り、それは成立しえないのである。その意味では、丸山は、徂徠や国学に「近代〈自由〉民主主義」の萌芽を見い出しているのであるが、それは余りに過大な評価といわねばなるまい。

しかも、それ以上に丸山の「絶対神」→「絶対君主」→「小君主＝市民」というアナロジーにおいて問題なのは、それぞれの位相の違いはあれ、その主体は総て同型で、主体的な合理的「創造＝作為」機能を任わされているということである。いわば、万能の「創造＝作為」的人格神をそのまま拡散化している、その神観念そのものの問題である。西欧における神観念にくらべれば、日本の神観念はこのようにストレートに拡散化するわけにはいかない。日本において重要なのは、「創造神」ではなく、むしろ、「祭ると同時に祭られる」神であり、「媒介者・通路」の性格としての神なのである。(12) したがって、そこから打ち出されてくる政治は、丸山のように同レベルでの同型的な繰り返しではなく、次節のように、「翼賛」的なスタイルをとることになるのである。

4 「自然―内―作為」の政治構造

以上のように、徂徠的「作為」をストレートに西欧的「政治的支配」と位置づけない限り、丸山の想定する「近代政治」は日本においては成立しえないことになり、そこからは「特殊日本的」政治構造はえがかれないということになる。逆説的にシニカルにいえば、特殊日本的性格からも、少なくともストレートな西欧的「合理主義」と「政治」への展望は条件付きでは可能であるということにもなろう。しかし、徂徠的「作為」は、正確には支配者レベルにおける制約性を伴う「自然―内―作為」であり、被支配者＝民衆レベルにおける「作為」そのものではない。むしろ、民衆レベルでは、秩序そのものと支配者の「自然―内―作為」を双方とも「自然」的所与のものとして受けとめるものであった。丸山のように、支配者も被支配者も「絶対神＝創造神」と同型的な主体としてアナロジー化して設定されれば、その連続性（それはとりもなおさず「作為」の政治構造の全体をあらわす）は、ストレートな量的拡大でこと足りるのである。しかし、そうでない場合には、例えば「皇祖神＝天皇」と臣民、そして臣民内部における支配者と被支配者（民衆）との非連続的存在の間の連続性（全体構造）は、直接的拡大の方法とは異なったものとして説かれなければならない。その場合に、日本における作為が「自然―内―作為」であるという点を前提として、それぞれの位相における質的断絶をいかに連関させるか、その「論理」に注目しなければならなくなるのである。

まず、超越神たる皇祖神と天皇との連続性は、天皇の「神格」と「人格」との二重性において神的連続性が体現されている。しかし、淵源そのものさえ定かならぬ無限遠点たる皇祖神の神意は、天皇自らの主体的努力である「祭り＝祈り」によってかろうじて伺うことができるのである。

神的側面をもっている天皇でさえ、こうした主体的努力を強いられるのであるから、天皇との質的断絶をもつただびとである臣民が、「自然」としてある天皇の「大御心」やその淵源たる「神意」のありようを伺うことは、さらなる主体的な意志や努力を要求されることになる。臣民は、そうした「自《おの》ずから然る」神意や大御心を「自《みずか》ら然る」人為によって伺い遂行することになるのである。こうした「自然」の二重性を前提として「自《みずか》ら然る」ことが即ち、臣民レベルでの「自然—内—作為」なのである。むろん、臣民の内部における被支配者レベルにおいては、そうした支配者レベルの「自然—内—作為」でさえ、所与の自然のものとして丸ごと受けとめられて「自ら然る」ように努力を要求されるのである。そうすることによってはじめて、ここに、上から下への「意志の連続性」がかろうじて保証されることになるのである。ここでは、上からの政治的・宗教的支配の方向性が、「祈り—祈られる」祭政一致の構造として多段階的に把握されていることになる。

しかし、天皇と臣民との関係は上から下への方向だけに止まらないで、天皇自らも、臣民に対しての主体的努力を強いられる構造になっているのである。即ち、天皇の「統治（しらす）」は、臣民、ここでは支配者というよりも被支配者そのものの「民心・民意」の帰趨を知ること、そしてそれに即応することが要求されている。先ほどの「自然」の二重性を用いれば、「自ずから然る」民心の動向に沿うよう、天皇が「自ら然る」という形で逆規定されているのである。ここに、「天皇→臣民」という規定関係は、「臣民→天皇」という逆規定関係に反転し、支配と被支配の一致としての「権力の循環構造」が成立してくることになるのである。

こうした反転構造は、天皇の本質を「愛民」「無私」として、また逆に臣民の本質を「天皇への仕奉」「無私」と理念化してはじめて成立するものであり、日本政治＝天皇統治の核心に当たるものである。その意味では客観的には、「力の政治」を「人心の政治」に反転して、政治を無限に非政治化していく構図になっているものといえよう。[13] したがって、臣民の上層＝支配者に即していえば、この構造のもとで、常に天皇の大御心と民衆の人心との一致を図るべく「政治＝作為」を強いられることになるのである。いわば、天皇と民衆との一致という権力の循環構造を所与としたものである限り、その政治は本質的には「非政治（自然）―内―政治（作為）」として規定される以外ないのである。こうした、政治支配者が、天皇と民衆との権力の循環構造の媒介項になっている点が、ストレートに政治支配者と被支配者との一致を説く「西欧型政治」と「日本的政治」との差異である。それ故に、天皇は直接的な政治責任を回避し、民衆との間に理念においては政治的状況のいかんを問わず、「不変の循環構造＝場」（国体）を成立させることができたのである。[14] 日本の政治は、丸山の説くようなストレートな「作為」ではなく、「自然―内―作為」でならねばならなかった所以である。しかし、幸せな権力の循環構造が一つの理念的レベルのものである限り、現実に対する規範として機能し、政治支配者に対する強烈な批判的武器へと転化もするのである。しかも、その理念自体の解釈が多元的である限りにおいて、現実にはその「国体」解釈は無限に拡散することになり、無限に秩序解体の危機を内包する。それ故に、不断に画一的統制教化のイデオロギーを注入しなければならなかった所以でもある。

それ故、こうした「自然―内―作為」、現実的には「自然の政治」は、政治そのものを非政治化していく構造になっている点で、政治のハードウェアというよりもソフトウェアとして存在する。「力の政治」の「人心の政治」への転化にみられるごとく、前者の貫徹のさせ方とその矛盾を吸収して救済していくものとして存在しているのである。より具体的には、この「自然の政治」は「超越神＝皇祖神」とその調和的秩序を前提としており、その枠内での意志決定や調整のプロセスや仕組として現象する。つまり、いかに多様な意見が存在しようとも、それはいずれ時間的には「自然調和する＝成る」ことが約束されたものであって、空間的にもいずれ適当に「和する」ことが約束されたものなのである。そうした「自ずから然る」ために、せいぜいそれぞれの主体は、そう「成る」ように「自ら然る」努力（自然―内―作為）を必要とされるということなのである。それが自主的なものであれ強制的なものであれ、いずれにせよ、こうした「作為」は、支配者レベルのそれであれ被支配者レベルのそれであれ、一定の同質性、即ち同質的調和（「同質集団＝共同体」そのもの）を前提としたうえでの「合意の生成＝形成」論（生成の政治学）そのものとなってくるのである。したがって、このような前提を無視し、それを超越した「脱共同体＝逸脱」こそが西欧型の「作為」であってみれば、それと徂徠的「作為」＝「自然―内―作為」との差異は歴然としているといえよう。[15] 徂徠的「作為」が「作為」という形での「自然」を求めるものだったといわれる所以である。その意味では、徂徠の「作為」も、宣長における二重の「自然」、即ち「自ずから然る」ようにするために「自ら然る」という、自然思想と同位相であることがわかるのである。

5　丸山思想史学の性格と検討課題

丸山は、徂徠的「作為」を西欧近代の「作為」と等置し、そこに日本における近代合理主義の萌芽を見い出した。ファシズム期において、この「自然的秩序から作為的秩序へ」の転換の主張は、天皇制秩序を天皇を頂点とする「自然」的秩序とする秩序観に対する根底的な批判を呈し、絶対君主制から立憲君主制さらには議会君主制へという「政治的主体＝作為者」拡大の方向に与するものだったといえよう。しかし、上述してきたように、徂徠的「作為」は超越者の作為を前提としてもつものであって、人間（支配者）レベルでは、それ故に「自然―内―作為」としてとらえられる予定調和的な「自然」思想というべきであった。また、これと類比してとらえられた国学的「自然」もまた、超越者＝皇祖神を前提としその意志を伺うことによって成立する「自然―内―自然（作為）」思想そのものであった。

にもかかわらず、丸山は徂徠的「作為」を「自然」ではなく「作為」として認定し、超越神の人格的アナロジー化によって、同型的主体を直接的・連続的に拡大させ続けたのである。こうした論理的飛躍にこそ、丸山の、位相を無視した性急なる規範意識が表出されているということができよう。丸山の思想史学は、何よりも、こうした丸山自身の同時代批判意識の表明として、「学術」作品という形を借りたジャーナリズム論として位置づけた方が厳密な意味では妥当なものなのである。そこには、若さ故の一刀両断的な意志決定と、一途に西欧合理主義への地平を切りひらかんとする「志の高さ」を見い出すことはできよう。それ故に、丸山思想史学こそ、そうした西欧合理主義への非合理的信仰とそのエネルギーに支えられているという意味で、特異な「非合理主義」に立つものであったということができるのである。

しかし、丸山の初期的かつ原型的作品の核心的内部矛盾を摘出するだけで事が片づく問題ではない。丸山に内在しさらに超越していくためには、丸山がパラドクシカルに獲得したと理解した西欧の「近代合理主義」そのものの実体的把握を必要とする。それは、丸山のベースとなっている「合理主義」理解そのものの妥当性を再検討するということでもあり、「西欧近代」そのものの再検討ということにもなろう。戦後日本の社会科学の先達者たちが「近代主義」という規範意識のもとで抽出した「西欧近代」そのものは、もはや、そのままの形で普遍的に継承しえなくなっているのである。それは、西欧「近代」の絶対的価値そのものが時代的制約下の産物であり、合理主義の自己展開が現代の諸問題の原因に転化しており、特殊西欧的近代のものとして批判的に相対化されてきている点からもいえることがらであろう。

また、そのことは、近代主義者たちによって切り捨てられた、特殊日本近代における自生的な「非逆説的＝連続的合理主義」の多様な可能性を再検討することにもつながる。それが、どの程度の「転生」可能性をもつのか、それとも、連続的な合理主義展開がどの程度の可能性と限界をもつのか、が問われなければならないのである。いわば、日本的合理主義の実証的把握である。ことに注目しなければならないのは、捨象されてきた民衆レベルにおける「日常的生活の合理主義」、いわば「民衆的理性＝生活的合理主義」そのものである。丸山思想史学の積極的な止揚の方向は、フィールドにおける「民衆集団＝中間集団」の日常的回路や構造を媒介としての自己変革の可能性、即ち「民衆的理性とそれに基づく〈相互性＝社会〉形成の論理」抽出においてはじめて可能となるのである。

（1）丸山真男『日本政治思想史研究』（東大出版会、一九五三）一八五～一八六頁。

（2）R. N. Bellah, Tokugawa Religion : The Value of Pre-Industrial Japan, 1957.（堀一郎・池田昭訳『日本近代化と宗教倫理』未来社、一九六六）。

（3）丸山「ベラー『徳川時代の宗教』について」（ベラー、同上書）三五一頁。

（4）折原浩「Intellectualismus と Rationalisierung」（大塚久雄編『マックス・ウェーバー研究』東大出版会、一九六五）二四五頁。

（5）丸山「福沢における『実学』の転回——福沢諭吉の哲学研究序説——」（『東洋文化研究』第三号、一九四七）一五～一六頁。

（6）丸山の『日本政治思想史研究』の内在的かつ体系的解明については、拙稿「丸山政治思想史学と天皇制国家批判——『日本政治思想史研究』論考——」（拙著『日本市民思想と国家論』論創社、一九八三）を参照のこと。

（7）丸山、前掲書、一八六、二三九頁。

(8) 丸山、同上書、二一二頁。
(9) 丸山、同上書、二三三、二五九頁。
(10) 丸山「闇斎学と闇斎学派」（西順蔵・阿部隆一・丸山『山崎闇斎学派』日本思想大系三一、岩波書店、一九八〇）六三五、六五四頁。
(11) 丸山、前掲『日本政治思想史研究』二一九頁。
(12) 勝部真長「自然観」（同『日本思想の分水嶺』勁草書房、一九七八）、五二〜五三頁。
(13) 天皇の心と国民の心の一致という相互規定関係の解明、即ち「力の政治」を「人心の政治」へ反転していく天皇制の固有の論理の解明については、拙稿「日本国家論研究ノート——近代主義と近代批判の二重性——」（拙著『権威主義国家の位相——近代日本国家論研究——』論創社、一九八八）二二一〜二二六頁参照のこと。
(14) この点に、天皇制国家における「国家形態（天皇・国民領域）」と「政治形態（政府・議会領域）」の分離、即ち、政治責任が天皇に及ばず政治的危機が国家の危機に至らない天皇制国家の二重構造をみることができる。国家と政治の分離については、根本純一「井上毅における近代国家の追及——『うしはく』と『しらす』——」（富田信男論『明治国家の苦悩と変容』北樹出版、一九七九）を参照のこと。
(15) 柄谷行人は、丸山とは逆に、徂徠は「超越者（聖人）の作為性」を強調することによって、朱子学のような「人間の作為性・主体性」に対してむしろ「自然《じねん》」（おのずからなる働き）に身を任せることを説いたとし、「超越者が作為している＝〈無（為）〉」という点で、そのまま宣長につながる認識だとしている。「自然」と「作為」は、対立しながら結局「自然《じねん》」（超越者の作為）の中に吸収されてしまうというのである。それ故、「自然」の対立概念は正しくは「作為」ではなく、その両者をも含み込む「無＝共同体」を超えるものとしての「他者」であるとしている（同「日本的自然について」『フェミニテ』東京女性史研究会、第五号、一九八七、一六〜一七頁）。論証不十分ではあるが、氏の着想は、「脱共同体」こそ「真正の作為」であると主張しているともいえ、丸山の徂徠的「作為」の不十分さを指摘したものとして評価できる。

（一九八八・一一・八）

Ⅲ　「日本近代」認識と「中間集団」論

第五章　丸山真男の国民主義と中間勢力論
――「日本近代」認識の前提をめぐって――

1　問題の所在――丸山批判の位相――

昨今の丸山思想史学に対する評価は、大きく旋回してきた。「体制批判」者から「体制翼賛」者への転換である。『日本政治思想史研究』に収められた第一論文「近世儒教の発展における徂徠学の特質並にその国学との関連」(『国家学会雑誌』第五四巻第二、三、四、五号、一九四〇年二、三、四、五月)、第二論文「近世日本政治思想における『自然』と『作為』――制度観の対立としての――」(同誌、第五五巻第七、九、一二号、一九四一年七、九、一二月)を、主体的作為(主体的能動性)としての「絶対者の作為」の論理の積極的肯定と、その論理の下降(社会的普遍化)の保証が無いこと等を理由として、当時の「絶対者=近衛」新体制への期待を表明した翼賛論文として読むのである。(1) 丸山批判者が根拠としてあげるのは、同書の「あとがき」における次の自省の文章と、それをより直接的な時代との対応で読もうとするとき引かれる、発哺熊雄のペンネームで書かれた短いエッセイ「或日の会話」(『公論』一九四〇年九月号)の次の部分である。(2)

「徳川中期以降に現れたいわゆる一君万民的絶対主義の評価――これは第三章（「国民主義の『前期的』形成」『国家学会雑誌』第五八巻第三号、一九四四）のテーマとも関連する――においても、本書は『甘さ』を免れていない。こうした点では、私は決してレーニンの言つた意味で『奴隷の言葉』を使つたとはいえない。一君万民的思想に無制限ではないが、ともかく本質的には反封建的な要素を認め、これを評価するのはまさに当時の私の内部の考え方であつた。[3]」（「あとがき」）。丸括弧内は引用者、以下同じ

「ナチスの政治学者カール・シュミットはこれ（非常状態における具体的処置）を『例外状態における政治的決断』と呼んでここに偉大な政治的転換の契機を見出しているが、春台もやはり『事ノ上ニ在テ、常理ノ外ナル』場合を重視して、『理ヲ知リテ勢ヲ知ラザレバ大事ヲ行ウコト能ハズ』と言っている。だから逆に言えば統制が経済法則を顧慮しなければならない間は、その統制はたかだか旧経済機構の修繕の意味しか持たず、それ自身新しい経済体制樹立という『大事』の主体的媒介者たりえないわけだ。／従来の統制は客観的には前者の範疇に属するに限らず恰も後者に属するが如くに振舞ったところから色々の困難や摩擦が発生したのだろう。幸い近衛内閣の下に漸く後者的意味での統制確立の機運は熟して来た。[4]」（「或日の会話」）

丸山においては、主体的作為が絶対者のレベルから市民レベルにまで下降（普遍化）するという構図のもとで、「絶対者の作為」を、前近代から近代への移行の不可欠な「逆説的」通過ポイ

ント（絶対者への非合理的信仰が合理主義を導くという意味あいでのパラドクシカルな展開）としてとらえており、その限りで権力の一元的掌握に対応する位置にある一君万民体制の「絶対者の作為」を肯定的にとらえているのである。後者の引用部分を根拠とする翼賛論は、上記のような移行過程を無視して「絶対者の作為」を文字通りの固定的なものとしてとらえ、その上にエッセイの表現の「政治的決断」を「主体的作為」と等置し、主体的統制への期待として重ね合わせたものといえよう。

とくに昨今の、後者の引用部分に重きをおいてストレートに翼賛を論じる読み方は、果して妥当なのかどうか。手続きとして、第一論文と第二論文の間に発表されたエッセイの直接的な時論的表現を以て一連の思想史論文の位置づけをする問題点。直接的な状況規定での判断に寄り掛かって、論文自体のもつ原理的レベルの「論理」とそれを支える「精神」にまで適用しようとする、位相を無視して時代状況との対応関係に還元して読んでしまおうとする強引さと性急さは、問題ではないか。

もう一つ、この転回問題と関わって第一〜三論文について出されている問題は、最初のファシズム論たる「政治学に於ける国家の概念」（『緑会雑誌』第八号、一九三六）と『日本政治思想史研究』の論文における問題意識としてのファシズム批判論における、ファシズム認識の転回である。この前者の論文は、ファシズムの形成要因を市民社会の只中から、いわば近代合理主義の展開によって生起するものとしておさえている。しかし、後者においては、ファシズムは近代合理主義によってではなく前近代的な非合理主義によって生起するものとしてとらえられており、それは、戦後に展開されるファシズム論と連続的である。ファシズムの形成要因を「前近代的」要因によるものととらえることと、「近代的」要因によるものととらえることとの相違である。

山之内靖はこの二者の間の断絶に注目して、一九三八年の日中戦争を境にして、大河内一男、大塚久雄たちが「反ウェーバー」から「ウェーバー」へ旋回＝転向して、体制の合理化を求める形、つまりは体制への「翼賛」化を図ったことの脈絡の一環として、丸山をもとらえてくるのである。(5) 確かに、これは高島善哉等におけるゾンバルトからウェーバーへの転回や、(6) 一九六〇年代における転向研究の中で大河内等の例で示された合理化を求める体制との接点の持ち方として論じられてきたものを組み入れたものであろう。(7)

丸山に即していえば、それは、「政治学に於ける国家の概念」の次の引用の最終行の「弁証法的な全体主義」の読みとかかわってくる。

「今や全体主義国家の観念は世界を風靡している。……（個人と国家との内的連関に関して）個人は国家を媒介としてのみ具体的定立をえつつ、しかも絶えず国家に対して否定的独立を保持するごとき関係に立たねばならぬ。しかもそうした関係は（現在の堕落した）市民社会の制約を受けてゐる国家構造からは到底生じえないのである。そこに弁証法的な全体主義を今日の全体主義から区別する必要が生じてくる。(8)」

この「弁証法的な全体主義」を、体制への翼賛として読んでしまえば、体制への主体的参画として、「ルソー的民主主義＝全体主義」[9]として片づけてすますことになろう。果してそうなのであろうか（こうした読み方は、一九三八年を転回点とする見方と矛盾してくる）。

こうした昨今の丸山批判は、確かに純化した「近代主義」者、「体制批判」者としての丸山神話を解毒するだけのセンセーショナルな意味合いをもっていることは確かである。しかし、あまりにも時代状況に還元した表層的な「読み方の可能性」であって、日本近代の史的性格と関わる認識的根拠を示しておらず、それ故、本質的な丸山批判とはならないのではないか。本論文は、丸山の「日本近代」認識の方法論的核心に触れる地点からの内在的論理による批判によって、丸山の作為性を明らかにし「もう一つの丸山相対化と超越」の道筋をさぐろうとするものである。

2 「国民」主義と「前期的」枠組

第三論文「国民主義の『前期的』形成」は、丸山の日本ナショナリズム論の原型というべき論文であるが、第一・第二論文の「作為の論理」のよって立つ認識的フレームをストレートに表出しているものとして注目されるべきものであり、上記の丸山批判の実質的批判点を考えるうえで看過できないものでもある。また、この論文は出征前に仕上げた、いわゆる「遺書」にも相当するものであるが、それは単なる死にゆく人のものなるが故に遺書となるのではなく、当の本人にとって画期的な学問的地平を獲得したが故に遺書になりえたものなのである。丸山はこの論文で国民主義の「前期的」なる所以をとらえることによって、一気に「日本近代」の総体認識＝体質認識を獲得し、この地点において、ファシズム批判が日本近代批判として成立する構図を獲得したのである。この論文の看過できない重要性は、こうした認識のスケールの獲得にあったと考えるのである。その所以を、方法論のレベルから以下の各節を通して論理的に明らかにしていくことにしたい。

丸山の「国民」主義における「国民」概念は、「国民たろうとするもの」[10]として、極めて意識的で意欲的という、規範的な形で示されている。

「『国民』となるためには、……共属性が彼等自らによつて積極的に意欲され、或いは少くとも望ましきものとして意識されてゐなければならぬ。換言すれば一定の集団の成員が他の国民と区別されたる特定の国民として相互の共通の特性を意識し、多少ともその一体性を守り立てて行こうとする意欲を持つ限りに於いて、はじめてそこに『国民』の存在を語ることが出来るのである。[11]」

そして、こうした「国民」意識に支えられた「国民的統一と国家的独立」の主張を「国民主義」と呼び、「近代国家が近代国家として存立して行くため不可欠の精神的推進力[12]」と規定している。いずれも、「自然的」で自生的存在ではなく、「作為的」で内発的な精神的努力を必要とするものとしてとらえられていることが特徴的である。

これは、ヘーゲルの「外的偶然性の排除から内的必然性へ」の論理の線でとらえられたものであり、第一論文の冒頭において、「対立を内部にとりこんで克服するものでない」、「内部に変化の原理をもたない」停滞的な国家から、「対立を自己のうちに孕む」歴史的国家への移行[13]を説いて以来、つねに、丸山おいて、矛盾の内在的必然性において秩序をとらえていく発想となっているものである。

ヘーゲルは直接的にはその『法哲学』の第三部第三章「国家」において、ハラーの前近代＝家産国家論に対する批判を展開し、「力のある者のほうが支配し、支配せねばならず、いつまでも支配するであろうということこそ神の永遠不易の秩序である」とする、偶然的で外面的な自然的暴力に基づく国家のあり方を[14]、「国家における即自かつ対自的に無限にして理性的なものを見のがし、国家の内的本性の把握から思想を追放する」ものだとして批判している[15]が、丸山の論理は、まさにこれを適用したものといってよい。

また、マクロ的にはヘーゲルの国家論自体は、普遍（全体）と特殊（個）の内面的統一を求めて、逆にいえばその一致の「外的偶然性の排除」を求めて、外的な規制から内的な規制へと経済→法→治政→組合→国家（人倫国家）と論理を上昇させる形となっている。国家レベルにおいても普遍（法則）を外から持ち込んで特殊を限定する強制的な、外的必然性としての「政治国家」レベルから、同じ限定でありながら内発的な自己限定による共同としてなされる内在的自由（目的）としての「人倫国家」レベルへの必然的展開が説かれている[16]。丸山の国民概念はこうした、外的偶然性から内的必然性へ至る、国家と個人の内面的一致を求める論理の適用でもある。

しかし、問題は、日本の場合、歴史的制約があって上記のような国民が成熟したかたちで形成されなかったということである。丸山は、大塚久雄の次のような「前期的」資本の「前期的＝前近代的」という概念を適用して、日本の「国民」意識の限界性を指摘していくが、大塚の「前期的」資本は次のようにとらえられている。

「資本主義とは、まず生産形態であって資本家が賃銀労働者を雇用して何らかの生産を遂行せしめ、これによって利潤を打出すところの社会関係である。次に、一般にかかる生産形態の基礎の上にたち、かつこれの法則性に従属するところの社会諸関係が資本主義である。——したがって、産業資本およびこれの法則性に従う近代的商業資本および利子付資本こそ資本主義なのであって、……前期的資本すなわち前期的商業資本および高利貸資本は、この産業資本を前提とせず、その法則性に服せず、むしろ反発するものであるから、自己増殖する価値として資本ではあるが、資本主義ではない。むしろ、資本主義以前より存在し、そして資本主義の発生を媒介しはするが、その確立とともにかえって廃滅に帰すべきものであって、したがって資本主義以前のものである。(17)」

ちなみに、丸山における「前期的」の使用例は次のとおりである。

「（元禄以来の）町人の勃興の歴史的性格は過大視されてはならない。武士が『首をたれ』た町人は……悉く封建的権力の寄生者でありそれ以上ではなかつた。彼らは新しい生産方法をつくり出す力を欠いだ商業＝高利貸資本でありその利潤獲得は決して正常的とはいひ難くむしろ暴利資本主義……の性格を濃厚に帯びてゐた。[18]」

「町人がいまだ、『中産階級』を形成しえなかつた如く、『町人根性』もマックス＝ウェーバーの意味する様な――産業資本の展開の心理的発条としての――資本主義精神からは遠く離れてゐた。[19]」

これら大塚も丸山も、いずれもウェーバーの『プロテスタンティズムの倫理と資本主義の精神』（梶山力訳、一九三八）を出典とし、丸山が指摘しているとおり、近代的資本主義と賤民的資本主義との差異（部分）から示唆を得たものとしているものである。

「資本主義以前の時代には――屢々言はれた様に――『営利の欲望』が未知或いは未発達であつたといふわけではない。……資本主義の『精神』と資本主義以前の『精神』との差別は、この点にあるのではない。……ブルジョア的資本主義が『立ちおくれ』た――西洋の標準に比較して――これら諸国〔南欧及アジア諸国を指す――丸山〕の特徴として、かへつてかうした貨幣獲得のための利己心の、無条件な厚顔が甚だしかつたのである。[20]」（角括弧内は原執筆者、以下同じ）

これを前提としたかたちでは、第一論文において、その限界性とそれを規定する近世の社会的特質は次のようにとらえられている。

「元禄時代に表面化した封建制の動揺が、貨幣改鋳を画期とする商業資本乃至高利貸資本の急激な台頭に胚胎してゐることを知つた。……しかしこの商業資本があくまで商業資本にしかとどまらざるをえないところに、その封建社会に対する変革力としての歴史的限界があつた。当時の支配的な生産はむろん農業であり、工業は農村の家内工業或いは同業組合的工業乃至たかだか問屋制的手工業の段階を脱しなかつた。前期的商業資本による生産行程の支配を免れて逆にそれを自己に従属せしめるところの純粋な産業資本は徳川時代を通じて殆どいふに足る程の生長を遂げなかつた。[21]」

「一方に於て、封建的支配体系は商業高利貸資本の侵食によつて経済的に衰弱し、都市に於ける打毀し……、農村に於ける一揆……によつて政治的にも解体の過程を辿りながら、しかも他方に於て新たなる生産様式を担ふ勢力は徳川時代を通じて充分な社会的成熟を遂げるに至らなかつたこと――まさしくこの点こそ、作為の論理の発展方向を上に述べた様な軌道（封建的社会関係や観念的紐帯から実質的妥当根拠を奪つて形骸化するに止まり、封建的秩序の変革、新秩序の樹立の論理的武器になりえなかつたこと）[22]に流し込んだ歴史的根拠が存したのである。[23]」

そして、丸山は、制度を作為（変革）する「徂徠的作為＝主体的作為」の論理は、産業資本の未成熟に規定されて、全面的に展開されることなく次のような段階に止まった、とするのである。論理の立場自体が社会的に下降して浸透することに対する理論的限界の指摘である。

「近世末期の一連の制度改革論の変革性を制約した共通の特色は、それらがいづれも上から樹立さるべき制度であり、庶民はそこでなんら能動的地位をみとめられてゐないという事である。……作為の立場そのものの理論的展開は殆ど全く見られなかつた。徂徠的『作為』の理論的制約――作為する主体が聖人或いは徳川将軍といふ特定の人格に限定されてゐること――はまた彼等のものでもあつた。いな、この制約は徂徠学以後我々が辿つてきた『作為』の立場のすべてに執拗に附纏つてゐた。云ひ換へれば、そこには『人作説』〔＝社会契約説〕への進展の契機が全く欠如してゐたのである。さればこそ、それらの中で最も進歩的方向をとつた利明や信淵に於ても、彼等の制度的改革の推進力はまづ従来の支配層に求められ、その困難性が意識されるや、結局『絶世の英主』〔信淵〕や『天下の英雄』〔利明〕をひたすら待望するといふ空想性に堕せざるをえなかつた。(24)」

丸山は、この「『作為』の論理の質的な停滞」がその「量的な普及をも一定の限界内に押しとどめる」ことになったとして、「作為する資格が特定の地位と結びついてゐる限り、大多数の人間には、秩序に対する主体的能動性が与へられぬ結果、彼等にとつては現実の政治的社会的秩序は、実際に於て運命的な所与でしかありえず、従つてそれだけ自然的秩序観のなほ妥当する現実的地盤が残される(25)」と、「前期的」たる所以を駄目押しするのである。

3　徳川封建制下の農民像

丸山は、ヘーゲルの内的必然性の論理と、上記の「前期的」の論理とを結合させたかたちで、主体的作為の論理の下降線上に、現実の史的な日本「国民」意識の限界性を個別的に把握していくことになる。それに従えば、国民意識の歴史的前提として「徳川封建制」とその「農民像」は、上記の第一・第二論文の連続線上において第三論文においても、次のような歴史的把握となる。

大きく「近世封建制」(26)と講座派の規定に乗っかっているために、慶安御触書にみられる農民は、「貢租をば、政治的無関心と無責任の安易な世界に上から滴り落ちて来た黒点と見て、それを止むなき災危として受け取」り、「政治秩序はどこまでも彼等の外部から彼等に対して与えられる」ものとして、「彼等がそれに服従するのは『泣く子と地頭には勝たれぬ』故であつて、秩序への内面的自覚からではない」(27)としてとらえられている。したがって、政治への自覚的回路を持たない農民にとっては、秩序への抵抗は、単なる暴発的な「一揆」でしかない(28)。

同様に、町人についても、「指定された（最下位の）価値秩序をそのままに受取り、己れは倫理の外に追放された存在なるが故に、私欲の満足のためには一切が許容されてゐるといふ賤民根性に身を委ねた」存在として、「富を通じての社会的勢力を政治的なものに高めよう」とする意欲に欠けたものとして、せいぜいシニカルに「政治的秩序に対して……嘲笑を向ける」(29)に止まるものとしてとらえられている。いずれにせよ、「政治秩序を自らのものとして積極的に担ふ自覚的な意思は全く見出されなかつた」(30)としてとらえているのである。

したがって、徳川封建社会における支配被支配の基本関係は、武士階級が庶民に対して「もつぱら政治的主体」として、庶民は「もつぱら政治的統制の客体」として「所与の秩序に受動的に

『由らしめ』られてゐた」関係においてとらえられる。[31] さらに、それに加えて、「武士階級乃至庶民階級の夫々内部に於ける階層的な身分的区別とその固定性」が「国民的統一意識」の生長を妨げていたとしている。[32]

「賤民根性」「破廉恥」[33]と規定される庶民階級には、「政治的能動性」は期待できず、「国民的責任意識」は期待できなかったとみる丸山の視野には、「上の国民に対する不信と下の政治的無関心」とは相互補完的な関係としてうつっているのである。[34]

しかし、こうした丸山の貧しい徳川封建体制像と農民（庶民）像は、次のような田中圭一の江戸時代像を対置させてみれば、いかに既存の理論的枠組みに制約された特異な像かが判明してくる。田中は、在地史料の渉猟を通して『日本の江戸時代』（一九九九）の中で、これまでの通説像を一八〇度引っ繰り返す清新な農民像を提起している。

田中によれば、丸山が依拠している『慶安御触書』は「罰則規定が付いていない」ことにみられるように法令書ではなく、役人が村人に接するときの生活指導書、「一種の道徳指導書」にすぎないとする。[35]

一揆は、例えば一八世紀後半の佐渡におけるそれらは、幕府ないし「奉行所と百姓との間でとりきめた約束」、いわば両者間の「契約」[36]である「定免法」（過去五〜一〇年間の年貢高を平均して年貢高を固定）[37]を年貢増徴のうえから幕府が一方的に「検見法」（毎年の稲の出来具合をみて年貢引きか増税かを決定）[38]へ切り替えたことに対する、理不尽な契約違反として、「一国百姓の連帯」のうえに起こしているのであって暴発的なものではないとしている。百姓にとっての「年貢請負い」はそもそも「年貢の算定方法を百姓が選び、しかも村を背負う全島の名主が協議して」決めた「信頼と協議を前提とする関係」のうえに立つ重い「契約」だというのである。(39)

こうした客観的には丸山と正反対に立つ見方には、百姓の自治能力に対する高い評価が前提となっていることが予想される。事実、田中は、農民の自主的な取決めについて次のように述べている。

「江戸時代の村を語るときに、しばしば『村落共同体』という用語が用いられ、村落内の規制を身分的秩序のあらわれとしてとらえる。しかし、村人が自ら掟をつくるということを、ただちに封建制のせいだなどと考えてはならないと思う。村人が寄り合いをして村掟をつくるということは、村が独立している証拠である。入会山野の利用、秣（まぐさ）場の利用、用水・排水の利用規則、それらの維持のための協力、そのような問題を個人の勝手気ままにしておいたら、社会は自滅の淵に立たされることはいつの時代も明らかである。個々の百姓の独立が百姓の利害調整を必要とし、新しい共同体がつくり出された。それが江戸時代の村であり、村極〔法律〕は村の秩序である。百姓のつくりあげた村極と幕府の押しつけた禁令を混同してはいけない。(40)」

それ故、丸山が固定的にとらえた「身分的秩序」についても、田中は実態にそぐわないものとしてとらえており、江戸時代の村の秩序はすでに「経済的秩序」に転換していると次のように総括的にとらえている。

「村の秩序は江戸時代以前にあった身分秩序に代わって、経済秩序が重きをなすようになっていた。わたしたちは、地主と小作人というと貴族とその家にいる奴隷のような関係であるかのように考えていたが、収穫の分け前は半分ずつで、家計・住居は独立し、小作人はみずからの計算と意志で小作をやめることができた。小作のなり手が多ければ、小作人は頭を低くして地主に小作を懇願したが、小作を希望する者がなければ地主が頭を下げた。小作人が他業で資産をたくわえれば村重立になり、名主をつとめる者もあらわれた。小作人は地主よりは貧しかったが、無権利で売買の対象になる奴隷や中世の下人とはちがう。収穫の二分の一を受けとるという確実な権利と、自分の意志で働き、移動する権利をもっているのである。また、士農工商という秩序はたしかに存在した。しかし、一八世紀のなかば、佐渡矢馳村では、となりの町の商人地主を招いて村名主になってもらっているし、越後塩沢村の商人大塚家は、高田藩の勘定役吉田伴蔵という武士を養子にしている。田畑が『おおやけの検地帳』と『実際上の刈高帳』によって、形式と実際が円滑に動いていったように、士農工商という身分秩序は形式として残り、世の中の実際は、経済秩序によって運営されていたのである。」(41)

つまるところ、田中は「江戸時代を封建社会の時代とみることには賛成できない。江戸時代わが国では重商主義が育ち、貨幣はすでに資本として動きはじめていた」、「江戸時代の民衆」は「無権利の土民」ではない、(42)と言い切っているのである。

これは、江戸時代は「近代」の「資本主義社会」「市民社会」であると言い切ろうとする意図さえうかがえるもので、講座派・労農派をはじめとする歴史学的通説の全ての農村像、農民像を吹き飛ばす威力をもったラディカルな学説である。それらの肯否を判断するフィールドも力も持っていないが、丸山の「前期的」世界と対置させるとき、丸山の世界がいかに特殊で作為性にみちたものであるかを映し出すものとして恰好のものとなるのである。

4 「日本近代」認識とファシズム論

丸山は上記のような枠組を前提として、封建的観念形態を超出する国民意識の前期的形態をとらえてくるのであるが、それは、近代国家を絶対主義国家からブルジョア国家への移行という二段階においてとらえ、封建的中間勢力（中間集団）が解体して、中央集権体制のもとで近代的中間勢力へ編成がえしていくという構図のもとで、思想家を位置づける作業として展開される。こうした作業の背後に丸山の「前期的」制約としての限定の意図を読む必要があるということはいうまでもない。

上記における中間勢力（ここでは中介勢力と使われているが同意）への注目は、次のような形で原型的には示されている。

「近代国家に先行する絶対主義の歴史的役割は、封建制の多元的権力を中央に一元化し、政治的正統性を最高の君主が独占することによつて、いわゆる中介勢力〔Pouvoirs intermédiaires〕を解消し、唯一の国法の支配に服する同意的＝平均的な国民を造り出すことにある。(43)」

「最高統治者一人を除く全国民が――一体となつて新秩序に内面的に服従する(44)」状態として国民をとらえているわけであるが、こうした状態に至る前期的過程として、海防論（林子平、古賀清里）、富国強兵論（本田利明、佐藤信淵）、尊皇攘夷論（後期水戸学、吉田松陰）の思想家が配置されてくるのである。このプロセスは次のように総括されている。

「国家的独立のための国民的統一の要請は国内対策として二つの方向を取つて現はれた。一つは政治力の国家的凝集として、他はその国民的浸透として。既に初期の海防論に於て吾々は一方に於ける横の地方的割拠の否定、挙国的関心の要請が他方に於ける縦の身分的隔離の緩和――言語洞解への要望と不可分に結合されてゐるのを見た。その思想的関連は尊皇攘夷まで一すじに尾を曳いてゐる。中介勢力の自立的存在が国家と国民の内面的結合の桎梏をなしてゐる以上、その克服者としての国民主義理念は当然に、この様な集中化と拡大化という両契機を同時的に内包しつつ、そのいはば弁証法的な統一過程において自己を具体化する。この政治的集中の方向は富国強兵論に於て絶対主義的体制として決定的に強化され、やがてその集中が最後的に帰属すべき主体を求めて尊皇論を政治面に登場せしめた。しかも他方、尊皇攘夷論がその社会的な担い手を封建的支配者から次第に『草莽屈起』の民へと移して行った……」[45]

そして、日本の場合、封建的「中間勢力の解体の二つの方向」である「最高主体への凝集」と「国民層への拡大」[46]の契機の均衡的発展が不十分であったところに、丸山はその問題性を求めたのである。前期的国民主義思想の到達点に位置する尊皇攘夷論の「諸侯的尊皇攘夷論」の後期水戸学においても、「書生的尊皇攘夷論」の松陰においても、その「前期的」制約においてとらえてくることになる。[47]

例えば、水戸学においては、「被支配層に対する根本的不信」をもつ「愚民」観を前提としているために、「治者・被治者の固定観」に立つことによって、国家的独立の担い手は「封建的支配者層」以外には認められなかったとする。[48]また、松陰においても、その諸侯への封建的忠誠観から、天朝への近代的忠誠観への転回図式でとらえるも、尊攘の推進主体を、「反幕的諸侯」から「草莽の志士乃至天下の浪人」までの下降線にしか求めることが出来なかったとしている。[49]

両者いずれも、指導者層を「近代的」な指導者層に求めることができず、また拡大契機の未成熟によって民衆レベルに下降することもできなかったとしてとらえているわけである。丸山の論において注目すべきなのは、その主体がいずれも「封建的中間勢力」に属するということである。それ故、何よりこのように前期的たる限界の所以は、両契機の不均衡な展開によって「封建的中間勢力」が根強く残存するということに求められているのである。丸山は、拡大契機の弱さの帰結するところを次のように述べて、日本近代の史的な特殊的性格を把握している。

「前期的国民主義思想に於ける『拡大』契機のかうした脆弱性は封建的『中間勢力』の強靱な存続を許すことによつて、また却つてその『集中』の契機をも不徹底ならしめたのである。[50]」

ここに日本近代の体質的特質として、封建的中間勢力の根強い残存がとらえられることになり、下からのブルジョア階級や庶民階級の自生が未成熟なるがゆえに、近代化・資本主義化は、封建的支配者層自らが担わざるをえず、それ故、自らの立脚基盤を自分自身の手で崩していくこととなった。これこそ日本近代の抱えた最大の矛盾なのであるが、丸山はこの矛盾の地点に立って、そこから日本近代総体を「封建的支配層の自己分解の過程[51]」としての「体制自己崩壊史」観として示すことになったのである。丸山はこの点について、次のように総括している。

「『中介勢力』の排除が庶民層の能動的参与なしに、まさに『中介勢力』を構成する分子によって遂行されたといふところに近代的国民国家の形成のための維新諸変革を決定的に性格づける要因があつた。[52]」

そして、こうした日本近代の「封建的＝前近代的」基盤は、下からの契機が脆弱性をもちつづける限りそのまま日本近代の体質として、日本ファシズムの「前近代的」基盤へと連続的に維持されつづけることになる。丸山にとって、ファシズムは一時期の異常現象ではなく、日本近代の体質たる構造的矛盾の必然的な現れとしてとらえられたのである。

丸山の視線は、「日本近代」の体質の延長線上に「日本ファシズム」を位置づけることで、「日本ファシズム」に対する批判が直ちに「日本近代」の総体認識と批判として成立するという、スケールの大きい、両者を同時に『清算』する地平を獲得したのである。これは、後にファシズム論の追記で書いているように、ヘーゲルの歴史哲学における「〔中世教会の〕腐敗堕落は偶然的なもの」ではなく「必然的なものであり、ある既存の原理の首尾一貫した発展にほかならない」(53)という形での、内在的必然性に基づく方法論による獲得であった、ということができる。

5　結――中間勢力論の限界――

丸山は以上のように、「中間勢力」論を基軸にすえその前近代的体質を指摘することによって、「日本近代」と「日本ファシズム」の同床的な総体把握の地平を獲得したのである。「遺書」はかくのごとく、学問的地平を一気に切り開いた者のみがもつ、後学の徒にたいしての「遺書」なのである。戦後、丸山はこの「後学の徒」を自らと定め、追随を許さぬスケールのファシズム論を切り結んでいく。しかし、その像は、上記のごとく、ヘーゲルの内的必然性論と大塚の「前期的」形成論の結合した、「丸山の方法論的意図」に制約された極めて作為的なものであったことを知る必要がある。

上述した田中圭一の江戸時代像をみるごとく、講座派マルクス主義の時代認識のフレームには大きな問題があり、丸山の像そのものの相対化をはかる必要があるのである。

しかも、同じ大塚の「前期的」形成論に影響をうけながらも、例えば藤田五郎と丸山では、前期的レベルを乗り超える近代化路線は大きく分岐してしまうのである。丸山が中間勢力の自生力の限界にあたって体制（封建的支配者）の上からの自己崩壊史に転回していったのに対し、藤田五郎は下からの「内発的自生的」契機を執拗に追い求め、豪農層に主体を求めアクティブな「豪農の上昇・転化」の近代化路線の方向を打ち出していったのである。[54] 藤田の、在地のエネルギーに根づく学者の骨太くストレートな学説提起力という点で、「学者の根づき方」についても、我々は一考をせまられることになろう。

むろん、丸山も丸山なりに中間勢力の可能性をさぐってはいる。そもそも、この第三論文は、原題が「国民主義理論の形成」であり、「明治以後のナショナリズム思想の発展を、それが国民主義の理論として形成されながらいかにして国家主義のそれに変貌して行ったか」[55]という観点でのものであったが、序論段階までで中絶したものであった。

丸山は、戦後、一九四七年度の講義「雑誌『日本人』及び新聞『日本』のグループ」において、下からの資本主義化に注目し「前期的な暴利資本主義に対するに中産階級的資本主義の造出」[56]という視点から「中産階級的精神に支えられた生産力の拡充」という側面をさぐっている。政教社グループや民友社グループの思想的中核に「生産力主義」を見出したもので、凡百の論の中でも極めて優れたものである。しかし、この路線の可能性については、のちの中間勢力論として読むことのできる論文「忠誠と反逆」（一九六〇）のなかの山路愛山に触れたところで、「地方の自主

的中間層」の自力更生的な地域経営を評価しながらも中間層自体の自立性については疑問を呈している。(57)

体制自己崩壊史論の枠を乗り超えられなかったということであるが、こうした中間層や中間勢力の下からの自生力の限界は、戦後の一連のファシズム論で全面的に展開されているところである。丸山は、「中間層の両極分解」という世界史的法則の神話を退け、日本近代の構造的特質を幅広い新・旧中間層の滞留としてとらえ、終始ファシズムの社会的基盤としての中間層の精神動向に批判的な照準をあわせることになったのである。(58) 中間層とその限界への注目こそが、丸山のオリジナリティであったのである。

以上の考察からすれば、第1節において指摘したとおり、「絶対者の作為」が下降しないで「前期的」レベルに止まる限り、体制指導者層への悲劇的な期待のかけ方が近衛への期待になりうることは客観的には理解できるが、丸山の精神そのものがそうした水準にあるのではないことは明らかである。「絶対者の作為」は作為の論理の抽出とその下降というパラドクシカルな展開上の「魔物」であり、当然ながら、丸山の問題意識は「前期的」レベルの乗り超えにある。丸山の政治的拡大契機の下降とその規範的精神をどの程度深く受けとめるかということが、第1節での今日的な、即自的で「恣意」的な読み方と距離をおく判断基準となる。それは、現実と規範に引き裂かれた矛盾の間で、なおもその内的連関と展開形態を執拗に求めていく、丸山の「弁証法的」認識による路線問題の理解に関わる。

確かに時代状況との対応関係に引き寄せた、丸山の「主体的作為の論理」にかける期待への批判自体は、丸山神話の思想的限界線を引くうえでの一つの解毒的作業ではある。しかし、丸山固有の論理のゆえんとそれを支える精神に深く内在しない、外在的で一般的な傍証的証拠や主観的な批判的意図にゆだねた読み方は、とることはできない。

丸山思想史学への批判は、丸山の核心たる「日本近代」の総体認識を規定する基軸のとらえ方（中間勢力論）への批判においてなされなければ、その体系構築そのものを内側から崩し、その矛盾の分岐点からの「もう一つの近代」化路線を内在的に提示することはできず、展望のない単なる言説批判、イデオロギー批判のレベルに終ってしまうのである。批判は、徹底的な「内在」とその具体的「超越」でなければならないゆえんである。本論文は、丸山の論文をその方法論の核心レベルから読むことによって、中間勢力（中間集団）論を軸に、丸山思想史学の相対化と超越を図り「もう一つの史的路線」を切り開くためのささやかな試みの一端である。

（1）今井弘道「戦後民主主義の問題性——民主主義の過剰と反権威主義的自由主義の縮小——」（『月刊フォーラム』一九九七年八月号、情況出版編集部『丸山真男を読む』情況出版、一九九七）、酒井直樹・中野敏男・成田龍一「『日本政治思想史研究』の作為」（『大航海』第一八号・丸山真男カルチュラル・スタディーズ、一九九七）、米谷匡史「戦時期日本の社会思想——現代化と戦時変革——」（『思想』一九九七年一二月号・一九三〇年代の日本問題）、山之内靖「日本の社会科学とマックス・ヴェーバー体験——総力戦の記憶を中心に——」（『現代思想』一九九九年五月号）。

丸山の徂徠学・国学研究を「近世」思想史ではなく、天皇制国家批判としての「近代」「政治」思想史として読み、その決定的な「状況規定」を直接的な「外的状況」によってではなくあくまで「内在論理」によって示そうとしたものとして、拙稿「丸山政治思想史学と天皇制国家批判――『日本政治思想史研究』論考――」（拙著『日本市民思想と国家論』論創社、一九八三）があるので参照のこと。

（2）丸山の時論の二か月前の『公論』（一九四〇年七月号）には、難波田春夫の国体論である「政治の日本的原型」が掲載されている。これは、『国家と経済』第三巻・我が国の古典に於ける国家と経済（日本評論社、一九三九）の要約版である。

『公論』は、第一公論社より一九三九年一一月号から一九四六年一・二月号まで刊行された月刊の総合雑誌で、編集の中心である上村勝弥は内閣情報部（情報局）と関わりがある（植手通有「解題」『丸山真男集』第一巻、岩波書店、一九九六、三四九頁）。因みに、同時期の論文執筆者には、矢部貞治、酒枝義旗、新明正道、清水幾太郎、大河内一男、杉森孝次郎、笠信太郎、大串兎代夫、大熊信行、鈴木重雄、保田與重郎、浅野晃、清水芳太郎などがいる。

（3）丸山『日本政治思想史研究』（東大出版会、一九五二）あとがき八〜九頁。

（4）発哺熊雄（丸山）「或日の会話」（『公論』一九四〇年九月号、前掲『丸山真男集』第一巻）三一三頁。

（5）山之内、前掲論文。同旨の論文として、同「戦後半世紀の社会科学と歴史認識」（『歴史学研究』一九九六年一〇月号）、中野敏夫「戦時動員と戦後啓蒙――大塚＝ヴェーバーの三〇年代からの軌跡――」（『思想』一九九七年一二月号）。

（6）高島善哉のゾンバルト論として、「経済時代の克服――ゾンバルト『高度資本主義』の邦訳に因みて――」（『一橋新聞』一九四一年二月一〇日）、「ゾムバルトの学風――西欧資本主義最後の巨匠――」（同紙、同年六月一〇日）、ウェーバーとゴットルとの関係でゾンバルトの位置を扱ったものとして「ゾンバルトの学説史的地位」（『一橋論叢』第八巻第一号、同年）がある。前二者は『高島善哉著作集』第一巻・初期経済学論集（こぶし書房、一九九八）所収。西沢保の同書「解説」を参照のこと。

（7）高畠通敏「生産力理論――大河内一男・風早八十二――」（思想の科学研究会編『共同研究・転向』中巻、平凡社、一九六〇）。

(8) 丸山「政治学に於ける国家の概念」(『緑会雑誌』第八号、一九三六、同『戦中と戦後の間』みすず書房、一九七六)三二頁。
(9) 今井、前掲論文、五一頁。
(10)(11) 丸山「国民主義の『前期的』形成」(『国家学会雑誌』第五八巻第三号、一九四四、前掲『日本政治思想史研究』第三章。以下第三論文と略記)三二一頁。
(12) 丸山、同上論文、三二一～三二二頁。
(13) 丸山「近世儒教の発展における徂徠学の特質並にその国学との関連」(前掲誌第五四巻第二、三、四、五号、一九四〇、前掲書第一章。以下第一論文と略記)四、五頁。但し、ヘーゲルの前半の訳文は、長谷川宏訳『歴史哲学講義』上(岩波文庫、一九九四)一七九頁から引用。
丸山におけるヘーゲル哲学の「主体性の哲学」と「矛盾の弁証法」の受容については、拙稿「丸山真男のヘーゲル観と思想史学——『戦中と戦後の間』論考ノート——」(前掲拙著)を参照のこと。
(14) ヘーゲル『法の哲学』(岩崎武雄編『世界の名著』三五・ヘーゲル、中央公論社、一九六七)四八五頁。
(15) ヘーゲル、同上書、四八二頁。
(16) ヘーゲルの国家論における、経済から国家へ次元を上げて包摂していく「上昇の論理」については、難波田『スミス・ヘーゲル・マルクス』(講談社、一九四八、『難波田春夫著作集』二、早稲田大学出版部、一九八二)九九～一〇〇、一二四～一二五頁を参照のこと。
(17) 大塚久雄『欧洲経済史序説』一九三八(『大塚久雄著作集』第二巻、岩波書店、一九六九)三九六頁。
(18) 丸山、前掲第一論文、一二六頁。
(19) 丸山、同上論文、一二七頁。
(20) ウェーバー、梶山力訳『プロテスタンティズムの倫理と資本主義の精神』(有斐閣、一九三八)、丸山、同上論文、一三三頁から再引。
(21) 丸山「近世日本政治思想における『自然』と『作為』——制度観の対立としての——」(前掲誌、第五五巻第七、九、一二号、一九四一、前掲書第二章)二四八頁。

(22) 丸山、同上論文、二四七～二四八頁。
(23) 丸山、同上論文、二四九～二五〇頁。
(24) 丸山、同上論文、二九九～三〇〇頁。
(25) 丸山、同上論文、三〇〇頁。
(26) 丸山、前掲第三論文、三二五、三二九頁。
(27) 丸山、同上論文、三二六頁。
(28) 丸山、同上論文、三二六～三二七頁。
(29) (30) (31) 丸山、同上論文、三二七頁。
(32) 丸山、同上論文、三二八頁。
(33) 丸山、同上論文、三三四頁。
(34) 丸山、同上論文、三三五頁。
(35) 田中圭一『日本の江戸時代——舞台に上がった百姓たち——』(刀水書房、一九九九)一四六、一六一～一六二頁。
石井進は、田中の同書に対する新聞書評のなかで、「近世封建制論への反対が『日本の近世』といった書名を選ばなかった理由らしいと見当がつく。それにしても従来の日本史学界の通説に対する真っ向からの批判だけに、通説的立場からの反論が期待される」(『読売新聞』一九九九年四月一一日)と述べている。田中の研究は、詳細な在地史料の渉猟に基づいているが、それらについては同『帳箱の中の江戸時代史』上・下(同書房、一九九一、一九九三)を参照のこと。
(36) 田中、前掲『日本の江戸時代』、一三五頁。
(37) (38) 田中、同上書、一二八頁。
(39) 田中、同上書、一三四～一三六、一三八～一四〇頁。
(40) 田中、同上書、二五八～二五九頁。
(41) 田中、同上書、二五六～二五七頁。

(42) 田中、同上書、二五八頁。
田中の学説は、典型的には「契約」概念にみられるように百姓（農民）個人の独立性の濃い学説で、江戸時代を極めて純化した、百姓個人の「私的所有」権に基づく流動性のある「近代資本主義社会＝契約社会」として割り切ってとらえている。しかし、この「私的所有権」の制約性については、「私的所有権」と「村落の総体所有権」とそれによって規制を受ける個人の「潜在的所有権」との関わりが、いまひとつ不明確という印象を受ける。「村落共同体—内—個人」として存在するうえでの、村落共同体（場）の「重層的な所有権構造」と、そのなかでの「私的所有権」の位置づけの問題である。むろん、共同体の制約性を超え出るほどの「小農自立」の「独立性」の強さ、ということであれば話は別である。
(43) 丸山、前掲第三論文、三四四頁。
(44) 丸山、同上論文、三四五頁。
(45) 丸山、同上論文、三五八〜三五九頁。
(46) 丸山、同上論文、三五九頁。
(47) 丸山、同上論文、三四九頁。
(48) 丸山、同上論文、三五〇、三五二、三六〇頁。
(49) 丸山、同上論文、三五五〜三五六頁。
(50) 丸山、同上論文、三六〇頁。
(51) 丸山、同上論文、三六一頁。
(52) 丸山、同上論文、三六二頁。
(53) 丸山『現代政治の思想と行動』増補版（未来社、一九六四）四九六頁。
(54) 大石嘉一郎「藤田五郎の『豪農マニュ』論」（同『日本資本主義史論』東大出版会、一九九九）。藤田については、『日本近代産業の生成』（一九四八）『近世農政史論』（一九五〇）『近世封建社会の構造』（共著、一九五一）『封建社会の展開過程』（一九五二）などを収録した『藤田五郎著作集』全五巻（御茶の水書房、一九七〇〜一九七一）がある。

大石によれば、藤田は、「『旧地主』（オヤカタ層の系譜）型的豪農の生活構造の中にわが国上代・中世からの直接生産者として農民的な……生産主義的な勤勉主義的なものが……存在する」とし「近代生産主義的なものに推転する契機を得るもの」として、江戸後半期から維新にかけての「豪農の上昇・転化の過程」に注目している（同上論文、一三四、一三七頁）。藤田は、「豪農的発展にともかくも特殊日本的な『近代的進化』の『下からの道』を認めると同時に、『豪農の持続的な上昇・転化』に日本特有の絶対主義を完成せしめた根拠を求めた」のである（同上、一四二頁）。しかし、大石は、「豪農の排出→豪農の農民の代弁者としての役割→その『上昇・転化』＝絶対主義の支柱化という過程があまりにも持続的に現われ、……世界史に類例のない強固な天皇制絶対主義を聳立せしめるにいたる」と結論づける藤田の説では、「寄生地主＝前期的資本の成立を説明することはできるが、その天皇制絶対主義のもとで寄生地主＝前期的資本の産業資本への広汎な転化、機械制大工業としての近代産業の創出を説明することはできない」とその限界を指摘している（同上、一四八頁）。

(55) 丸山、前掲『日本政治思想史研究』あとがき九～一〇頁。

(56) 丸山「雑誌『日本人』及び新聞『日本』のグループ」一九四七（同『丸山真男講義録』第二冊・日本政治思想史一九四九、東大出版会、一九九九）一八八～一九二頁。

(57) 丸山「忠誠と反逆」一九六〇（同『忠誠と反逆――転形期日本の精神史的位相――』筑摩書房、一九九二）九七～九九頁。

論文「忠誠と反逆」を「中間勢力（中間集団）」論として読むことについては、拙稿「丸山真男の『自立＝抵抗』精神と『中間勢力』論――『忠誠と反逆』を読む――」（拙著『戦後日本思想の位相――自己認識のゆくえ――』論創社、一九九七）を参照のこと。

(58) 丸山「日本ファシズムの思想と運動」一九四七（前掲『現代政治の思想と行動』）六三～七〇頁。

丸山のファシズム論については、拙稿「丸山真男のファシズム論と『近代日本』認識――日本ファシズム論の思想的位相――」（前掲拙著『日本市民思想と国家論』論創社）を参照のこと。

（一九九九・七・七）

第六章　丸山真男の「自立＝抵抗」精神と「中間勢力」論

――「忠誠と反逆」を読む――

1　「忠誠と反逆」論の位置

一九六〇年に発表された丸山真男の論文「忠誠と反逆」（同『忠誠と反逆』筑摩書房、一九九二年）は、一九五九年の論文「開国」（同上書）を境とする丸山後期の代表的な仕事のうちの一つである。この論文は、「封建的忠誠」観の解体と「反逆」の哲学を歴史的に追ったものであるが、中心的テーマそのものは「自立＝抵抗」精神とそれを規定する「中間勢力（中間集団）」論として読むことができる。日本における封建的中間勢力の脆弱性が封建的忠誠観のありようを規定し後の歴史過程にも大きく影響していくことになっており、それを根拠にして近代日本の特殊的全体像が提示されているのである。

上記の叙述においては、全編、弁証法と逆説論の結合でみちており、その意味では良くも悪くも丸山が史実を論理に置き換えていくレトリックの手法が内在的によくわかるものとなっている。レトリックに溺れて細かな詰めを省略している箇所も散見される程である。

しかも、国家に対する忠誠という内面的な意識のありように照準を当てているテーマだけに、論ずる側のそれと無媒介に展開することにはならず、丸山自身の考え方と好悪の感覚が不断の禁欲的な叙述レベルを超えて実にストレートに出ているものでもある。それは、六〇年安保反対闘争におけるマルクス主義前衛政党の「抵抗」のあり方に対する丸山の批判的姿勢を示しているものといってよく、その意味では、この論文ほど丸山の「自立＝抵抗」精神に対するテンションの高いものはないといってよい。

以下、丸山の時系列的な論の展開を上記の問題意識のもとで、特に「中間勢力」論との関係に絞り込んで論理の欠落部分も補塡しつつ内在的に追うこととし、この論文の抱えている問題点をさぐっていくこととしたい。そして、丸山の近代日本の全体像を支えている内部的問題にメスを入れていくことにし、丸山思想史学止揚の方向性を再確認しておきたい。

2 封建的忠誠と「自立＝抵抗」精神

(1) 封建的忠誠の相対化

この論文でいう「忠誠と反逆」とは、「封建的〈忠誠〉」とそれへの「反逆」のことであり、封建的忠誠がいかにして「天皇制的忠誠」（前掲『忠誠と反逆』一七頁、以下同上書からの引用には引用頁のみを示す）に転化していくかがテーマとなっている。

第一章「問題の限定」、第二章「伝統概念としての忠誠と反逆」の本題に入る一五頁までのペダンチックな蘊蓄披露はともかくとして、封建的忠誠から近代的忠誠つまり天皇制的忠誠への移行は、連続的に出てくるものとはとらえられておらず、その転化要因を究明することになる。ここで言う封建的忠誠とは、端的にいって「武士的忠誠」（一四頁）のことであり、それが庶民にまで下降したとしてとらえられている（こうした丸山の武士的忠誠観の一般化には、拭いがたい民衆の固有性に対する視野の欠落がみられる）。

封建的忠誠から近代的忠誠への転化については、①主君という人格に対する伝統的忠誠が「諫争」（一九頁）にみられるように純化するとき、静態的な分限を超えて能動性を獲得する（一八～一九頁）ケースと、②原理（普遍性）への忠誠によって封建的忠誠を相対化して乗り超えるケースとが考えられている。つまるところ、主体的能動性と普遍的価値の尊重をメルクマールとして、近代への移行をとらえているということになる。

前者については吉田松陰を典型としてとりあげ、『没我的』忠誠と主体的自律性、絶対的帰依の感情と強烈な実践性」との「逆説的な結合」（二〇頁）を述べているが、その内的連関については言及されていない。こうしたケースの背後には、おそらく絶対神への全体的帰依と服従によって、かえって逆にその選民の証として主体的に生活のすみずみに至るまでの合理的組織化をはかるプロテスタンティズムのエートスが置かれているにちがいない。

後者については、原理への忠誠によって人格への忠誠を相対化する方法として、「社会的、政治的に正当化する論理」として「天道」の原理的観念をあげている(二二頁)。これは、公私の区分と公的な関係への評価基準の転換という丸山の「近代」のテーゼそのものへの道筋を、封建的体制を支えた「儒教的な原理」(二七頁)がいずれ史実を内側から食いやぶって体制を相対化する可能性があるものとしてみているものである。

しかし、この章で意外と思われるのは、二七頁にみられる次のような通俗的な国学評価である。

「宣長のような非合理的忠誠の『論理』は、『葉隠』の場合のような無条件的忠誠と行動主義との逆説的結合を含まず、かえって『今の世は今のみのりを畏みてけしき行ひ行ふなゆめ』〔『玉鉾百首』〕というように、時々の権威にたいする受動的な随順として現れることも忘れてはならない。」(二七頁、角括弧内は原執筆者、以下同じ)

ここには、封建的忠誠のなかにあれほどアクティブな要素を見出そうとしたテンションの高い姿勢が全くみられなく、拍子抜けするほどである。神への絶対服従から反転して出てくる能動性の逆説的説明が全くみられない。皇祖神に発する「自(おの)ずから」なる神意を自覚しその意志に参じようと「自(みずか)ら」然る(努力する)、国学における「人の道」への評価はここにはないのである。丸山の評価視点が公的世界に注がれ、私的世界におけるアクティビィティへの目が弱いこともその一因であろう。「逆説」を強調してきた丸山がなぜここで、国学的主体性に言及しないのか、理解に苦しむ。

(2) 福沢における忠誠観の相対化

第三章「維新前後における忠誠の相剋」は、第二章にひき続き封建的忠誠(伝統的忠誠)、あるいは「名分論的な忠誠観」(四〇頁)を相対化する典型事例として、とくに「忠誠と反逆の伝統的カテゴリー自体を理性的批判の俎上にのぼせる試み」(三五頁)の線上に福沢諭吉をあげる。①忠誠を要求する明治政権の「アプリオリな正統性」を否定する「相対主義」と「リアリズム」(三九頁)への注目。これによって、維新政府は「勝てば官軍」で「マイト・イズ・ライト」にすぎぬとするのである。

また、②政府の評価基準として、「人民の幸福を進むるか」どうか「『功利主義的』価値」(四九頁)を導入することによって、個人的な「心情の純粋性」よりも社会的「業績」を中心に置くことになったとする。こうした丸山の評価は、「伝統的な忠誠観に内在していた原理的超越性の契機を人格的忠誠から引き出して、その客観化をラディカルに押しすすめたもの」(四一頁)としてとらえたものである。

しかし、こうした客観化を支える精神そのものは、福沢に即して時流に抗する『瘠我慢』の精神」と「士魂」(四三頁)に求められた。福沢における、「瘠我慢」の精神と「文明の精神」と、「士魂」と「功利主義」との矛盾したものの結合(同上)に注目しているのである。維新後の大勢に内面まで順応してしまった「集団転向」の現実を前にして、「封建的忠誠における外面化の傾向をしてむしろ徹底させ、これをパブリックなものに高めよ。そのことによって私的=心情的契機はかえって個人の内面に定着するだろう」（四四頁）と福沢の意図を深読みするとき、ここにはいささか露骨に丸山自身の「天邪鬼の精神」もちらついてくる。むろん、ここには、徂徠学と国学の研究において見出した公私分離の枠組みがそのまま強く打ち出されていることはいうまでもない。

武士的忠誠における、「非合理的な忠誠が逆説的に強烈な自我の能動性をはらんでいた」ことの関係で、福沢において「非合理的な『士魂』のエネルギーに合理的価値の実現」（同上）をみた丸山は、福沢になりかわって次のような激しい精神の高まりをぶつけている。

「『本来忠節も存ぜざる者は終に逆意これなく候』というのが『葉隠』のダイナミズムであったとするならば、逆に、謀叛もできないような『無気無力』なる人民に本当のネーションへの忠誠を期待できるだろうか……」（同上）

（この一節を読むとついつい番外編ではあるが、師に謀叛もできないような無気無力なる弟子に本当の学問への忠誠を期待できるだろうか、と読みたくなるのは私だけであろうか。）

3　天皇制的忠誠と中間勢力論

(1)　封建的中間勢力と抵抗権

第四章「自由民権論における抵抗と反逆」は、体制サイドの「忠誠と反逆」観を相対化する例として、自由民権運動家をあつかったもので、①忠誠の対象が「公∨私」関係を媒介にして「君主・上司」から「ネーション」へ転回するケースと、②時の政府を普遍的な「天道＝正理」観念を基準にして相対化するケースをみている。

しかし、ここで特に注目したいのは、上述してきたような封建的忠誠が封建的中間勢力によって支えられていることからくる、民権運動における「士族的要素」の封建性という側面の強さがむしろ積極的にブルジョア的なものを支えるという逆説を説いているところである。ちょうどこれは、次のように五四頁の註と五七頁とに対応して論じられている。

アルトジウスの中世的団体を根拠とする「抵抗権理論が、フランス革命憲法において一般的抽象的な『人民』の抵抗権に変貌したことが、かえって抵抗権の実質を空虚にし、人民投票的独裁者の出現を容易にした」（五四頁）という研究に注目して、伝統のメリットを伝統の制約を超えて近代国家へ連続させるという視点をとるとき、丸山の目には西欧と日本との封建的中間勢力の歴史的規定力の差異がとらえられている。もっとストレートに踏み込んでいえば、西欧においては封建的土地貴族勢力が強力だったことによって、かえって私的土地所有権が堅固に保証され、近代国家における中核的人権として私的所有権が確立したという逆説となるのであろう。丸山は日本についてこの逆説の裏返しを次のように述べている。

> 「徳川幕藩体制において、本来の封建的特質——武士階級だけでなく、寺院・商人ギルド・邑村の郷紳等の多元的中間勢力の広汎な分散と独立性——がすでにかなり弱体化してい

たことが、『身分』や『団体』の抵抗の伝統を底の浅いものとし、それだけ明治政府の一君万民的平均化が比較的容易に行なわれる基盤があったともいえるのではないか。」（五七頁）

ここにおける封建的中間勢力の強さをどの程度評価するかということが丸山学説評価の分岐点の一つであることがここでも示されており、この論文後半の問題点となる。

(2) 天皇制的忠誠へのステップ

第五章「信徒と臣民」は、明治二〇年代における「天皇制的な『正統性』」の確立と、三〇年代におけるその「信条体系への『臣民』の同化過程」（六〇頁）を対象にして、大勢が天皇制的忠誠に傾いていく問題を、キリスト者における「神への忠誠」（宗教的忠誠）と「天皇への忠誠」（国家的忠誠）（五九頁）との相剋を例にとりあげている。このように、自らの問題意識を最も原理的な次元の対立関係において示す対象例を歴史の場において設定してくるところに、丸山思想史のラディカルな方法的特質がある。

そして、封建的忠誠が希薄化していくなかにあって、その例外として内村鑑三をとりあげ、現実追随的な価値判断を否定していくうえでの、内村における「忠誠と反逆の再定義」（七〇頁）、即ち国家相対化の仕方をみている。

「伝統的カテゴリー」をそのまま用いて読みかえたり、「慣習的な忠誠観念」を逆説として使用したり、「忠誠と反逆の価値を顚倒」（七一頁）する方法への注目。特に最後の価値の転倒によって謀反の積極的意義を説く、「孰れの国、孰れの時代に於いても、真正の政治は政府以外に在て、真正の宗教は寺院又は教会以外にあり」（同上）というところは、まさしく「真理は異端にあり、美は乱調にあり」という疎外された者の思いと重なるものがある。むろん、内村の封建的忠誠への固執は、「幕臣ないしは佐幕藩の出身」として俗世の流れに対する「反逆と独立」（七三頁）から来るもので、「武士的エートス」（七四頁）に支えられていたものである。しかし、こうした内村の武士道精神も、武士道精神が明治三〇年代から体制側からの精神的動員の道具として鼓吹され、同床的存在に転化する危険性のなかでのやむにやまれぬ抵抗であった（七四〜七五頁）。

しかし、この章でのテーマはむしろ、第三章に引き続いての日本における「中間層の脆弱性」にある。内村の抵抗権の社会的基盤の喪失という点と対照的に、七七頁に示されたカルヴィンの、「神の主権」に対する侵害としての君主に対する抵抗権の強さ（七五〜七六頁）が中間集団の自立性に依拠していることへの注目は、前章での抵抗権論の延長線上にある。ここでは、日本におけるキリスト教の社会的基盤であった都市中間層の自立性における脆弱性が指摘されて、次のような総括を与えられている。

「日本帝国の頂点から下降する近代化が異常なテンポと規模で伝統的な階層や地方的集団の自立性を解体して底辺の共同体に直接リンクしたこと、その結果、中間層にとって公的および私的な〔たとえば企業体の〕官僚的編成のなかに系列化される牽引力の方が、『社会』を代表して権力に対する距離を保持し続ける力より、はるかに上廻った……」（七六頁）

これは論文「日本の思想」（一九五七年、同『日本の思想』岩波新書、一九六一年）のなかで述べられたものと同じであり、ここには、日本の近代の歴史は社会の自立性の弱さ（中間集団の脆弱性）ゆえに、上からの体制主導によって展開し自己崩壊せざるを得ないという、丸山の変わらぬ歴史観がみられる。

また、ここには、キリスト教の抵抗権やキリスト者の精神構造と、その社会的基盤の相互関連をみていくという、丸山が「思想史家丸山」になった記念すべき論文「政治学に於ける国家の概念」（一九三六年、同『戦中と戦後の間――一九三六～一九五七――』みすず書房、一九七六年）で示された思想史の方法がよく示されている。

(3) 天皇制への中間集団の組み込み

第六章「忠誠の『集中』と反逆の集中」は、明治四〇年代からの、天皇制的忠誠の集中が進み中間集団を体制の官僚制のなかに組み込んでくる時期を対象にした、この論文のクライマックスである。丸山は七八～七九頁にかけて自らの天皇制観を提示しているが、それはすでに「日本の思想」のなかで示しているものである。天皇制的忠誠の集中がロシア・ツァーリズムに比して「はるかに複雑」で「忠誠の『拡散』を随伴」したような「カッコ付の集中」（七八頁）であったとしている。

その複雑さは、農村における地主＝名望家を中心とする村落共同体や、都会における産業革命後の各種の社会集団をまるごと体制内に吸収するうえにおいて、イデオロギーとして「家族主義」が注入されたことにみられるとしている。そうしたイデオロギーは、村落共同体や社会集団における家父長的支配の存在や再建という社会的基盤のあり方に対応するものとしてとらえられ、小天皇制集団の拡散を伴う天皇制への組み込みとなっている。これによって、国家は、操作対象としての機構国家としてではなく、所与としてある有機的な「共同体国家」としてとらえられ、家族国家の父としての天皇の人格に忠誠が集中してくることになった。天皇を中心とした国家は家族のごとく自然な存在として、それゆえ国家の忠誠対象に対する攻撃は自然の秩序を乱す「非国民」「国賊」(八一頁)として異端排除されたのである。

そして、こうした「共同体的な一体感情」(八五頁)は、日清・日露戦争によって強化され「天皇と国家との同一」(八五頁)化を押し進めることになった。「自主的中間層」の体制内包摂化によって封建的忠誠は、「逆焔のエートス」を喪失して「分限意識」と「恭順精神」(八三頁)として体制に順応し、「自立意識」と「行動=業績主義」は対外的な発展に発現の場を見出していった(八四頁)。後者の意識や主義が対内的から対外的へと転化する内在的必然性については、丸山は触れていないが、両者の中核に貫徹するのは生産力主義であることはいうまでもない。

とくに日露戦後における「忠誠と反逆」の磁場そのものの消失(大勢順応)は、青年層において著しく、国家そのものに対するアパシィの蔓延となり、ベクトルは「裸の感性的な自我の『解放』」(九一頁)に向かう。こうした「内面的な被縛感」のない直接無媒介的な自然性の解放は、ファシズムにおける批判からの連続線上にあるものである。

このような大勢順応（天皇制的忠誠の集中）のどうしようもない時代状況のなかで、伝統的忠誠と反逆の「最後の旗手」（九四頁）として、三宅雪嶺・山路愛山・徳富蘆花・田岡嶺雲の時代に対する抵抗精神に注目する。九四頁から一〇三頁に至る一〇頁は、この論文のなかでも丸山のテンションがもっとも高いところであり、いわば、四者の精神世界を借りて己自らを語っているものとみることができる。ここには、「体制イデオロギーにおける進歩と反動」の問題と、「自我の内面構造における随順と抵抗」の問題とが、それぞれ「独自の次元」（九四頁）として明確に意識され、精神の自立が維持されている。

丸山は、雪嶺においては、共同体国家観のもつ危うさをもこえて、「近代日本の時代（事大！）精神＝奴隷根性」に対する「反事大主義の精神」を「伝統的忠誠の義務心＝独立心」に見出している（九四～九五頁）。また、山路においては、「地方の自主的中間層」（九八頁）の地域共同体の自力更生的な地域経営のなかに、中央に対する「自主と独立と抵抗の精神」（九九頁）を見出している。しかし、こうした精神の社会的基盤として、山路が中間層に注目したことは後年のマルクス主義者達が『「中間層の両極分解」の神話』（同上）によりかかって見落としたことと対照的で評価しつつも、中間層自体の自立性については疑問を呈している（同上）。この点は、ファシズムの社会的基盤のみかたと連動している。

さらに、蘆花や田岡においては、「原理や人格へのいきいきした強いアタッチメントが前提となってはじめて、そこへ主体的に逆流して行く『諫争』や、それから自己をひきはがす『謀叛』が自我の次元で痛切な問題となる」(一〇〇頁)例をみている。その前提において読むとき、次の蘆花の言葉は切迫した真実味を帯びてくる。

「謀叛を恐れてはならぬ、謀叛人を恐れてはならぬ。新しいものは常に謀叛である。……生きる為に謀叛しなければならぬ」(一〇一頁)

丸山は、田岡においても客観的な進化論に基づく「『謀叛』の自然哲学から『謀叛』の歴史哲学」(一〇二頁)への移行に注目しつつも、それをこえて客観的大勢に対する自我意識の次元での抵抗精神にこそ注目すべきだとしている。丸山は田岡の次の言葉をとらえて放さない。

「予に最も貴い者は我である。我を濾過せざる何の主義、何の説をも信ずることが出来ぬ」(一〇三頁)

ここには、内面を媒介しない客観的マルクス主義に対する痛烈な批判がある。これは、丸山におけるドイツ観念論の現実認識と呼応する。主観・主体を媒介しない客観・客体とか現実とかはありえない。現実は、主体との媒介において存在するものであって、それゆえに現実は動かしがたい客観的で運命的な所与のものとしてではなく、人間の主体的な働き掛けによって変革し得るものであることになる。そこには六〇年安保に対する、客観的なマルクス主義に立つ「正統的」前衛政党の党派的次元に止まる抵抗の皮相性を超えて、自我意識次元からの丸山の抵抗と変革の志をみることができる。その激しさは、上記の丸山の引用がいずれも限界状況を突破する張り詰めた精神的緊張を強いる箇所に集中していることで示されている。

4 「忠誠と反逆」論の問題点

一〇四頁から文末までの部分は、ちょうど「むすび」にあたるものであるが、むしろ、問題意識が明確に打ち出されていて論文の「序」として最初に読んだ方が、通読するうえでは焦点が絞りやすい。ここには、この論文を一貫する論点が示されており、丸山に対する批判点を以下のように総括的に提出することができる。

この論文は、「天皇制的な忠誠の『集中』」とそれに対する「抵抗と謀叛の哲学」をさぐったものであるが、まず丸山の一貫した関心の中心は、「人格内部における忠誠と反逆」であり、「自我の次元」（一〇四頁）での「自立＝抵抗」精神であった。つまり、内面（自我）、あるいは理性を媒介としているかどうかということが、体制への順逆のコミットメントにおいてのメルクマールになっているのである。主体を媒介しない客観的法則へのよりかかりによる平板な体制・反体制の党派的展開に対する批判は次のように述べられている。

「自我の内部における『反逆』を十分濾過しない集団的な『革命運動』は、それ自体官僚化する危険をはらんでいるだけでなく、運動の潮が退きはじめると集団的に『転向』する脆弱さを免れない。歴史的な方向意識をもたぬ『反逆』はしばしば盲目であるが、反逆のエートスによって不断に内部から更新されない『革命』は急進的に形骸化する。革命『運動』は体制の次元からいえば反逆であるが、『運動』の内部においてはむしろ同調と随順を意味することが少なくない。日本の革命運動における『天皇制』といわれる諸傾向の跳梁は、個人の内面における忠誠の相剋を通過しないうちに、革命集団内部において『正統性』が確立したことと無関係ではなかろう。」(一〇五頁)

むろん、これは、内面を経由しない問題一般を批判の対象にしているが、照準がマルクス主義前衛政党に置かれていることはいうまでもない。駄目押し的にもう一箇所指摘箇所を引用する。

「自我の次元での『謀叛』意識が、『世界文化的の大勢たる人類解放の新気運』への『協調』〔新人会〕や『歴史的必然』としての体制的革命思想のなかに吸収されたとき、かえって組織への忠誠と原理への忠誠とは癒着する傾向を強めなかったかどうか。そうして他方、組織の官僚化にたいする反逆は、天皇制の場合にも異端の『天皇制』化の場合にも、あらゆる被縛感を欠いた自我の『物理的』な爆発、肉体的な乱舞として現れたのではないか。」(一〇九頁)

コミュニズムにおけるスターリン主義体制への批判と、天皇制に対する批判とが、丸山において重なりあい「自立した自我の内面的世界」の視点から双方に向けて照射されていることがわかる。このような媒介環としての自我は、当然、自然=欲望に依拠した直接無媒介的な「自然的な自我」(一〇七頁)ではなく、自然成長的な「大衆」の反逆は否定される。「自我の内面的な規制と陶治」（一〇六頁）の貧しい大衆においては、「創造的な、また持続的な秩序形成のエネルギー」（一〇七頁）を期待出来ないというのである。ここには、以前からの『自然と作為』の対抗構図と、直接無媒介的な「情動的な一体化」（原点回帰）のファシズム認識のメルクマールが示されている。しかし、問題点はむしろ、丸山の示す「大衆」観の貧しさにあるのではないか。「反逆の大衆的パターン」が「『すねもの』意識」や「ひがみ根性」、「職場の人間関係にたいする怨恨」（一〇六頁）にあるとする、パターンとしての大衆の認識枠であり民衆の堕落的な社会形態であるとはいえ、この大衆に対する評価の低さが、六〇年代以降の民衆思想史学との分岐するところとなる。

第二の問題点は、この論文の方法論にかかわるもので、封建的な忠誠観の解体過程への注目がそのまま近代的意識の成熟過程を描くものにならないという点である。これは、丸山も、「封建的忠誠＝武士的忠誠」を対象とするうえでの「ネガ」（一〇八頁）的限界を承知している。むろん、封建的忠誠の解体過程のなかで、「被縛性と自発性とのディアレクティッシュな緊張」を描くことで精神的次元における「ポジ」（一〇九頁）像を逆説的に提起するところに丸山の意図があることはいうまでもない。「本来忠節も存ぜざる者は終に逆意これなく候」（同上）というパラドックスで論を閉じる所以である。

『日本政治思想史研究』の「あとがき」のなかでも、上記と同様に儒学の解体契機を追うことがそのまま近代的意識の表徴にはならず、それを準備する前提条件にすぎないと述べている（同上書、東大出版会、一九五二年、あとがき八頁)。方法的には、今回の論文も武士的エートスの解体を対象にしているのであるとすれば、それとは異なった道筋での近代的な「自立」精神と「規範」意識の形成を示すことができるはずである。民衆レベルでのエートスを武士的エートスの下降で一般化し平板化してしまう丸山の方法には、歴史の基層たる民衆の固有性への眼差しはみうけられない。

第一と第二の問題点ともからんで第三に問題にしなければならないのは、丸山の「中間勢力(中間集団)」論である。封建的忠誠の脆弱性は封建的中間勢力の脆弱性にあり、そうした中間勢力の脆弱性は次のように近代においても連続してとらえられている。

「(封建的身分・ギルド・自治都市・地方団体など)中間勢力の自主性——それはもともと日本の場合弱かったけれども——の伝統が、近代日本においてなぜ自発的集団のなかに新しく生かされなかったのか、さらに日本ではなぜ絶対主義的集中が国家と社会の区別を明確に定着させる——それがまさに絶対主義の重要な思想的役割であるのに——かわりに、かえって国家を社会に、逆に社会を国家に陥没させる方向に進んだのか、……」(一〇八頁、丸括弧内は引用者)

こうした丸山の見方は、「『中間勢力』の自主性と自律性」(同上)の弱さが、伝統としての抵抗の弱さを招き、近代日本における上からの「一君万民的平均化」(五七頁)を容易にしたという近代日本像を導いてくる。上記の引用における国家と社会の区別という問題も、つまるところは、市民社会、実体的には資本主義社会の自律的展開の有無にかかわる。社会それ自体、具体的には社会的集団の自立性と自律的な資本主義展開がないところでは、国家が上から主導して資本主義を形成していかなければならず、近代日本においては絶対主義権力を握った封建勢力自体が資本主義を育成していかねばならないという矛盾をかかえることになった。そして、本来なら資本主義勢力によって倒されるべき絶対主義権力者層が自らの出身である封建的基盤を解体していかなければならないという「体制自己崩壊史」観を示すことになる。社会の中間集団の脆弱性ゆえに、体制の崩壊も形成も体制の担い手側である国家権力側の主導によってしか展開されないというペシミズムがただよってくるのである。丸山の説く自立的精神は、こうした絶望的な歴史に一縷の望みをかけた危機意識のもとで提示されているのである。

しかし、この問題も、社会における民衆集団の自立性と自律的展開可能性をどの程度評価するかということとかかわる。丸山は、政治的結果論として近代日本の歴史を上記のごとく総括したのであるが、そこには、社会的過程における封建的中間勢力の自己革新の可能性と、近代的中間集団の自生的形成の可能性への目は注がれていないのである。

むろん、以上の批判は、丸山の視座が単に「政治主義」的だとか、「近代主義」的だということに止まるのではない。丸山が注目してきた対象が、滅びゆくもの、体制からの被疎外者、痩我慢の精神というものであったことを考えれば、文字通り平板でストレートな近代主義的「政治＝体制」の思想や思想家を追っているものでないことは明らかである。丸山の眼差しは、近代主義的潮流に抵抗する近代主義批判を内包した近代主義にあり、「忠誠と反逆」という題名にみられるように相矛盾するものの政治的・社会的弁証法的関係において成立する近代のあり方に注がれている。「矛盾の弁証法」のなかにこそ歴史のダイナミズムを見出していることは確かである。上記の丸山に対する問題点の指摘は、矛盾の深さと範囲、即ち、歴史のダイナミズムの深さと範囲に対する「未発の契機」を含めてのすくいあげ方に対する異議申し立てであり、その答えは、丸山を超えて、もう一つの民衆的「自立」精神と「規範」意識の歴史的展開を論証してみせることにある。

ただ、その場合、もう一つのアクティブな歴史的展開を「忠誠と反逆」論からスタートさせる必要があるかどうかについては問題がある。これまで指摘してきたように、「忠誠と反逆」論で使用されている認識的枠組は、すべて『日本政治思想史研究』と『現代政治の思想と行動』(未来社、一九五六・五七年)で示されたネガ・ポジの両面でのものと同じであり、水準は変わっていない。丸山の前期と後期の相違は、対象としてのそれであって規範的認識枠組としてのそれではない。大方の民衆思想史家達が、前期における「民衆」評価や「中間集団=共同体」評価から丸山と訣別して自らの「民衆的近代」の認識と構築に向かうのはそのゆえである。

(一九九四・七・六)

Ⅳ　「正統性」論と「日本的」政治

第七章　丸山真男の正統性論と保守主義精神

――闇斎学派の直接無媒介性――

1　闇斎学派論の位置

丸山真男の「闇斎学と闇斎学派」（西順蔵・阿部隆一・丸山『山崎闇斎学派』日本思想大系三一、岩波書店、一九八〇）は、日本における「近代をはばむもの」へ視線が注がれている。戦前期の国体論の問題を原理的レベルにおいて扱うのに適切な歴史的対象として、闇斎学派がその典型としてとらえられた。これは、戦前の日本精神論と同じ土壌で思想的決着をつけよという南原繁から与えられた宿題に答えるものであった。ここでは、重要と思われるもの（第四章と第五章）に論点を限定して、それを貫く直接無媒介性を中心に取り扱うこととする。

2　普遍と特殊

第一の論点と思われる第四章は、六二六～六二七頁にかけての「敬義内外」論への注目に一切の鍵が隠されている。

「『敬以直内』の内は、心ではなくて大学の修身以上であり、『義以方外』の外は斉家以下を意味するという闇斎独自の解釈は『敬』の範疇の神道的解釈と内面的に結びついている。」（六二六〜六二七頁）

この部分は、闇斎と弟子の佐藤直方・浅見絅斎との解釈の対立が破門事件にまで波及した注目すべきところなのであるが、具体的な「敬義内外」の解釈については、丸山はこれ以上述べていない。それを詳しく述べることは、丸山にとって、これまでの自らの思想史の破綻を示すことにもなるからである（理由については後述）。しかし、それだけに丸山が闇斎の独自性のどこに注目しているか、そしてこの闇斎論全体がいかなる問題意識で書かれているかを、その根底的レベルで示してくるものとなっている。

闇斎学の特質は、儒学の「持敬」「窮理」のうち後者を欠落させ前者の修養論を突出させているところにあるが、なかでもこの「敬義内外」の解釈は独特である。朱子によれば、「内」は未発の「心」であり「外」は現象した已発の「身・事物」である。しかし、闇斎によれば、次のとおりである。

内――心身……修身（私）
外――……斉家・治国・平天下（公）

本来、内外区分は相対的なもので、次元が異なれば実体としての内と外とはスライドして異なってくるものであるが、闇斎にとってはそうした相対主義的認識はなく、実体的区分をしている。したがって、こうした内外区分を前提にすれば、内と外との関係は、むしろ公私区分としてもとらえられ、ちょうど丸山が徂徠においてみた近代的な公私区分の成立をみることもできる。とすれば、闇斎もその線上におくこともでき、日本における「近代思想」の形成のレベルで扱うこともできる。しかし、丸山は、ここでは闇斎を近代的思惟をもつ思想家としてみることはしない。むしろ、国体論の原理的レベルを典型化する思想家としてみているのである。その意味では、ウエイトの問題はあれ、徂徠を近代思想の先駆形態としてみる見方自体に、問題を抱え込んでいることがわかる。

丸山がここで注目しているのは、「近代の成立」ではなく、「近代をはばむもの」としての思考様式である。その根拠として丸山は、闇斎が「内」を以て「心と身体」の統一としているところに見出しているのである。本来、心は精神的・理念的なものであり、身は具象的なものであり次元の異なるものなのであるが、闇斎においてはそれが内の同一次元でくくられてしまっているのである。図式的対応でいえば、丸山はこの普遍的なるものと特殊具体的なるものとの「直接無媒介的」統一という思考様式に注目しているのである。その直接無媒介的思考は、闇斎の「天人唯一」からくる、神（普遍）と人（特殊・具体）との直接的統一としての「神人一体」に現れてくる。丸山は、この点に闇斎の最大の問題性を見ているのである。

以上のように、丸山は敬義内外論の問題を、公私区分という「近代思想の成立」という線上においてではなく、直接無媒介性という「近代をこばむ思想」の問題の線上において設定したのである。これが、前期の思想史との違いである。むろん、直接無媒介は、丸山がファシズムを認識する場合のメルクマールであり、前期のファシズム論において取り扱われている。とするならば、ファシズム論における認識的メルクマールで以て闇斎学に光をあてようとしたということができよう。

第四章は、一般化していえば、普遍的なるものが「場所＝〈特殊的＝共同関係的〉構造」によっていかに変容＝限定されて個別具体的なものとして存在するか、という問題であり、普遍的儒学がいかに日本化されて変容してくるかという問題である。そして、変容を規定するものとして、直接無媒介的な思考としての「集団所属主義＝特殊主義」をみているのである。そして、その特殊主義を典型化する事例として、次のように学派全体の配置をしてくるのである。

┌佐藤直方…………普遍主義（教条派）
│　浅見絅斎…………妙契論（中間派）
└谷　泰山…………特殊主義（神道派）

丸山の問題設定の言葉に即していえば、「普遍的な『道』と、日本・中国というような特殊の民族・国家……との関わり方——つまり道の普遍主義と民族・国家の特殊性との関連」（六三一頁）を求めたものである。そして闇斎学派の場合、それら両者を媒介するものが「内外親疎遠近の世界像」（六三三頁）であった。それは、「ヨリ遠い普遍は『抽象的』であり、ヨリ近く個別化された特殊は『具体的』と見られる」（六三二頁）もので、自らが属している地域や集団への「所属」に優先的価値を置こうとするものである。その意味では単なる個別性に止まる相対主義の乗り超えを志向しているといえる。

「日本の皇統一系の優越性」を「『天地の道』の普遍的基準から……弁証しようとするか〔絅斎〕」、「体を超越した道を前提にすること自体が倒錯だと考えるか〔泰山〕」（六三五頁）はともかく、両者とも日本の優越性を論証しようとする点では同じなのである。

丸山は、日本の記紀神話において、「天地の開闢神話はそのまま葦原中国とその統治者についての国産み神話に直結し、天つ神はアマテラスに、アマテラスは歴代皇統に系譜的に流れこんでいる」（同上）点に、中国の「天道や天命」が「いかなる具体的君主からも超越した理念であり、現実の君主や王朝がそれによって価値を裁かれる基準である」（同上）こととの相違を見出している。日本の道の特殊性を正当化しているものが、「発生論と意味妥当論との同一視」（六三三頁）、即ち直接無媒介的な思考そのものであることをとらえている。そして日本主義はまさにこの延長線上に展開されていることを、丸山は次のように述べている。

「……天つ神が国生みの神へ、『国』生みの神が『統治者』としての皇室の祖神へ、と系譜的に連っている日本神話に依拠するあらゆる日本主義は、皇祖神をそのまま世界神にまで普遍化して、日本を『万国の親国』とするか、それとも、世界から断絶し、普遍―特殊の論理とは無縁な閉鎖的な独自性にたてこもるか、いずれの方途を辿るほかないし、現に辿ってき

た。」（六三五頁）

これは、まさしく、日本を価値的に至上化して他国との関連を分断して相対主義を超え、日本絶対主義に達した国体論の世界そのものである。日本において近代を拒んでいたものは、「自然の感情・本能に裏打ちされた……親疎遠近の倫理」であり、「道を『くに』に所属させ」る「親疎遠近の世界像」（六三七頁）であった。

これを、天命（普遍）と血統（特殊）との統一問題として改めて説いたのが第七章で、中国との比較や、日本において直方（普遍主義・聖徳）と宣長（特殊主義・血）を配置して説いたが、その統合は直接無媒介的な「神勅的正統性」（六六二頁）として帝国憲法と教育勅語においてなされたとしている。

3　正統と異端

この闇斎学派論で最も注目されるのは、丸山が闇斎学派の学問的激しさを嫌ってはおらず、むしろ、その学派の強烈な学問的態度に親近感を抱いているということである。第五章は、「正統と異端」をめぐって自らの学問のスタイルをどう位置づけ展開するかという問題を読み手に自然に考えさせるものとなっている。この章で、丸山は自らの学問を正統の位置に置こうとし、そうでないものを異端として排除する立場を鮮明にしている。

丸山のとらえる正統とは、「両極性の一致」をみたすものであり、「矛盾の弁証法的統一」(六三九頁)をはかるものである。これに対して、異端とは、「両極性の一方の契機のアンバランスな亢進」であり、それは「矛盾し対立する契機の持続的な緊張に堪えないで、いずれか一方の排棄や断念によって一元性を獲得しようとしたり、または、究極目的への一挙の飛躍によって問題を解決しようとする」(同上)ところに特質がある。こうした思考態度における対立の構図は、丸山における前述のファシズムのメルクマールである、理性的媒介と、直接無媒介的思考との対立の構図からきているものである。

「絶対者との直接的な神秘的合一」「早急な一挙主義」(同上)はナチス・ドイツでみられた血や土への原点回帰そのものであり、こうした思考様式への丸山の嫌悪感は露骨である。それは、一挙主義的解決をせまった新左翼に対する嫌悪感と重ね合わされているようである。もっと端的にいえば、こうした「両極のバランス」をとる思考は、「保守主義」の思考の最大の特質であり、その意味では客観的には、丸山は自らを真正保守主義者として自己規定しているといってよい。この闇斎学派論は、学問的態度の問題を論じるかたちをとりながら新左翼批判を展開したものとみてさしつかえない。

第四章でやゝ否定的にみた闇斎学派におけるこうした「平衡感覚」、即ち「反対方向性の共存」と「矛盾の均衡の論理」(六四一頁)への注目と評価は、その限りで丸山が闇斎学派をも近代的思考様式への線上において位置づけていることを意味する。むろん、「両極性の間の平衡」は、なにより認識における全体性、「矛盾の統一の『全体性』」（六四二頁）を確保しようとしている点に特質があり、その意味では、常に保守主義者によって時代の全体性は認識され総括されるということを意味している。

しかし、この両極性のバランスは、安易な「機械的な中間的立場」を保持することではなく、「矛盾しあるいは対立する二つの契機のいずれをも捨象せず、いずれをも一方的に肥大させずにその平衡を保持する」「中庸」（同上）として規定している。この中庸を具体的に何に求めるかによって、保守主義の実質的思想内容が決定されるわけであるが、たとえば、福田恆存などは「伝統」具体的には「言葉」にそれを求め、西部邁などは「伝統」具体的には「歴史」に求めている。丸山はこうした具体的レベルにまでは踏み込んではいないが、中庸をめざす精神的構えの必要については執拗に強調している。

「真理と異端とが明確な一線で区別されるようなら、そもそも困難はおこらない。反対方向性の共存を内包したバランスは毛筋ほどの差で崩れるからこそ、真理に近接してまぎらわしい異端ほど、ますますもって危険なのである。」（六四二頁）

「……毫釐千里なればこそ、正統の生々した保持は、紙一重の差で異端に踏み込む『観念の冒険』を賭さなければならない。（中略）安全地帯に最初から晏如として身を置いている実学者にどうして理一分殊の弁証法が分かろうか。『虎穴ニ入ラズンバ虎児ヲ得ズ』というのは、直方が学問の心掛として好んで用いた格言であり、『今時ノ学者ノ書ヲ読ムノハ、川

ヲ隔テテ槍ヲ合セル様ナモノナリ。踏ミ込ンデ突キ殺ス意ハ少モ無シ』……。」（同上）

このような学問的態度において、丸山は闇斎学派の「リゴリズム」を「たんに狭義の倫理的厳粛主義ではなしに、中庸の保持とその逸脱との、間一髪の差の自覚から生れる精神的態度」（六四四頁）として高く評価し、前章において分の悪かった絅斎をも「仁が『全体性』を代表しているまさにそのゆえに異端への顚落の危険性を内蔵しているという感覚が絅斎の警戒心を磨ぎすました」として評価している。こうした、一連の両極性のバランス論にみられる感覚的レベルにまで達する丸山の眼差しをみていると、もう、これは丸山の学問的態度そのものの体質的表明と重ね合わされているとみることができる。絅斎に対する評価にみられる、「『分析』をとびこえて一挙に渾合に至ろうとする傾向を批判し、道の全体性の保持のためにあえて『支離』の危険を冒す途を選」ぶことも、「窮理の客観主義的偏向と……心情主義的な……偏向と、この二つの谷の間の、か細い尾根を渡ろう」（六四五頁）とすることも、それは丸山自身の学問的態度のことであった。こうした覚悟と繊細な肌合いに合わないものは何か、それに対する丸山の拒否は厳しく断定的でさえある。

4　闇斎学派論の総括

この闇斎学派論は、「直接無媒介」的思考をメルクマールとする闇斎学派のプラス・マイナス両面を示したものとなっている。両極のバランスという平衡感覚に立つ闇斎学派が、「普遍―特殊」という脈絡ではバランスを喪失してその基軸を特殊性の磁場に引き寄せられて日本主義の主張となった。ここに、丸山は、直接無媒介的思考としての国体論の原理的メカニズムを闇斎学派のそれと重ね合わせることにおいて説いたことになったのである（直接的な国体論の内部分析は「政事の構造――政治意識の執拗低音――」『現代思想』一九九四年一月号）。

しかし、この論文を読んだあとに残る印象は、「近代をはばむもの」としての内容分析そのものよりも、丸山自身の学問的態度における両極のバランスという限りでの強烈な「保守主義」精神である。その意味で、この論文は、丸山自身による「保守主義」宣言といえるものである。

（一九九四・一一・二六）

第八章　丸山真男の「日本政治の原型」論
――「政事の構造」論考ノート――

1 「政事の構造」の位置

丸山真男の「政事の構造――政治意識の執拗低音――」（一九八五年）（『現代思想』一九九四年一月号〈特集・丸山真男〉）は、戦前・戦後において彼が展開してきたファシズム批判論でブラックボックスのままになっていた「国体」（日本政治の固有性）の内部構造にメスを入れたものとみることができる。

一九五九年の論文「開国」以降の丸山の後半期の仕事は、日本の近代化を阻害していた要因の外在批判から内在分析に変わり、「忠誠と反逆」（一九六〇年）、「歴史意識の『古層』」（一九七二年）、「闇斎学と闇斎学派」（一九八〇年）と続けられてきた。今回の論文は、歴史の古層である歴史意識の執拗低音と、闇斎学派の歴史の場において解明した日本政治の正統性との二つの前提のもとに成立したものである。

以下、丸山の、意識レベルでの「日本固有の政治」のとらえ方をみることを通して、内部的メカニズムの究明において最も国体論の磁場に近接した丸山の問題点について考えてみることにしたい。

2　日本的政治の特質

丸山は、日本の政治意識において主旋律である外来思想を変容する「執拗に繰り返される低音の音型」（五八頁）を求めるとし、「政治意識についてのパターーン」（五六頁）を認識しようとする。その意味で、常に丸山が求めるのはフレームであり、パラダイムだということである。

まず丸山は、政事（まつりごと）とは祭事（まつりごと）ではなく、奉仕事（まつりごと）のことだとし、その原義を「献上事」としてとらえている（六〇～六一頁）。通説的な「政事＝祭事」説を退けたことは、記紀においては祭事ではなく「齋事」「忌中」（イハヒゴト、イミゴト、イツキゴト）としてしか出ていないという根拠によってである（六〇頁）。しかし、この祭政一致説を退ける意味は、日本政治の原型を考察するうえで、国体論とは一線を画し、天皇制国家を宗教的国家としてではなく政治的国家として自己限定するという大きな意味をもつ。このことは、丸山の戦前からの天皇制国家批判が、終始、「政治的国家」批判として展開され、宗教性が埒外に置かれてきていることと照応している。

日本の政事の執拗低音として、①正統性の所在と政策決定の所在との分離（六三頁）という基本的パターンをあげ、正統性レベルと政策決定レベルでの古語の使用のされ方を通して日本政治の構造を描き出している。

簡略化していえば、正統性レベルにある天皇は、卿（まへつきみ）たちの政策決定・執行の次第を「きこしめす」受動的な立場にあり（六六頁）、卿たちは天皇と下僚・人民との間の「媒介者」となることによって天皇に「奉仕」し（七〇頁）、一般人民（おほみたから・ひとくさ・あおひとくさ）は天皇に、直接的には中央ないし地方の官僚に「つかえまつる」（六七頁）という構造となる。丸山は、日本の政治統治を言葉にみられるイデオロギーのレベルにおいては「上から下への支配よりは、下から上への『奉仕の献上』という側面が強調されている」（六八頁）としてとらえている。

しかし、この構造は丸山のことあげによる指摘を待つまでもなく、戦前の国体論者の説くところであり、ことさら丸山のオリジナリティとして注目すべきものでもない。最も論理的考察をなした難波田春夫の論文「政治の日本的原型」（『公論』一九四〇年七月号）は、上記の全体構造をもっと論理的に明解に、また詳しくは『国家と経済』第三巻・我が国の古典に於ける国家と経済（日本評論社、一九三九年）で説いている（詳しくは拙稿「難波田経済学と国家論」拙著『権威主義国家の位相』論創社、一九八八年、八五〜九二頁参照のこと）。ファシズム期の学問研究を批判的に継承する姿勢がなく、ことさら国体論を全否定する丸山の貧困が出ているものといえよう。このことは、ファシズム期の学問的営為の否定的媒介とかかわって、丸山後期の仕事の意義に対する疑問を提起することにもなる。

また、もう一つの執拗低音として、②権力の下降傾向と、権力の身内化・私化傾向（七二頁）という派生的パターンをあげている。これは、「政事の正統性を持っている最高統治者の背後にいつも、『後見』がいて、リモコンをして」（七一頁）おり、しかもそれが「私的な……機関」（七二頁）においてなされる傾向にあることとされている。ひとことでいえば「権力の二重構造」というものであり、それは歴史的な天皇統治から戦後の自民党政治、さらには五五年体制崩壊後の連立政権政治のあり方まで貫徹している。

この点に関して、丸山は、「正統性の所在が動かないままに、実権が一方で下降し、他方で『身内』化していく」日本の場合、「革命（政治的正統性の変革）の不在の代役をつとめているのが、実質的決定者の不断の下降化傾向」であり、それは「自然的」（七四頁、丸括弧内は引用者）だとしている。このことは、言葉を変えれば「体制─内─自己改革」をどの程度評価するかということとかかわっており、その担い手の力をどの程度評価するかということとかかわる。しかし、丸山のこの「下克上」への評価は、結果論からとはいえ自己変革への評価の低さから高くはない（七四頁）。それは、『日本の思想』（一九六一年）における一揆の評価の低さと照応している。

3　総括と問題点

丸山は上記のごとく、日本政事における執拗低音を「正統性の所在と決定権との意識的分離」と「権力の下降傾向と身内化傾向」（七四頁）に求めたが、問題は日本政治における臣民の「まつる＝献上する」ことと天皇の「きこしめす＝受けとる」との弁証法的関係のなかでいかに関係づけられ意味づけられるかということである。そのことによって、丸山における「日本政事の全体構造」が体質的レベルで明らかになってくるのである。丸山はこの点に関して、「政事の構造」論文の丸山自身による位置づけをしているが、注目したいのは、丸山の前半期の仕事とくにファシズム批判論との関連である。

政事が「上級者への献上事」として下から規定され、天皇（君）は献上事を「きこしめす」だけで、決定が臣下に下降していく傾向を、政治責任論の立場から「病理現象としては決定の無責任体制となり、……典型的な『独裁』体制の成立を困難にする要因」（七五頁）だとしている。これは、まさしく論文「超国家主義の論理と心理」（一九四六年）における日本ファシズムの無責任体制と照応している。その意味では、上記論文があびた批判点をそのまま継承しており、問題は克服されていない。

また、この政治責任主体の不在という点は、「まつる」という奉仕＝献上関係を天皇に適用したとき極限化されてとらえられている。天皇自身も皇祖神に対して奉仕することになり、「上から下まで『政事』が同方向に上昇する型を示し、絶対的始点〔最高統治者〕としての『主』は厳密にいえば存在の余地はありません」(同上、角括弧内は原執筆者)とされている。この点も、淵源が定かでないほど遠い皇祖神から規定された非主体的な存在として、『日本政治思想史研究』(一九五二年)で示され、「超国家主義の論理と心理」で適用されたものなのである。

このようにして、「政事の構造」論文によって丸山は自らの仕事に一応の環を閉じた形を与えたといえる。一九五九年以降の後半期の仕事は、前半期の仕事のブラックボックスに光を当てたにすぎないものなのである。ここに丸山は、後期の仕事に対する「転向」批判に対して反批判し自らの仕事の一貫的連続性を証明してみせたのである。しかし、その時代的かつ学術的インパクトはすでにない。丸山の歴史的仕事は、戦前の『日本政治思想史研究』と戦後の『現代政治の思想と行動』(一九五六・五七年)のネガとポジのセットとしての仕事につきており、後半期の仕事をあえてアクティブには評価しない所以である。八〇年代以降の「丸山ルネッサンス」における丸山称揚は、価値基準が崩壊して混沌となってしまった時代情況のなかでの代替的規範像を求めたものにすぎず、丸山思想史学の批判的継承・止揚とは無縁な学界・論壇の枯渇を意味しているものにすぎない。

(一九九四・七・五)

補論　日本国家論研究ノート
——近代主義と近代批判の二重性——

1　日本国家論（国体論）への視座

戦前のファシズム期において絶対的価値であった「国体＝日本国家」は、戦後、新しく絶対的価値となった「民主主義」によって全面的に否定された。学界や論壇においても、丸山真男などを典型とする近代主義者達によって、西欧型の近代国家と近代的「主体＝市民」の形成にとって決定的に桎梏となるものとして否定の対象にされた。(1) しかし、悪しきファシズムのイデオロギーとして嫌悪されたとはいえ国体論は、近代の解体状況（近代から現代への転換）のもとで、民衆の生活不安を救済しその幻想＝希望を頂点的「権威＝天皇」につなぎとめることによって、民衆の多大なエネルギーを体制内に吸収しえたものでもあった。その意味では、国体論は、民衆の心性を媒介すると、戦後民主主義・近代主義者達によって唾棄された否定的な面ばかりでなく、他面で豊かなリアリティをもってきていたことにもなるのである。つまり、「なぜ民衆によって受け入れられたのか」という視点を通してみる場合には、国体論は、民衆にとって「空理」なものではなく確かな「実体」を伴ったものとして受け入れられたと考えられるのである。そして、それゆえにこそ、政治支配者にとってもまた、権威主義国家のイデオロギーとして国体論を採用し続けなければならない所以があったということになる。また、こうした民衆心性の媒介は、国体論が近代解体の状況下で、「超西欧近代」の名のもとに、自己認識に基づく「日本固有の学問」形成の近代的手続きの拠り所として採用されなければならなかった所以をも明らかにすることになるはずである。

2　近代主義と「生産力」理論

近代国家は権力が一点に集中する国家であり、一神教であるキリスト教は、その一元的権力構造に適合した宗教的精神構造をもつものであった。とくに、絶対主義国家における絶対君主は、一神教の絶対神に類比されることによって、「神の俗化」として世俗世界を一点集中的に支配する正統性を弁証された。いわば、近代国家と一神教とはワン・セットだったのである。しかし、日本においては、近代国家＝天皇制国家を保証する一神教はなく、その欠落を埋めるために、一元的近代国家のイデオロギーとして新たに創出されたのが、「天皇を中心とする血縁的・精神的統一体」を「国体＝日本独自の国家共同体」とする国体論であった。その限りでは、国体論は西欧の一神教的性格を背負わされた「近代」思想そのものであったということになる。その場合、新しい国家の権威の中心に「汚れなき玉」として定位されるものは、日本においては天皇しか適当な存在はなかったのであり、それ故に、天皇を中心とする律令国家体制と、それを保証する天皇絶対性の神話（古事記・日本書記のイデオロギー）が恰好のモデルとして利用されたのである。天皇の権威を天神につながる天照大御神にまで遡及させたのも、その支配の正統性の根拠を相対的な知・徳・武力にではなく、唯一絶対的な血縁に限定する必要があったためだったのである。したがって、近代の天皇制国家は律令国家体制の近代版としてとらえることができ、ファシズム期の天皇制国家の「神国」化は、天皇に政治的権威と宗教的権威の二重性を付与した形での絶対的自己認識の昂進といえよう。以上のように、国体論は、それがいかに荒唐無稽で非論理的であろうとも、民衆に近代国家のトータル・イメージを復古的な形ではあれともかくも与え続けることに成功したのである。

しかし、国体論が、「近代国家」のイメージよりも、もっと民衆にとって積極的で切実な意味をもったものとして受け入れられたのは、「生産力」論としてであった。最小社会的結合単位である家の同心円的拡大において、「家→郷土→国体（国家共同体）」として連続的にとらえられた、具体的な「国体＝間柄的構造」の成層構造は、「家の拡充」がただちに郷土や国家共同体の拡充と連動し、逆に「国の拡充」がただちに郷土や家の拡充に連動する点で、生産力の拡大・縮小イメージを与えることになった。つまり、「生産力＝むすび」論に支えられた国体論は、封建的中間勢力（家・村落共同体など）を残存させざるを得なかった特殊日本的近代化のもとで、(2) 生産力主義の恰好の代替理論としての機能を果したのである。そして、土着農耕民＝民衆との同一性を演出するものとしての、天皇の稲霊祭祀者としての儀礼は、内面的な形で民衆と天皇とを結びつけることにもなった。それは、民衆の祖霊信仰を束ねるものとして、「祖先神の遡行的同一性」を根拠に天皇の祖先神が登場し癒着・同化してきたことによってであった。しかし、民衆にとって天皇の祖先神との同一性の意味するところは、貴種との距離に基づく自らの位置の権威づけなどよりも、むしろ、神話の保証する「永遠性」を自らの「生命の連続性」として獲得することにあり、それ故、「家の繁栄と連続性」を永遠に保証されることにあったのである。その意味では、民衆にとって、生命の連続性は、生産力主義・生産力信仰にビルト・インされその中核に位置づけられることになる。

以上のごとく、国体論は、民衆にとって、リアリズムとしての生産力主義・信仰と、自らの存在証明＝魂の救済たる生命の連続性としての天皇信仰とを合わせもつものであった、ということになる。その意味では、国体論は、近代国家における資本主義化・生産力主義の「近代主義」理論を、その欠落ゆえに「前近代的」理論によって代替させた形になっているものということができる。

3　近代批判と「場」の理論

国体論の上記のような擬似「近代」主義をこえた、より正当でアクティブな意味は、日本固有の民衆心性に根づいた学問や政治の形成という点での、「存在の根拠としての〈場〉」の強調にある。(3)国体論を根拠とする科学は、西欧近代科学の、純粋な普遍妥当的機能法則の存在を「思惟の論理」として否定し、現実の法則は個別的なものであり、普遍的論理の「場」による変容＝限定において存在することを主張した。それ故、その法則のあり方は、特殊的に限定する「場の構造」によって規定されるとし、その「特殊的＝共同関係的」限定の構造こそ「家―郷土―国体」の三重の構造であるとしたのである。確かに、「存在の根拠としての場」論の提起そのものは、それが絶対的自己主張に陥らない限り、正当な主張であり、日本的な特殊形態を考察し比較研究への道を開くものでもある。いってみれば、その「場」は、思想や思考の基層（丸山真男のいう、表層的な主旋律をささえる「執拗低音」）ということになる。この基層的思想・思考は「場」の特殊的＝共同関係的構造に基づくものである限り、あらゆる領域に存在するものであるが、ここでは、天皇と民衆（国民）の関係の政治思想領域に限定して日本の政治原理を例に考察することにしたい。

「国体論＝場の特殊的構造」における特殊的思考構造は、本質的かつ典型的には記紀のイデオロギーの「自然（神ながら）」観に見出すことができる。そこでは、神の系列につらなる天皇は自らの「祭り＝祈り」によって「神意（かんながら）」を伺い、臣民自身も自ら祈ることによって天皇の「大御心」を伺う、という構造がみられる。即ち、そこでは、客観的に無作為に存在する「自（おの）ずから然る」神意や大御心を、天皇や臣民がそれぞれ自らの主体的な意志や努力に基づく「自（みずか）ら然る」人為によって伺うという、「自然」の二重性のもとに、上からの支配の方向性を(a)「祈り―祈られる」祭政一致の構造として把握する様式がみられる。しかし、天皇と臣民との関係は単にそれのみに止まらない。天皇自らの「統治（しらす）」は文字どおり「民心」の帰趨を知ることによりそれに従うものとしてとらえられた。つまり、この(b)「しらす」は、「自ずから然る」民心に、天皇の「自ら然る」統治が逆規定されるものとしてとらえられているのである。この(a)→(b)の関係は、「天皇→臣民」の支配・被支配の規定関係が「臣民→天皇」の規定関係へと反転しているものである。むろん、この反転構造は、一般的にいう「権力の弁証法」[4]であるが、日本の場合、天皇の本質が「愛民」であり、私心なき全き「公」的存在であることを媒介させることによって成立しているものである。しかし、論理としてはまさに「反転」しており、これこそ天皇統治＝日本的政治の核心といえる。つまり、この反転は、「力の政治」を「人心の政治」へ反転して、支配・被支配関係のあいまい化を図るものとなっているのである。したがって、反転構造に立つ、天皇の心と国民の心の一致という相互規定関係の解明、即ち、その反転していく「固有の論理」の解明こそが、天皇制解明の要であり、日本政治（統治）原理の解明に当たるわけである。

この天皇と国民の相互に矛盾しあうものの一致という点の解明については、国体論の立場に立つ難波田春夫の「般若即非の論理」、京都学派の西田幾多郎の「絶対矛盾の自己同一の論理」が卓越している。前者の「般若即非の論理」は、前述したように、天皇が天皇たりうるのは自ら天皇たることを否定することによってである、という論理である。つまり、天皇は常に自己の私心を放棄し、ただひたすら公の存在として国民の幸せを願い神々に祈る存在になることによって、はじめて真に天皇になり得る、という論理である。(5)この論理は、存在するものはすべて矛盾の相において存在し、「自己の存立のために自己でないものを要請せざるをえない」という関係、即ち、実在するものはその自律性においてではなく矛盾しあう他者との相互依存関係の中に自己の存在理由を見出し、その意味で自らの自律性を超えることによってはじめて存在たり得る、という「実在の論理」に立脚していることを意味している。(6)その点では、矛盾したものが矛盾したままで共存し有効に機能する「場＝国家共同体」が要請されてくることになる。

また、「無限」と「有限」の相互浸透の類推において、「神聖＝天皇」と「国民」との一致を説く論理、即ち、無限は有限を包むことによって有限化され有限は無限に浸透されることによって無限と一体になる、という論理が存在するが、西田の場合もこれがみられる。(7)もっとも西田の場合、政治的次元では「全体的一（一）」（主権者たる幕府など）と「個物的多（多）」（国民）とは矛盾対立しているが、矛盾をこえて矛盾を包むものである「場所＝絶対無」において、矛盾的自己同一がはかられるというものである。(8)その意味では、相互に矛盾対立する政治的主体の次元を超越した超政治的次元あるいは非政治的次元においてはじめて矛盾的同一が成立するということになっている。そして、この矛盾的自己同一の実体的存在たる擬似的「場所＝絶対無」として「国体」が、「無の有」として「皇室」が位置づけられているのである。(9)いずれの論理も、天皇制の本質を「非政治的」天皇制としてとらえているところに特質があり（それ故、天皇親政論を否定することになる）、その意味では、天皇制に基づく日本「政治」は、ソフトウェアとして無限に「非政治化」されていく矛盾的運命において成立しているといわなければならない。

むろん、実在的次元では般若即非の論理や絶対矛盾の自己同一の論理は矛盾ではなく、それに基づく「自然」の政治は、力の政治を人心の政治に反転していく調整＝意志決定のプロセスや仕組みとして現象し、「合意形成論」（生成の政治学）を成立させてくる。まず、客観的に「自ずから然る」政治を、時間的側面からみれば、それは時間的経過による相異点の淘汰や非先鋭化による「成る」政治であり、空間的には意見の集合としての「和」の政治である、といえよう。次に主体的に「自ら然る」政治についていえば、政治主体として、「和」を以て「成る」よう努力あるいは強制されることになる。そして、そのために各自が「使命＝所」を得て主体的に行動するか、奉仕するよう要請されてくることになる。これを奉仕の義務化に一元化したものが、「和」の精神と「むすび」の思想に基づく「分」の奉仕としての『国体の本義』（一九三七）であった。しかし、こうした「自然の政治」は、「和」の範囲を所与としての同質的集団の枠内に限定したものであり、それ故、集団自体の新たな目標設定、異質な体制選択などは、自然の「和」を乱すものとして批判・否定され、論議の対象から排除されることになる。したがって、反体制運動や野党の動向は、集団＝共同体至上主義のもとで非寛容化され、翼賛化の潜在力に吸引されていくことになる。もっとも、既設集団枠内という前提にかかわるマイナス面を留保すれば、調整＝意志決定への主体的努力の契機を見出すことができるものではある。

ただし、以上のべた政治スタイルは、本来、前近代的なアジア的共同体の「基層的」政治（Sitte）に基づくものであり、近代的な資本主義国家の「表層的」政治（Recht）そのものに代わって現象するものではなく、それを特殊的に定着させるうえでの限定＝変容要因として機能するにすぎないものである。したがって、あくまでもそれは、ハードに必要性を貫徹させる表層的な「力の政治」に対する、貫徹のさせ方と矛盾を吸収する「人心の政治」としてのソフトウェアに止まるものである。

4　日本国家論の有効性と限界

「国体＝日本国家」論が一筋縄でいかないのは、それが、「近代主義」と「近代批判」との矛盾的結合（二重性）において成立しているからである。とくに、そのアクティブな意味としては、前者の近代主義における「生産力」主義と、後者の近代批判における存在根拠としての「場」の強調とがあげられる。(10) そして、この二者の結合が「在地」という具体的な場を前提にして実体化すれば、強烈な在地主義や地方学として現象し、例えば村落共同体においては生産力主義は農本主義として現実化することになる。こうした「生産力主義」と「場」の結合は、エゴイズムを超えた具体的な「場＝在地」の尊重という点からすれば、画一的な「中央集権」体制への依存に対する批判・否定の「自立」的根拠として、自閉化する危険性を内包しつつも強烈に政治支配を無化するものとして機能することにもなる。しかし、「場」の存在根拠が底あげされ実体的に解体し、その自己認識が希薄化していけば、「場」と「生産力主義」の結合のバランスを失ない、単なる生産力主義として体制内に同化し、資本主義生産を支える体制的要素に化してしまうことにもなる。日本において農本主義が単なる生産力主義として工業主義を支え、それに包摂・吸収されていく所以は、この「存在根拠としての場」の認識の欠落にあったのである。今日の「地域＝共同体」主義の抬頭は、資本主義の高度化に伴う、生活の「場」における生態系の破壊に対する、共生の「場」の復権ということができる。それは同時に、「場」を等閑視した抽象的「機能」法則中心の生産力主義とそれを支える近代科学のあり方に対する、多様で具体的な生態系の「場」に立脚する、生活科学とそれに基づく「共生の『場』の政治学」の構築への道でもあるのである。

また、改めていうまでもなく、「存在根拠の場」としてのアジア的共同体にまで至る場の特殊構造に基づく思想については、それは、「基層的」次元のものであり、高度資本主義下においてそれがそのまま純粋な形で「表層的」次元に現象するものではない。基層的次元のものであるということは、あくまでも「考え方」であり「ソフトウェア」なのである。それ故、現実の国家や政治の分析にあたっては、「本質＝基層」還元論的な単純化を超えることとともに、また逆に、「現象＝表層」論的把握だけで現実の重層的な場の政治認識をすませることも慎まなければならないのである。その意味では、国体論研究の提起するものは、日本における重層的な場と政治認識の必要であり、重層的・権威主義・「国家＝心性」としてある現実の日本国家の、多様な要素とその特殊な結合の仕方（タイム・ラグにかかわらず諸々の要素を動員する立体的な構成）への凝視の必要である。

（1）国体論における「否定」の機能と「主体」形成については、民衆心性を媒介する場合、帝国主義的側面を内包した形での、アジア民族解放としての「西欧帝国主義の否定」にみられる擬似的「普遍的当為＝規範性」と、天皇と臣民との関係認識を軸とした形での、一定の「自己認識＝使命感」形成にみられる擬似的「主体性」に注目しなければならない（拙著『日本市民思想と国家論』論創社、一九八三、二〇七〜二一〇頁）。

（2）絶対主義国家による資本主義の推進という矛盾と、産業資本主義段階と金融資本主義段階の同時並行的な移入に伴う農村分解の阻止と小農維持については、降旗節雄『マルクス経済学の理論構造』（筑摩書房、一九七六）二七二〜二七四頁を参照のこと。

（3）「場」論の以下の構造分析については、最も学術的な国体論といわれた難波田春夫『国家と経済』全五巻（日本評論社、一九三八〜一九四三）の、とくに第三巻（〈我国の古典に於ける国家と経済〉一九三九）を参照した。但し、「自然」の二重性の解釈については、拙著『長谷川如是閑「国家思想」の研究――「自然」と理性批判――』（雄山閣、一九八二）二八四、三三〇、三三六頁を参照のこと。

（4）高山岩男「政治哲学」（同『哲学とは何か』創文社、一九六七）一九三頁。

（5）難波田「日本の国家目標」（『社会哲学』社会哲学研究会、一九八五年秋季号）四八〜四九頁。「般若即非の論理」と「絶対矛盾の自己同一の論理」の同一なる点については、務台理作『思索と観察』（勁草書房、一九六八）一五〇頁、中村雄二郎『西田幾多郎』（岩波書店、一九八三）二二五〜二二六頁を参照のこと。

（6）難波田『国家と経済――近代社会の論理学――』（前野書店、一九七三。『難波田春夫著作集』6、早稲田大学出版部、一九八二）前野版三〜四頁から転用。

（7）務台理作『場所の論理学』（弘文堂書房、一九四四）九四頁。

三六頁。

(8) 西田幾多郎「日本文化の問題」一九四〇(『西田幾多郎全集』第一二巻、岩波書店、一九五〇)三三五〜三

(9) 西田、同上論文、三三八、三三六頁。同「国家理由の問題」一九四一(同全集、第一〇巻、一九五〇)三三三〜三三四頁。同「哲学論文集第四補遺」(「国体」)一九四四(同全集、第一二巻)四〇三頁。

(10) 日本国家＝国体論を「日本学の形成と歴史認識」という視点からみれば、その主要な対象として、日本政治哲学とドイツ国法学(藤沢親雄・大串兎代夫)、政治神学と国体憲法学(筧克彦・里見岸雄)、日本国体論と法制史学(池田榮・牧健二)、国家科学と日本経済学(大熊信行・難波田春夫)、協同主義哲学と世界史の哲学(三木清・高山岩男)、が注目される。

また、丸山真男の歴史の古層論・闇斎学派論との関係を射程に入れながら、国体論のアクティブな側面である「近代批判と『場』の理論」に焦点を絞って研究対象を限定すれば、三角形の重心にヘーゲルを置き、「近代批判」・「歴史認識」・「正統性〈場〉」のテーマを各辺とする三角形の各頂点に、三木清(近代批判と歴史認識)、難波田春夫(近代批判と正統性〈場〉)、丸山真男(歴史認識と正統性〈場〉)を配置することができる。なお、ヘーゲルと西田幾多郎との関係からウエイトを京都学派に移行させて同様にその配置を考えれば、三角形の重心に西田を置き、「ヒューマニズム」・「場所」・「歴史哲学」のテーマを各辺とする三角形の各頂点に各派の代表として、左派・三木清(ヒューマニズムと歴史哲学)、右派・高山岩男(歴史哲学と場所)、中央派・務台理作(場所とヒューマニズム)を配置することができる。

(一九八六・一一・二八)

V

「絶対者」論と民衆的理性

第九章　丸山真男の「絶対者」と伝統的歴史意識論
――「歴史意識の『古層』」の超え方をめぐって――

1　問題の所在――『忠誠と反逆』への視線――

丸山の論集『忠誠と反逆』（一九九二）については、いかなる一貫性において読むか少々考えなければならない。この論集に収録されている論文は、一九四九年から一九七二年の発表に至るものまでで、一九四九年の一本を除けば、丸山の「後期」の論文ばかりである。

丸山の研究は、一九五九年の「開国」論文を境にして前期と後期に分けられるのが一般的であり、発展段階論から異文化接触論への転換といわれている。儒学の評価においても、近代的主体形成にとって桎梏とする前期における否定的評価から、後期における伝統的思考の内発的展開への可能性の評価への転換ということができる。しかし、この論集に、前期からの思想史学の構え方として、「理性＝関係認識」批判としての思想史学方法論に則った、一九四九年の論文「近代日本思想史における国家理性の問題」をわざわざ収録しているところをみると、[1]丸山にとっての前期と後期は、テーマや表面的なアプローチにおける転換であり、「日本的なるもの」に対する外在的批判から内在的分析への転換ではあっても、規範的枠組や評価視点のメルクマールそのものにおいては一貫しているという認識のようである。

ただ問題は、この論集に収められている「歴史意識の『古層』」（一九七二）がいかなる脈絡において位置づけられ収められているのかということである。テーマの関連からすれば、歴史意識の執拗低音を摘出したこの論文と、日本政治の正統性を論じた「闇斎学と闇斎学派」（一九八〇）とを前提として、それらを総合化したところで最終的に、日本固有の政治構造（国体）を総括したものとして「政事の構造」（一九八五）論が書かれているとみることができる。しかし、丸山がこの八〇年代の二本の論文を論集に収録していないことは、そうした脈絡においては編集していないということになる。そうした場合、丸山の編集上の一貫した視線はどこにあるのかが問われてくるが、この論集の他の伝統的思想を対象にした収録論文をも含めて考えれば、論集『忠誠と反逆』の一貫性とは、規範的枠組や評価視点の基軸として存在するものとして、「超越者」「絶対者」をめぐる丸山の視線ということになろう。

これは、従来の丸山論に決定的に欠落しているのは絶対者論なのではないか、という問題提起となる。丸山をいかなる視点でとらえると、その視野が一貫的によく見えてくるか考えると、それは、「絶対者」に対する垂直の視線と、絶対者を媒介とする水平の視線であると考えられるのである。このことは、前期・後期にかかわらず、丸山の思想的世界を一貫してとらえる視線になるはずである。

2 「絶対者」と伝統的認識の評価

論集『忠誠と反逆』の第一論文「忠誠と反逆」（一九六〇）は、拙稿の「忠誠と反逆」論考ノートで述べたとおり、「封建的忠誠」観から「近代的忠誠（天皇制的忠誠）」観への移行を扱ったもので、封建的中間勢力の脆弱性が封建的忠誠観や「自立＝抵抗」精神の有り様を規定し続けてきた、という「中間勢力論」をテーマとしたものとして読むことができる。(2) しかし、それに続いて収録されている主要三論文、「近代日本思想史における国家理性の問題」（一九四九）、「開国」（一九五九）、「幕末における視座の変革」（一九六五）と合わせて読むとき、中間勢力論としての一貫性はない。むしろ、いずれもが伝統的儒学の近代合理主義への転回回路にかかわるものとして読むことで、一貫した読み方を可能にする。

後三者における儒学の論じ方は、伝統の枠内での精一杯の認識努力を評価する論じ方であるが、それは伝統から近代への「断絶」ではなく、伝統からの「連続」の可能性を求めるものである。「華夷」思想を克服して「平等」観をいかに獲得していくか、そのために存在を超越する「絶対者」を獲得しそれぞれの存在を相対化する視線をいかに獲得するか、に注目しているのである。それぞれの論文の転回点への関心は、次の箇所にみられる。

「（華夷観念を転換し）積極的な国家平等の理念を導き出すためには、なんらかの論理的媒介が必要であった。……とくに旧幕府時代に正統的教学として君臨した朱子学の論理構成がこうした役割を果たした、ということは一つの歴史的イロニィに属する。ちょうどヨーロッパにおける国家平等の観念がストア主義とキリスト教に由来する自然法思想の背景の下に形成されたように、わが国において朱子学に内在する一種の自然法観念が、諸国家の上にあって、諸国家を等しく規律するある規律が存在することを承認する媒介となった。(3)」(「近代日本思想史における国家理性の問題」。丸括弧内は引用者、以下同じ)

「国際法的観念の受容の過程については、……要するに儒教的な天理・天道の観念における超越的な規範性の契機を徹底させることを通じて、諸国家の上に立ってその行動を等しく拘束する国際規範の存在への承認が、比較的スムーズに行われたということである。天道は、天地の公道→宇内の公法→万国公法という読みかえによって、漸次実質的意味内容を近代化していったのである。(4)」(「開国」)

「伝統的な聖人の道に内在する普遍性を固く信じながら、それを時代の状況の中で最大限にまで読みかえることで、将来にとってプラスの意味をひき出そうとした点で、象山に対比せらるべき同時代の思想家といえば横井小楠です。……象山の立場が合理的実証的認識方法の普遍性に志向していたとするならば、小楠の『天地公共の道』は主として、人間関係や国際関係を律する正義の普遍性を意味しておりました。『天地の道理』という伝統的範疇は、幕末維新の思想史的過程において一方において近代科学的方法の理解にとって、他方において近代国際法及び啓蒙的自然法の理解にとって、媒介としての役割を果したのです……」[5]（「幕末における視座の変革」）

これらは、「忠誠と反逆」（一九六〇）をはさんで展開された、伝統的認識からの近代合理主義への展開過程における「超越者」「普遍者」の導入にふれたものである。「忠誠と反逆」においても、封建的忠誠観から近代的忠誠観への転化において、①主君という人格の絶対化、②原理（普遍性）への忠誠による封建的忠誠の相対化と乗り超え、に注目して近代的レベルでの主体的能動性の獲得と、普遍的価値の尊重をとらえようとしている。[6]

こうしてみると、これらに共通して採用され、適用されているメルクマールは、『日本政治思想史研究』（一九五二）収録の初期の徂徠論「近世儒学の発展における徂徠学の特質並にその国学との関連」（一九四〇）、「近世日本政治思想における『自然』と『作為』」（一九四一〜四二）で示されている「朱子学（儒学）の原始化・解体化」における、①絶対者（超越者）の強調であったり、②人間「規範」と「自然」法則との一致（道理と物理との一致）からの分離であったり[7]、不変である。

前者の「原始化」からは、絶対者（聖人）や絶対規範の超越性と、それによる状況の中での「主体性」の確立とその度ごとの作為というリアリズムが導き出される。また、後者からは、儒学の予定調和的な思想構造が解体されて、道理と物理との一致の解体化や弛緩から、物理的リアリズムに対応する形で政治的リアリズムへの目が導き出されてくる。

これら絶対者への視線は、前提として、絶対者との関わりにおいて、①個人の内面に絶対者と対峙し絶対規範をかかえることによる徹底した「自立」的精神の存在と、②絶対者を媒介として「他者」に向かう視線としての相互の「共存」とか「平等」という他者感覚、を想定しているようである。

これらの絶対者への視線は、なによりも絶対者との内面的関係のみに基づく、「独立」した無教会派知識人としての南原繁の宗教観（絶対神信仰）に触発されたものではないかと考える。(8) 西欧的な絶対者観が極めて深く丸山の内面に刻印されているということである。

3　伝統的歴史意識と民衆の思考

論文「歴史意識の『古層』」は、「日本の社会構造と精神構造における『近代化』の可能性と、それを妨げるものの存在(9)」という丸山の問題関心のうち、日本における近代をはばむ「日本的なるもの」へ視線が注がれ、その外在的批判（前期）から内在的分析（後期）へと転換した所産である。この論文は、石田雄によって伝統的な思考である「日本的なるもの」を実体的にとらえる危険性があり、丸山における批判性の低さもあいまって「勇み足」と否定的に評価されている。(10)

しかし、この古層論文も、絶対者の存在を介在してみることによってはじめて、丸山の嘆きも批判性も、また丸山止揚の方向もよくわかってくるものとなっている。日本における絶対者の不在は、この論文では次のようにイメージづけられ、述べられている。

「究極者の欠如によってまさに無限の遡及性と不可測性を帯びた——『初発』のエネルギーを推進力として『世界』がいくたびも噴射され、一方向的に無限進行していく……[11]」

「日本神話において人格神の形でも、非人格的な『理』ないし『法』の形でも、太極・『全一者』〔ekam〕・太一……などにあたる絶対的始源者または不生不滅の永遠者がないことは、神道を『神学』にまで体系化しようとするイデオローグを昔から悩ませてきた。けれども、摂理史観や規範主義的史観の確立にとっては都合の悪いこうした『欠如』こそ、かえって『いきほひ』の歴史的オプティミズムを支えてきたのであり、むしろそれは生成のエネルギー自体が原初点になっている〔はじめに『いきほひ』ありき!〕という特殊な『論理』の楯の反面にすぎない。[12]」（角括弧内は原執筆者、以下同じ）

こうした絶対者不在による「つぎつぎになりゆくいきほひ」の歴史的相対主義と、原初点としての「今」の尊重が結合するところが、日本的歴史意識の特質であり、それは、総括的には次のように説かれている。

「『つぎつぎになりゆくいきほひ』の歴史的オプティミズムはどこまでも〔生成増殖の〕線型な継起であって、ここにはおよそ究極目標などというものはない。まさにそれゆえに、この古層は、進歩とではなくて生物学をモデルとした無限の適応過程としての——しかも個体の目的意識的行動の産物でない——進化〔evolution〕の表象とは、奇妙にも相性があうことになる。[13]」

「古層における歴史像の中核をなすのは過去でも未来でもなくて、『いま』にほかならない。われわれの歴史的オプティミズムは『いま』の尊重とワン・セットになっている。過去はそれ自体無限に遡及しうる生成であるから、それは『いま』の立場からはじめて具体的に位置づけられ、逆に『なる』と『うむ』の過程として観念された過去は不断にあらたに現在し、その意味で現在は全過去を代表〔re-present〕する。そうして未来とはまさに、過去からのエネルギーを満載した『いま』の、『いま』からの『初発』にほかならない。未来のユートピアが歴史に目標と意味を与えるのでもなければ、はるかな過去が歴史の規範となるわけでもない。[14]」

ヘーゲルの唯一の「超越的批判原理」たる「理性」に基づく歴史観を下敷きにした、丸山の羨望する歴史観がこれらの前提としてうかがい知れるところであり、それはまた、日本における絶対者・超越者の不在が呼び込んだ根深い相対主義的歴史観への嘆きを誘発するところでもある。[15]

こうした古層（伝統的歴史意識）は、丸山においては、空間的な基底的歴史意識としてとらえられているが、これを実体的階層においてとらえれば、典型的には民衆（常民）そのものの根深い歴史意識、思考体質としてとらえられるものである。

それ故、問題は、「絶対者の不在」における主体形成をどう考えるかが、つきつけられてくることとなる。丸山が想定しているのは、絶対者との関係において自己の内面を規律する「自立的」

個人の存在である。しかし、絶対者が存在しない日本の場合、これに代替する絶対者として、絶対者の位置に「超越的意味をもった戦争[16]」や「死」が内面を規制する疑似普遍的な存在として置かれてくることもあるが、それらが果して真正の絶対者とどの程度のズレで機能するかが問題となってくるのである。絶対者の代替について、丸山は次のように述べている。

「歴史的認識は、たんに時間を超越した永遠者の観念からも、また、たんに自然的な時間の継起の知覚からも生まれない。それはいつでもどこでも、永遠と時間との交わりを通じて自覚化される。日本の歴史意識の『古層』において、そうした永遠者の位置を占めて来たのは、系譜的連続における無窮性であり、そこに日本型の『永遠の今』が構成された……。この無窮性は時間にたいする超越者ではなくて、時間の無限の線的な延長のうえに観念される点では、どこまでも真の永遠性とは異なっている。けれども、漢意・仏意・洋意に由来する永遠像に触発されるとき、それとの摩擦やきしみを通じて、こうした『古層』は、歴史的因果の認識や変動の力学を発育させる恰好の土壌となった[17]。」

「疑似的絶対者」として「時間的無窮性」が代替して出ているのであるが、それは、実体的には、天皇や家の無窮性であったり、位相をおろしていけば永続的な慣習や習俗（制度）ということになろう。

規範の内面化をどう評価するかにかかわるが、そうした「外的規制」が強固に存在する場合には、それらは疑似的な絶対的存在として内面的に受けとめられることになろう。そこから出てくる規範は、①人格に対すれば絶対化された君主・藩主（忠誠関係）であったり、②歴史的・社会的な共同性に基づく共同規範性であったりする。ここから出てくる主体は、いずれにせよ、「共同体―内―個人」として、家、郷土、国家（国体）という共同体位相レベルの「場」における共同関係的規範に規定された主体として出てくることになる。むろん、これは、丸山が考える絶対規範を自主的に内面にビルト・インした「近代的」主体ではない。個人精神を外的規範によって規制された個人、という形の主体形成である。この「外的規制」が希薄となり、はずれてきた場合は、丸山が批判的に想定する赤裸々な個人の自然的欲望に支えられた存在ともなる（丸山は「民主化」「自立化」「私化」「原子化」の四種を、近代化過程における個人析出の類型としている。[18]）

要は、絶対者、絶対規範に基づく主体からこうした自然人の主体レベルまでのどこに、社会形成の主体的可能性を具体的に求めることができるか、ということになる。つまり、日本の近代化は、これらの位相レベルのどの主体によってすすめられてきたかということが問われることになるのである。丸山が説くところによれば、絶対者による規範内在的な『自立的』主体ではないということになるわけであるから、契機的にはともかく決定的には、丸山の想定する近代と近代主体の不在をいうことになる。

しかし、民衆レベルでの自立的規範の存在を評価すれば、丸山とは別の主体形成の道を探ることになるのではないか。石田の「丸山よ、おまえもか！」という日本的体質へのひざまづきへの嘆きの妥当性はともかく、それは、丸山の絶対者・絶対規範なき民衆的思考様式に対する嘆きとは同質的なのである。

4　丸山の問題点の止揚

問題は、丸山が期待し想定する絶対者・絶対規範を内在する主体ではない、欲望を肯定しそれを支えていく主体、いわば「民衆的主体」の可能性をどう考えるかということである。丸山も、『いま』を中心とする歴史的オプティミズムが個人の生活態度に対してもつ実践的意味には両極共存性があり」、一方で「今の世を『穏（おだひ）しく楽しく』享受する」[19]態度とともに、他方で「『いま』の肯定が……不断に移ろいゆくものとしての現在の肯定である限り、肯定される現在はまさに『無常』であり」「一種不安定な心構え」[20]として現れることになると述べている。生の衝動とそれゆえの無目的なニヒリズムと、身軽さとそれゆえの無常感・漂泊感と。こうした歌謡曲にも煩瑣に歌われるような民衆の可能性をいかに考えるかということが、丸山のいささか否定的な歴史意識の世界からの一つの脱出口となる。

このことは、丸山が『現代政治の思想と行動』（増補版、一九六四）に収録したファシズム論「日本ファシズムの思想と運動」（一九四七）で否定的にとらえた第一中間層の評価とかかわってくる。丸山はファシズム論において、日本近代の特質を中間層の幅広い滞留としてとらえ、「旧中間層」（「小工場主、町工場の親方、土建請負業者、小売商店の店主、大工棟梁、小地主、乃至自作農上層、学校教員、殊に小学校・青年学校の教員、村役場の吏員・役員、その他一般の下級官吏、僧侶、神官、というような社会層」[21]）と、『新中間層』（「都市におけるサラリーマン階級、いわゆる文化人乃至ジャーナリスト、その他自由知識職業者（教授とか弁護士とか）及び学生層」[22]）のうち、旧中間層をファシズムの社会的基盤としてとらえ、それゆえに若さゆえの清算主義的で厳しい批判をくだした。ムラ状況に対応する中間層と、マチ状況に対応する中間層という二項対立的把握を前提として、西欧的教養を有する後者を免罪し、戦後日本の近代化を封建性（前近代性）の払拭に賭けたのである。伝統的思想や精神の近代性への転化をさぐる、『忠誠と反逆』所収論文、たとえば「忠誠と反逆」においても、こうした「中間勢力」の封建性・脆弱性と、民衆の自立的精神の欠落に対する批判は、縷々述べられており[23]、丸山の評価態度は前期も後期もかわりなく不変であることは、すでに拙稿の「忠誠と反逆」論考でも述べてきたとおりである[24]。

しかしながら、この中間層の思考様式こそが「歴史意識の『古層』」における基層的思考様式にあたり、民衆とか常民とかといわれる思考様式とはいっても、丸山の批判は、中間層の堕落形態にしか照準があっていないのではないか。まともな中間層の堅実な「生産力」主義とその固有の「エトス・徳目」への視点が欠落しているといわざるをえないのである。日本の近代化は、こうした日々の「生産力」に支えられない限り不可能である。むろん、その生産力主義のプラス・マイナスは検討されなければならないとしてもである[25]。（そのことは、もっと敷衍していえば、「おのずからしかる」「みずからしかる』という日本的「自然」観や日本的「生命」観に対する丸山の評価とかかわることになる。[26]）

以上は、丸山の古層論の、階層的継承の方向による一つの開き方、一つの批判的な乗り超え方であり、一九六〇年代以降の民衆思想史学と接点をもつことになる。

また、この「歴史意識の『古層』」論の上記とは異なった批判的継承の方向については、飯田泰三が一つの提案をしている。氏は、丸山後期、とくに一九六三年以降の原型論（古層論・執拗低音論）の展開を、「広義における『天皇制的なるもの』を、封建時代から近代へという短いタイム・スパンではなく、もっと古い時代からの根というべき『原型』や『古層』としてとらえ返し、それを『文化接触』や『開国』という視座を投入しつつ、『地理的位置』という『基盤』に由来する一つの『通時的』構造として描き出そうとした[27]」ものとしてとらえ、次のようにその「超越的普遍者」をとらえている。

「『普遍者の自覚』を妨げるものとして『原型』＝『古層』が前にたちふさがっている、と当時の丸山にとって捉えられていたといってよい。……トータルに変革すべきものとしての「天皇制〔的精神構造〕」という認識〔＝価値判断〕が前提にあり、それをトータルに対象化することで否定・克服してゆくための方法仮説として、一方で『原型』論＝『古層』論が立てられ、他方、歴史内在的にその『原型』＝『古層』論を突破〔break-through〕してゆく現実的可能性をもったものとして、『普遍者の自覚』が対抗軸にたてられたという構図である。[28]」

これをみる限り、石田雄の杞憂は丸山の原初の問題意識との連関を読み誤ったものとして、ナンセンスとされている。ただ「普遍者の自覚」が立てられたのがこの論文執筆時なのかどうかについては言及されていない。

そして、丸山の視野をさらに相対化する方向で、「歴史意識の『古層』」論の超え方を次のように述べている。

「丸山の『古層』論を、さらに修正・発展(?)させることができないかと考える。すなわち、〈体制の下部構造〉としての『(天皇制的)古層』のさらに深層に、いわば〈人類史的下部構造〉としての『太古の祖型』(ベンヤミン)が想定できないかということである。解体期において、その解体(→自己解体)を徹することによって、『日本的古層』(による惑溺)を否定し突き抜け、さらに下降してゆくことで、或る普遍的で原理的な基層(いわば〝原初的普遍性〟)に到達できるのではないか。いいかえれば、原初の混沌、ないしは『自然状態(タブラ・ラサ)』に帰り、そこから或る原理的なものを捉え直してきて『再生』『蘇生』してくるということが、『転形期』においては可能なのではないか。」(29)

ここには既存の枠組みを原初の混沌に返し、「未発の可能性」を求めていこうとする転形期に注目した丸山の視線を継承し、さらに、太古の人類史的領域にまで返して「日本的なるもの」を普遍性の領野に位置づけようとする学問的志が見受けられる。「天皇制という特色ある君主制の起源についての比較神話学的・民俗学的研究」(30)とでもいう先輩・中村哲の遺著『宇宙神話と君主権力の起源』(法政大学出版会、二〇〇一)の刊行と解説や、日本的なるものを「たとえば日本神話は特殊ではなく、アジアなどに共通の起源を持つもの」として「日本人自身が異文化を見る目で日本文化を対象化」する、大学院に設置する研究機関「日本学インスティテュート」の設立構想など、[31]丸山学派内部からの丸山の古層論の「本質還元論」的な開き方を示している。無限に相対化を押し進める方向での開き方であるが、こうした文化人類学的方向は、しかし、丸山本来の意識批判論を存在形態論に還元してしまい実存的レベルの切実さへの希薄化を招くという危険性を抱え込むことになるのではないか。

ちなみに本稿の立場から目指す丸山乗り超えの方向は、飯田の模索する普遍性への道とは対照的に、民衆生活の固有性に内在し民衆的理性と生活規範をとことん掘り下げることによって、民衆自身の主体性の根拠と生き方の正統性を通して原理的に普遍性の領野に抜け出ようとする「もう一つの普遍性への回路」である。[32]

(1) 思想史学を、「理性＝関係認識」批判を基軸とした歴史的「理性形態」批判としてとらえようとしている。そこでは、歴史的な「自己(位置)認識＝〈自―他〉の関係認識」(理論理性)と、その関係因に基づく内面的・外面的「行動規律」(実践理性)に焦点があわされ、「国家的理性」についても「国家規律の自己認識」のあり方が批判的に問われ、国家権力の「限界の自覚」が問われるという形になっている。

(2) 拙稿「丸山真男の『自立＝抵抗』精神と『中間勢力』論――『忠誠と反逆』を読む――」(拙著『戦後日本思想の位相――自己認識のゆくえ――』論創社、一九九七)。

(3) 丸山真男「近代日本思想史における国家理性の問題」一九四九(丸山『忠誠と反逆――転形期日本の精神史的位相――』筑摩書房、一九九二)二〇六頁。

（4）丸山「開国」一九五九（同上書）一七五頁。
（5）丸山「幕末における視座の変革——佐久間象山の場合——」一九六五（同上書）一三五～一三六頁。
（6）丸山「忠誠と反逆」一九六〇（同上書）一八～二二頁。
（7）拙稿「丸山思想史学と天皇制国家批判——『日本政治思想史研究』論考——」（拙著『日本市民思想と国家論』論創社、一九八三）を参照のこと。
（8）南原の宗教観については、拙稿「南原政治哲学の成立——『絶対者』信仰と『政治』共同体——」（前掲『戦後日本思想の位相』）を参照のこと。
　絶対者については、南原や丸山のような生活の上方に排除された「絶対神」に対して、生活の下方に排除された根拠地としての「絶対的存在＝つち」のような存在もある。民衆自身の生活に内在し特殊な根拠地の徹底した掘り下げから民衆とともに普遍的な思想的地下水脈に抜け出ようとするのが、本稿の立場である。
（9）飯田泰三「解題」（『丸山真男講義録』第四冊、日本政治思想史一九六四、東大出版会、一九九八）三二一頁。
（10）石田雄「丸山真男と市民社会」（石田雄・姜尚中『丸山真男と市民社会』世織書房、一九九七）二九頁。
（11）丸山「歴史意識の『古層』」一九七二（前掲『忠誠と反逆』）三二六頁。
（12）丸山、同上論文、三二七頁。
（13）丸山、同上論文、三四二頁。
（14）丸山、同上論文、三四三頁。
（15）丸山、同上論文、三三九頁。
（16）加藤典洋「補足二つ」（『橋川文三著作集』第九巻月報、筑摩書房、二〇〇一）二頁。橋川文三「『戦争体験』論の意味」一九五九（同著作集、第五巻、一九八五）二四七頁。
（17）丸山、前掲論文、三五〇頁。
（18）丸山「個人析出のさまざまなパターン——近代日本をケースとして——」（M・B・ジャンセン編、細谷千博訳『日本における近代化の問題』岩波書店、一九六八）。

丸山は、自発的結社形成の程度を垂直軸に、政治的中心への距離意識の程度を水平軸にして、「自立化」タイプは結社形成的・遠心的、「民主化」タイプは結社形成的・求心的、「私化」タイプは非結社形成的・遠心的、「原子化」タイプは非結社形成的・求心的ととらえ、日本の「原型」的精神的態度としては「私化」タイプが圧倒的であるとしている（同上、三七二～三七五頁、三九六～三九八頁）。むろん、現実的にはウエイトの問題であり、相互のタイプ間の移行関係が存在することになる。

(19) 丸山、前掲「歴史意識の『古層』」三四六頁。
(20) 丸山、同上論文、三四七頁。
(21) 丸山「日本ファシズムの思想と運動」一九四七（同『現代政治の思想と行動』増補版、未来社、一九六四）六三頁。丸山のファシズム論については、拙稿「丸山真男のファシズム論と『近代日本』認識——日本ファシズム論の思想的位相——」（前掲『日本市民思想と国家論』）を参照のこと。
(22) 丸山、前掲論文、六三～六四頁。
(23) 丸山、前掲「忠誠と反逆」一〇五～一〇七頁。
(24) 拙稿、前掲「丸山真男の『自立＝抵抗』精神と『中間勢力』論」一一七～一二三頁。
(25) 日本近代における「生産力」主義の功罪については、拙稿「日本国家論研究ノート——近代主義と近代批判の二重性——」（拙著『権威主義国家の位相——近代日本国家論研究——』論創社、一九八八）一九～二一、二六～二七頁を参照のこと。
(26) 拙稿、同上論文、二一～二六頁。拙著『長谷川如是閑「国家思想」の研究——「自然」と理性批判——』雄山閣出版、一九八二）三二六～三二八、三三四～三三七、三五七～三六一頁。
(27) 飯田、前掲「解題」、三三〇頁。
(28) 飯田、同上、三四四頁。
(29) 飯田、同上、三四五～三四六頁。
(30) 飯田「解題」（中村哲『宇宙神話と君主権力の起源』法政大学出版局、二〇〇一）四一七頁。
(31) 「テーブルトーク」（『朝日新聞』二〇〇二年三月五日、夕刊）。

（32）全共闘世代の、民衆生活の固有性への内在化の姿勢は、三里塚農民や水俣民衆における自己変革に基づく新しい思想的世界の獲得に注目したことによる。

例えば、三里塚農民は、資本主義の私的所有権と商品交換（等価交換）の対象となる「土地」という観念を拒否し、自らを「新しい百姓」と規定し、時代的制度的特殊性を超え出た「土（つち）」という観念に帰ることによって、普遍的な「大地＝農地」という意味を獲得するに至った。また、三里塚農民は、「私的所有権」を保証する近代国家によっては自らの農地を死守できないと判断して、近代国家や近代合理主義の次元を超え出るために、歴史的慣行を掘り下げ、村落共同体の「総体所有権─潜在的所有権─私的所有権」という重層的所有権構造を、近代国家の一元的な「近代所有権＝私的所有権」に対置させた。三里塚農民の切り開いた思想的世界については、拙稿「三里塚農民の世界──『土』と『義』の思想──」（前掲『戦後日本思想の位相』）を参照のこと。

（二〇〇二・三・二〇）

補論　南原政治哲学の成立
――「絶対者」信仰と「政治」共同体――

1　問題の所在

今日、南原繁の政治哲学について考察しようとするとき、思想の根底的レベルの研究において重要な欠落に気づかされる。

南原の学脈に直接的に連なる人々は今まで、南原の恩師の一人であった筧克彦との関係について、ことさら詳細に論じることはしてこなかった。ここには、明らかに一つの作為的「省略」が存在する。筧が、戦前期ファシズムに呼応した天皇神学を論じた学者として、明らかに負の遺産の系譜に属しているからである。そして、できうれば東京帝国大学総長であった政治学者小野塚喜平次との正の学問的系譜において位置づけようとしてきた。しかし、南原自身は、生涯、筧を自らの学問の恩師として尊敬してきた。むろん、筧のすべてにおいて南原が継承者であるというのではない。しかし、南原の学者としての基本的認識のありようを考えるとき、筧のプラトン論や天皇神学など思弁的学問からの影響を無視することはできない。

また、南原の絶対者信仰や共同体論には、少年時代からの儒教の影響がみうけられるし、彼の政治哲学やフィヒテの選択自体にも儒教的思考様式からの影響がみうけられる。従来の南原研究にみられるように、直ちにプラトンやカントの認識論から論じ始めることでは、南原の核としての根底的レベルからの思想的固有性をとらえることはできないのである。

本稿は、南原の政治哲学を最も深部において貫通している認識の構造に注目して、彼の政治哲学研究の対象が何故フィヒテに求められたのかを、儒教的思考様式や絶対者信仰のあり方と、フィヒテの思考様式との内的連関において考えていくことにする。

2　筧克彦の学問と精神

南原は、大学において一年から四年まで筧克彦の講義を聞いているが、筧を生涯尊敬し、筧からの影響として「哲学すること」を学んだと繰り返し述べている。[1] 一年では国法学において、「普遍我の哲理、事物の根本関係」[2] で始まって「表現の哲理」[3] を説く仏教哲理を、二・三年では行政法を、四年では法理学において『法理学第二巻・西洋哲理』上巻をテキストにプラトンをはじめとする西洋哲学史を学んだ。[4] 筧の「ヘーゲルの法哲学を摂取しながら大乗仏教的に総合している」[5] という講義は、内容の当否はともかく事物の根源から思弁していくものとして、当時の法科大学では「実証科学的、あるいは解釈法学的」学問が多いなかで「異彩」を放つものであった。[6]

特に、南原がプラトンへの興味を持ち続けたのはプラトンを「非常に好いて」いた筧に教えられて以来(7)だと述べているが、シラーも「大すき」(8)だったという筧の理想主義とロマンティズムの精神は、学問的「熱誠」として向学の青年の心を打つものがあったにちがいない。

当時の筧の著書からその法理学や学問についての考え方をうかがってみると次の通りである。

「法理学ハ差シ当リ、法律現象及ビ法律学ヲ其対象トナス。然レドモ、法理学ハ宇宙総テノ現象ノ認識ニ基ク有効ナル根本意識ヲ其直接ノ根拠トナシ、特ニ法律生活ヨリ得ベキ生活体験及ビ之ニ関スル知識ニ根拠ヲ与ヘ、且此生活体験及ビ此知識ヨリ遡リテ、総テノ宇宙現象ノ認識ニ通ジ有効ナル根本意識ヲ鍛練スル知識ナレバ、此点ニ於テ哲学ナリ。(9)」

法理学は、生活体験レベルから宇宙的レベルの森羅万象に通ずる「統括的根本意識自身ノ学」(10)としてスケール大きくとらえられた「法律哲学」とされている。さらに、法律哲学は「法律現象ノ知識ニ根拠ヲ与ヘ、且是等ノ知識ヲ統括スル最高ノ知識」(11)とされている。そして、その最高の知識については次のように述べられている。

「此最高ノ知識ノ根拠タル意識ハ、認識ノミニ基ク断定判断ニ非ズシテ、意思及ヒ情緒ヲ主トスル生活ニ伴フテ得タル生活体験ニヨル意識モ、亦其重要ナル部分ナリ。サレバ此ノ最高知識ノ統括スル意識ハ知識ノミニ限ラズ、目的ノ設定価値ノ意識モ亦其包容スルトコロノ重要部分ナリ。(12)」

つまり、法律哲学は「本質ニ於テ知識」であるが、「最高ノ知識ナルガ故ニ、各種ノ意識ニ根拠シ、各般ノ意識ヲ統括スルモノ」[13]だと言っているのである。そのことは、個人的レベルに引きつけてとらえれば、生活体験に基づく人間いかに生きるべきかという価値的問題と、社会の全体認識とをいかに切り結ぶかということにかかわる。その意味では、学問的認識は単なる客観的なるものではなくて、生活体験に基づく主観的価値判断をベースにしたものとして、次のようにとらえられてくることになる。

「学問ハ然ク絶対的客観的ノモノニ非ズ。『深ク主観的方面ノ根底ニ於テ存在シ、生活体験ニヨリ鍛練セラレテ意識ニ高メラレ得タル、真ニ不動普遍ナル宗教的道徳的美的要求』ニ安立シ、之ト相待ッテ客観的ノ観察ヲ為スベキモノナリ。[14]」

そして、このうえで、例えばプラトンは結論において次のように総括されている。

「絶対ニ非ザル普遍ハ其ノ表現者ト共ニ変化シ得ベシ。然シ熱誠ニヨリテ現ハサルベキ内部ノ要求ニ変化アルコトナシ。此ノ内部ノ要求ヲ率先シテ意識シ、学問ノ一大系統ヲ立テントセシ者ヲ『ソークラテース』トナス。其ノ師ノ感想ニ忠ニシテ学識トシテ之ヲ実現シ現ニ雄大ナル系統ヲ建立シタルモノハ『プラトーン』ナリ。此ノ活精神ヲ解スル者ニ対シテハ其ノ『イデア』論ノ形式的ノ欠陥位ノコトハ然ク重要ナルモノニ非ザルベシ。[15]」

このように、「結論」においてそれぞれの大哲学者との真摯な直接的対決をはかる筧の『法理学第二巻・西洋哲理』の書き方は、後年の南原の『政治理論史』のそれにも引き継がれている。プラトンをその体系への「活精神」において評価しようとする点にみられるように、何より哲学を「熱誠」に求める点と、学問を絶対的客観的なものにあらずして自らの価値判断のうえに立って客観的知識を求めるものだとする点は、自らの信仰のうえに学問を位置づけたいと模索していた南原の胸をゆさぶったものと思われる。

当時、すでに筧は、「国家は自主的普遍我として……感じや信仰の帰一を其大切なる基礎として居るもの(16)」で、「日本皇国は上下一般の間に存在して居る所の根本的の活きて居る所の大生命である(17)」とか、「自然ノ家族ヲ中心トシテ、之ヲ拡大シタルモノヲ日本国トナス(18)」とか、プラトンの理想国（共同体）の日本的類比として連続的生命観に基づく天皇神学（共同体神学）の骨子を述べているが、『法理学第一巻』『同第二巻』あたりはまともな学究のもので、その学的努力は真摯なものであった。

ことに、キリスト教の絶対神を意識しその対抗関係において説かれたとみられる、「宇宙一切の真の大生命」たる絶対神である「天之御中主神（あめのみなかぬしのかみ）」の存在は、「一切の事物の各々に……内在し」、またそれら「造化生成等といふ域を超越して居る(19)」存在として、南原の絶対神信仰と響きあうものであった。また、天之御中主神の「和魂＝愛＝太陽」としての現れが天照大御神であるとする神学(20)のもとでの、「愛＝太陽」によって物をつくる神聖な農民の位置づけ(21)や、産土神を中心とした「愛の共同体＝一心同体」としての村落共同体論(22)は、南原において幼い時から育まれた儒教における理想的共同体論の連続線上に存在するものでもあった。

南原は後年、筧について「政治や行政の畑に……足を踏み入れ」ず「全御生涯を学者として学問の道一筋に徹せられた」として、「先生の歩まれた道」は「純粋に思索と求道の精神」であり、筧にとって「学問的真理はすなわち宗教的信仰の道」であった[23]と述べている。むろん、これは、内務省の地方再編運動に呼応して在地の民衆に対し天皇神学を説いてまわった事実とは異なって、筧の学究としての一面を極めて純化してとらえた像であるとしても、南原が核心としてとらえた筧はそうであったのである。それは、道は異なっていても絶対神のもとに学問と信仰の一致を求め続けた「学究の徒」として自らをも自己規定しようとする、南原自身の純粋な意志を表しているものとみることができる。

3　絶対者信仰と儒教

上記のような思弁的資質をもち、無教会派キリスト教の絶対神信仰に立ち、神的共同体にも関心をよせる南原にとって、絶対的存在たる絶対神を諸文化領域との関わりの中でいかに位置づけるかということは、学問と信仰の関係的一致をはかるうえで大きな問題であった。南原は、筧の絶対神信仰に引き続いて、フィヒテの思考様式のなかに絶対神（宗教）の位置づけを見出した。そして、おそらくそれは、自らの幼年期からの体質となっている儒教的思考における絶対的存在である「理＝本体」の存在とその特質（内在性と超越性）に深く規定され重なることを自覚したゆえではなかったか。南原は、フィヒテにおける宗教を次のようにとらえている。

「みずからは独自の文化領域を有しないで、かえって他のもろもろの文化の価値生活の内容に生命を与えるところに、宗教の普遍的意義があるのである。……宗教みずからは独自の文化形式を形づくらず、かえって内容的には他のもろもろの文化領域に入り来る（内在する）ものであること、言いかえれば、一般に文化の価値を超越するものでありながら、同時に文化価値と交渉をもつ……」[24]（丸括弧内は引用者）

この宗教と文化価値との関係を、逆からいえば、「文化の価値原理は超経験的な形而上学的本質または実在を仮定している」[25]ということであり、この仮定はしかし、次のような意味での絶対的存在に対する「確信」でもある。

「これは超経験的の実在に対する形而上学的確信である。もろもろの価値または規範は、もともと世界の超経験的の実在そのものに根底を有するものであるという一つの信仰にほかならない。人間の価値生活は学問・芸術・道徳等のいずれにおいても、かような形而上学的確信を根拠としなければやまず、文化の価値は究極において形而上学的実在の問題を予想せざるを得ないのである。[26]」

ここにおける「実在＝絶対的存在」と「経験的存在」との関係にみられる思考は、本体（絶対的存在）である実在の経験的存在への「内在性」と、経験的存在からの「超越性」という考え方である。

こうした南原のとらえたフィヒテの思考は、絶対者の、人間への内在性と人間からの超越性という絶対者信仰のあり方と同じであり、儒教における究極的存在＝根源たる「理（太極）」の、万物への「内在性（実体性）」と万物からの「超越性（原理性）」という二重性に立つ思考様式と同じであったのである。

遡行していえば、南原は、儒教的思考様式に適合的な、絶対者信仰を受入れ、その延長線上にそれを強化するかたちでフィヒテの宗教的位置づけを発見したということであろう。

4 フィヒテの政治哲学

絶対的存在の内在性と超越性という思考自体は、しかし、フィヒテ以外にも多く存在する。絶対的存在との関係において存在を位置づけるということは、存在に目的性を与え、手段化するということでもあり、多くの理想主義思想においてみうけられるものである。しかし、南原はフィヒテにおいて、「政治的社会価値」を、善である「道徳的人格価値」や、真である「主知的理論価値」[27]とは別に独立した「人類の社会関係における正義の問題であり、……国家社会の原理」たる固有の価値として認め、真・善・美とともに「並列の関係」にあるものとする、「価値並行論」[28]を認める。この価値並行論は、「文化の諸価値のうちの一つを頂点にして、他の諸価値を段階的次序に従ってそれに下属せしめる」[29]価値段階論との対比においてつかわれているものである。それは、次のように把握されている。

「価値体系の段階的な構造は、それが道徳的価値・論理的価値・審美的価値、また政治的価値のいずれを問わず、その一つを最高の価値と見なすことによって、他のすべてを手段的あるいは従属的価値とするのである。かような価値の体系については、哲学史上、それぞれ代表的な典型がある。例えば、道徳的価値を最高におき、政治国家等をこれに奉仕せしめるものにロックを、また審美的価値を最高の価値となし、芸術的の美の調和において政治生活等を考えるものにシェリングを、また政治的価値をもって他の諸価値を綜合するものには、……主知論的一面性があるにもかかわらず、なおよくプラトンを、また論理的価値を最高の段階におくことによって、その他の文化生活を汎論理主義の論理的過程のうちに止揚し去るものにヘーゲルを、それぞれ挙げ得るであろう[30]。」

こうした価値段階論に対する南原の否定的態度には、明らかに価値並行論を切り開き、したがってもろもろの「価値の固有性と自律性[31]」を認めたカント哲学の根底的な影響がある。価値序列化への歯止めとして、カント哲学の価値並行論を前提としてフィヒテを位置づけようとしたところに、南原の南原たる所以がある。

そして、宗教こそは前述したように、「一切の文化の価値を超越し、それ自体、超価値の世界にその境地を有するもの[32]」として、絶対的存在との関係においてもろもろの価値の方向性を与える、いわば、「もろもろの文化の価値生活の内容に生命を与える[33]」ところの場所であった。これは、絶対的存在とのかかわりにおいてそれぞれの生命に所を与え共存させるところの「場所の論理」そのものである。

その限りにおいて「政治的価値」についての学問である「政治哲学」は、政治的領域の根底的たるものとして、南原において次のように位置づけられたのである。

「およそ政治的価値の問題は、一般に政治に関する学的思惟の根本問題である。おしなべて現代の政治学は、前世紀の後半以来の実証主義の流れをたどって来たが、政治的価値の問題はそれによっては闡明さるべくもない。しかも、政治の批判的認識の基礎として、これなくしては政治の科学も成り立たぬであろう。かようにして、政治的価値は政治学がこれを前提とし、これに関係して考察するところのものであるにもかかわらず、政治価値そのものは、いかなる「政治科学」の研究をもってしても遂に解決し得ない問題である。これこそ哲学の解決すべき問題であり、政治の学的思惟のもろもろの根本問題のなかの根本問題を形づくる。(34)」

ここに、南原はカント哲学を媒介することによって、自らの「政治哲学」の固有領域を発見し、確立するに至ったのである。それは、何よりも絶対者と深く結びついた価値判断の領域であった。そして、この「正義」という固有の「政治的価値」は、若き日に学んだ儒教の教える「政は正なり」という意味を改めてフィヒテにおいて積極的に意味づけたものであったのである。

5 結

南原において、「政治」は絶対的存在と結びつくことで極めて積極的な位置づけを与えられた。南原は、「政治」を総括的には、次のように位置づけている。

「(フィヒテは) 後期にわたって、理性の根底を突きつめ、そこに宗教の絶対理念が見出され、これを自我と世界との根元において考えるに至り、政治も宗教的理念との結合によって、道徳・学問・芸術などとともに、それ自ら理念の一形相として観察されるに至った。[35]」

「政治はもはや単なる強制手段の問題ではなく、絶対的なる価値と目的に関する問題である。政治の理論は単に権力的な支配または統制の関係において成り立つものでなくして、根本においてそれが奉仕すべき価値、すなわち、単なる支配または統制をして正しきものたらしめるところの社会的正義の関係である。フィヒテの表現をもってするならば、政治は理念の単なる『外的形式』条件の問題でなくして、理念の『実質』に参与する事柄である。[36]」

ここに、南原は「政治」に積極的な意味を見出し、そのうえにおいてはじめて「政治的共同社会」を、「廃止されるに至るのがその本質でなくして、……なお必要欠く能わざる[37]」ものとして確定したのである。それは、政治を支配の意味において否定するマルクス主義や、単なる必要悪で外面的条件整備に止める近代契約学説とは全くベクトルの異なるものであった。いわば、幼い日に埋め込まれた儒教における理想的共同体のイメージが、筧のプラトンの理想国論を経由して、フィヒテにおいてはじめて積極的な学問的基礎づけを与えられたということである。

こうしてみると、一九三一年に書かれた論文「フィヒテ政治理論の哲学的基礎（四）」（『国家学会雑誌』第四五巻第九号）において、南原は自らの政治哲学を確立し「政治的共同社会＝政治的共同体」論を以て、時代に対する基本的な構えを示したということになる。その意味では、この論文は、実在の内在と超越、価値並行論を前提に政治的共同社会（政治的共同体）の積極的肯定を明確に打ち出した点で極めて重要なものといえる。

以後は、もろもろの書評において、神政思想としてのヘーゲル主義哲学への批判的対応を試み、一九三六年からは『国家と宗教』（岩波書店、一九四二）に収録された諸論文によって、アクティブな時代批判的な姿勢をとり、直接的にはナチスの国家社会主義や世界観を対象にしてその擬似的「共同体」と擬似的「共同体」論への全面的批判に立ち向かっていくことになるのである。(38)

（1）南原繁「筧克彦先生」一九六・（同『南原繁著作集』第九巻、岩波書店、一九七三）三五七頁。丸山真男・福田歓一編『聞き書南原繁回顧録』（東大出版会、一九八九）一三頁。
（2）丸山・福田、同上書、一二頁。
（3）南原、前掲論文、三五六頁。
（4）南原、同上論文、三五七～三五八頁。丸山・福田、前掲書、一七頁。
（5）丸山・福田、同上書、同上頁。
（6）南原、前掲論文、三五六頁。
（7）丸山・福田、前掲書、一五頁。

(8) 丸山・福田、同上書、一六頁。
(9)(10) 筧克彦『法理学第一巻・仏教哲理』(一九一一)、訂正再版(有斐閣、一九一三)一四頁。
(11)(12)(13) 筧、同上書、一五頁。
(14) 筧『法理学第二巻・西洋哲理』上(有斐閣、一九一三)一八八頁。
(15) 筧、同上書、一八八〜一八九頁。
(16) 筧『国家之研究』第一巻(一九一三)、増補第三版(清水書店、一九一六)二一六頁。
(17) 筧、同上書、九八頁。
(18) 筧、前掲『法理学第一巻・仏教哲理』四〇頁。
(19) 筧、前掲『国家之研究』第一巻、一一九頁。
(20) 筧、同上書、一七八〜一七九頁。
(21) 筧、同上書、一八六〜一八七頁。
(22) 筧、同上書、一九七〜一九八頁。
(23) 南原、前掲論文、三五七頁。
(24) 南原「フィヒテ政治理論の哲学的基礎」(四)(『国家学会雑誌』第四五巻第九号、一九三一。同『フィヒテの政治哲学』岩波書店、一九五九)一一五頁。
(25)(26) 南原、同上書、一一六頁。
(27) 南原、同上書、一〇七頁。
(28)(29)(30)(31) 南原、同上書、一〇八頁。
(32) 南原、同上書、一一四頁。
(33) 南原、同上書、一一五頁。
(34) 南原、同上書、一一〇頁。
(35) 南原、同上書、一二〇頁。
(36)(37) 南原、同上書、一二二頁。

(38) 南原のナチス批判が間接的には「天皇制神学」批判を意図していたことについては、拙稿「丸山政治思想史学と天皇制国家批判——『日本政治思想史研究』論考——」(拙著『日本市民思想と国家論』論創社、一九八三) 一四六〜一四七頁参照のこと。

(一九九五・五・一〇)

終章　全共闘世代の「自己否定」的認識

――丸山真男の批判にふれて――

1　問題の所在

丸山真男は、没後に見出されたノートのなかで、全共闘との関わりにふれて次のように述べている。むろん、全共闘とは全学共闘会議のことで、一九六〇年代後半からの大学紛争において、既存の党派や組織を基盤としないノンセクト・ラジカルといわれた一般学生達が主体的に担った組織形態と闘争形態をさしている。

「『自己否定を賭けた若手研究者のたたかい』――よいかな言や。ただ一言問いかえそう。その否定さるべき自己の中味に一体どれだけのものがつまっているのかと。無内容にひとしい貧しい中味を『否定』するくらい容易なことはない。それはいわば一個の風船玉をポンとつぶすだけのことだ。自己否定などというカッコいいことをいうなら、まず否定するに足るだけの学問的な蓄積につとめるがよい。(中略)

もっとも、さらにつきすすめていえば、現代流行の『自己否定』とは、昨日までの自己の否定＝〔したがって昨日までの自己の責任解除〕と、今の瞬間の自分の絶対肯定〔でなければ、なんであのような他者へのパリサイ的な弾劾ができるのか！〕にすぎない。何と『日本的』な思考か。[1]」（丸括弧内は引用者、角括弧内は原執筆者、以下同じ）

身辺ノートであることもあり、また、自らが全共闘に糾弾される当事者になったこともあって、丸山の言葉は、理性的配慮を欠いているし、何よりも「自己批判」の思想的脈絡をとらえてはいない。この延長線上に、おそらく全共闘に与する若手研究者であった折原浩が自らの著書『東京大学──近代知性の病像──』（三一書房、一九七三）を送った際に、丸山の言行への批判に「学問的な反論」を求めたことに対する、次のような回答があったのであろう。

「小生は、貴兄の自称される『実践的学問的批判』〔ハガキ半分のなかに三度も『学問的』をくりかえす貴兄の『学問』熱には敬意を表しますが〕を相手とする位なら、残り少ない余生にしなければならぬ仕事が、もっとほかに山ほどあるのです。小生は貴兄の度々の『アピール』や御来信を見るごとに、こういう精神的幼児がスルスルと東大助教授になり、またおさまっていられるところに『東京大学の病像』が集中的に表現されているという思いを深くします。重ねて幼児のお相手をお断り申し上げます。[2]」

この事例は、全共闘と丸山とを、スキャンダラスなレベルで扱うために提示したのではない。丸山にとっては、単なる侮蔑かもしれないが、丸山と、全共闘世代やシンパの間には、こうした外見的敵対関係にもかかわらず、かなり似た体質があるのではないか。全共闘世代は丸山によって育てられた世代だけに、全共闘世代にとっての丸山批判は丸山に親近感をもってきたがゆえの、丸山への「失望」と「近親憎悪」だったのではないか、とさえ思われる。そして、丸山を経由しての、「丸山のりこえ」の方向性を模索してきたのではなかったかと思われるのである。以下、全共闘世代の認識的態度を検討しながら丸山との交錯点を検討していきたい。

2　無限回帰

全共闘世代に属する道浦母都子（一九四七年生まれ、七二年大学卒業）の歌集『無援の抒情』（雁書館、一九八〇）のなかに、「身に近く苦しむ若者知りし夜はレーニン全集貪りて読む[3]」という歌がある。一九六〇年代後半から七〇年代の初めにかけて学生生活を送った世代の一つのマルクス主義受容のあり方を典型的に示しているものといえるが、道浦が属したセクトの制約性からか、道浦のマルクス主義はなお「レーニン」止まりのままである。むろん、社会主義を「人間解放」というヒューマニズムとして受け取り、革命のロマンティシズムと受け取っていることは、その世代に共通したものではあるが、その当時の思想青年にとっては、すでにレーニンは、硬直化したソビエト体制の代名詞であり、反体制という形で体制化した日本共産党など既成左翼の権威主義の代名詞でもあった。

全共闘世代の思想青年としては、マルクス主義の系譜を無限にさかのぼることで、自らの思想的豊饒を獲得しようとしていた。レーニンやエンゲルスを否定し、マルクスその人へと遡及し、さらにはヘーゲル左派からヘーゲルへと無限に回帰していったのである。特に、多様な思想的要素が混在している初期マルクスへの遡行は、ヘーゲルからマルクスに至る既定路線を、ヘーゲル乗り超えのヘーゲル左派のなかの一つとして相対化し、未発の変革的諸契機を呼び戻す作業として魅力のあるものであった。

こうしたヘーゲルへの無限回帰は、それぞれの思想的分岐点にまで帰ることで、既定的な思想路線を相対化し、別の可能性の世界を獲得していくこととなり、縛られてきた既成事実と思想的硬直性とをともに否定していくという意味で、位置をずらして自己自身を解放していくやり方であり、全共闘世代の主体性の獲得の仕方であった。

こうした理論形成過程への内在は、思想や理論の追体験的再構成を図ることであるが、(4) むろんそれは、彼ら自身の独自の力で獲得できるようなものではなく、こうした過程重視の原理的で根源的な学問が、六〇年代の廣松渉を筆頭に折原浩・平田清明らによって模索されていたのである。(5) 彼らは、西欧型の市民社会のうえに、ソビエトや中国とは違った新しい社会主義をいかに展開するかという問題意識から、その道筋をマルクス主義の古典の徹底した内在的な読み直しや読み換えを通して、その可能性をラディカルに展開していたのである。そして思想的には、自立的思想家の吉本隆明や、ヘーゲル的マルクス主義に立つマルクーゼや、実存的なマルクス主義解釈に立つサルトルが、内外からマルクス主義の再生の風を送り込んでいたのであった。(6)

全共闘世代は、そうした知識人と伴走することで、既成の体制的・党派的権威や学問的権威を否定して、自らの内面を各自それぞれの社会主義で染め上げ「自立」しようとしていたのである。

3 日常性からの批判

理論的遡及と再構成に伴う固有性と内部へのこだわりは、現実の自己の存在との関わり方からすれば、自らの内側からの存在感や体験に支えられることを重視し、自らの存在感や体験に支えられない限り、思想や学問を受容することができないという否定的態度となる。学問は客観的に存在するものではなく、自らの生き方と生活に根ざしたものとして初めて意義あるものとしてとらえられてくるということになる。それは、一九六〇年代の思想界の旗手たちの感性と理性とを継承する「新しい学問像」であり、生活レベルから飛翔しがちな知性のあり方を体質的に批判するものであった。

それはまた史的認識としては、一九六〇年の安保闘争の敗北の反省のもとに展開されてきた民衆史学の認識のあり方から多くを学んできたものでもあった。色川大吉・鹿野政直・安丸良夫などによる民衆史学は、安保闘争の敗北の原因を、知識人のひとりよがりの変革路線にあり、時代の民衆のエネルギーに支えられることがなかったとして、その問題認識の主観的皮相性に求めた。自らの目を民衆の生活の低きにつき、そこから民衆の内発的な変革的思想とエネルギーを謙虚に発掘することを通して、根生いの変革を求めようとしていたのである。(7) それは、まさに、「日本民衆への回帰」路線というものであったが、高き特権的知識人の立場を自己否定し徹底して「生活者」の立場に立つ点で、極めてラディカルな認識の転回であった。

そして、こうした日本の民衆への回帰は、日本の日常生活から切れた受容学問を拒否し、日本における学問の自立、根生いの学問の形成を求めるものであった。日本民衆の固有の生活と心性に根づいた日本的学問の形成という点では、戦後民主主義のもとで否定されてきた、既存の西欧科学の批判と超克とを標榜したファシズム期の「日本的学問」の批判的再評価への道を開くものでもあった。(8)

こうした全共闘世代の、生活の固有性への内在化の姿勢は、三里塚農民が、大きな政府への反抗によって自らと自らの生活をつかみ直し、農民としての固有性をとことん掘り下げることによって、自らの主体性の根拠と、生き方の正統性を獲得していったあり方と呼応するものといえよう。三里塚農民は、資本主義の私的所有権と商品交換(等価交換)の対象となる「土地」という観念を拒否し、自らを「新しい百姓」と規定し、時代的制度的特殊性を超え出た「土(つち)」という観念に帰ることによって、普遍的な「大地＝農地」の回復という意味を獲得するに至ったのである。(9)

このように全共闘世代は、古典的理論研究や民衆史学から受容したラディカリズムを単に自らの思想形成上の過程的存在としてでなく、それらを対象化し自らの生活に根ざしたものとして受けとめ、自らの存在感に支えられたもの以外はラディカルに拒否し、時代との関わり方を自らの内面的「自己否定」においてとらえることになったのである。それは、「古典」や「民衆」を絶対者（絶対的存在）として仰ぎ、絶対者との関わりにおいて自らを否定的に位置づけて内面化した精神に基づくものということができる。彼ら世代の激しさは、絶対者を内面にもつ原点回帰による否定の激しさであったが、またそれが故に、問題を根源的に原理性において、自らの体質までも執拗に「問い直そう」とする厳しい態度として現象することにもなったのである。

4　「近代知」と近代合理主義批判

全共闘世代の主体的な古典回帰と民衆回帰に基づくラディカルな態度は、いずれにしても、自らの存在感に支えられた内在的固有性への固執の結果として、自らの外部に存在する外在的で客観的な一般的学問や、外在的な党派的学問を徹底して否定してくることになった。

この点においては、全共闘世代は、丸山が「内面的媒介」を経由していることを自立の思想的要件とすることと、深く呼応することになる。たとえば、丸山は、革命運動について次のように述べている。

「自我の内部における『反逆』を十分濾過しない集団的な『革命運動』は、それ自体官僚化する危険をはらんでいるだけでなく、運動の潮が退きはじめると集団的に『転向』する脆弱さを免れない。歴史的な方向意識をもたぬ『反逆』はしばしば盲目であるが、反逆のエートスによって不断に内部から更新されない『革命』は急進的に形骸化する。革命『運動』は体制の次元からいえば反逆であるが、『運動』の内部においてはむしろ同調と随順を意味することが少なくない。日本の革命運動における『天皇制』といわれる諸傾向の跳梁は、個人の内面における忠誠の相剋を通過しないうちに、革命集団内部において『正統性』が確立したことと無関係ではなかろう。(10)」

むろん、ここまで尖鋭にならなくても、すでに以前、現実そのものの認識において、丸山は、現実は運命的な「所与＝自然」としてのものではなく主体の意志的な「行為＝作為」の所産としてあり、多様な契機の一つの選択としてあり、常に理性による現実批判へと開かれてある、という趣旨のことを述べている。(11)

全共闘世代においても内面経由の現実批判は、一般的かつ外在的な性格をもつ「近代知」や近代的学問・体制に対して極めて激しい否定的な反応を示すことになった。むろん、それは、近代的合理主義に基づく学問が、資本や体制の論理に規定されて民衆生活の具体的利益になっていないという反省からであったが、それは単なる外在的な体制批判ではなく、自らの世代階層が組み込まれて演じさせられる、体制的抑圧への「知の機能」の自己否定的認識として示されている。そうした、批判が自己の体質的批判として展開される批判のスタイルこそが、全共闘世代の特質といえるものであった。例えば、近現代の問題性は、資本主義を支える知性としての近代合理主義の問題としてとらえられて、自らの内的規制として次のような認識として示されてくる。

「それ（現代の生活の豊かさ）は、生産効率を至上とする技術的・形式的合理主義の体系の中に、モノとして組み込まれ、操作と管理の対象に自分自身をさらすことによってはじめて保障された『小市民的豊かさ』であった。そこでは、それまでの生活基盤を解体され、肥大化した社会関係の中での特殊な役割に固定的に封じ込められ、人間自身が物的生産に適合すべき『機械＝手段』として、物化・画一化を前提とした交換可能な『等質的＝規格的』存在としてのみ存続を許され、そうでないものは『排除』されるということになる。（中略）

そして、（ヒエラルヒーの）頂点への吸引力がより強く働く上層部になればなるほど、その固有の技術的専門性の高度化によって権威や地位が保障されるが故に、技術の自己展開とそれに随伴してくる権力を無批判に受容し、それらに埋没していくことになる。先端技術産業の発達に伴って、『技術的論理』を絶対視するこうした技術＝パワー・エリートは、自らのもつ『合理性に限界がある』ことに無知となり、『自分達の技術論理を超えるような理念や倫理』に対して関心を持たないばかりか〔ニヒリズム〕、逆に『素人達に対する軽蔑、不信』を抱き、彼らの非効率で非合理な組織や民主主義政治を排除することによって、自らの主張を貫徹する傾向に陥るのである。(12)」

合理主義の極度の展開はパラドクシカルに非合理主義としてしか展開することができない状況に陥る、という悲観的な展望のもとで、それへの「加担をしない」という否定的態度を選択してきているのである。ここにあるのは、自らの理性そのものの働いている「場＝存立根拠」とその体制化（政治支配性）機能に対する批判的認識を欠落させることによって、体制操作者の政治的理性を前提とした単なる「操作道具」への転落だけは避けたい、という、権力的エリートたることを自己否定する生き方としての近代知批判なのである。

5　否定的認識と絶対者の位相

全共闘世代の知の機能を自己規制する純粋で規範的すぎる姿勢は、七〇年代後半以降、時代の豊かさのなかで次第に受け入れられなくなっていく。これは、ちょうど、丸山をはじめとする戦後知識人の内面規範的言説が七〇年代以降同様な傾向を示していったのと同じである。

高畠通敏は論文「『六〇年安保』の精神史」において、丸山・竹内好と鶴見俊輔・久野収との違いに触れて、前者の後退要因を、「原理主義的かつ精神主義的」「モラリスティック」であったことに求めている。丸山に関していえば、ラディカルに「現実を内側から批判する視点」を手に入れるために、近代の「成立期」にさかのぼって「市民社会や市民革命の原理」を極めて純化した形で精神性においてとらえようとし続けたのである。(13)

しかし、その内面性重視をもっと明確に言い切るならば、丸山や全共闘世代の後退原因は、欲望と生産力主義に対する否定の態度によるものというべきであろう。彼らの説く、主体における内面的規制の規範形成論が、大衆社会状況のもとでの欲望の解放と、それに対応する生産力の拡大という時代の「場の構造」にそぐわなくなってきたということなのである。

例えば、全共闘世代においては、戦後民主主義は、次のように極めて規範的な内面規制のもとに否定的にとらえられてきている。

「戦後民主主義は、その前提たる近代合理主義の陥穽（絶対者との関係を非合理主義として切り捨てたことに起因して、『近代的自我』が実質的価値の追放によって数量化されたレベルでしか対象化されず空虚さを抱え込む）に目をおおったまま、ファシズムの『近代の超克』という早熟ではあるが問題提起の正当性そのものをも非合理的として捨て去ったのである。そして、その合理性を、もっぱら抑圧されてきた人間解放のための生産性向上と、配分の制度的保証として、むしろファシズムの、国家主導による資本主義再編成に連結させたのである。（中略）戦後の基本的人権の回復は、ニヒリズムを抱え込んだ近代的自我の内面にはとどかず、単なる平等な『人欲の解放』として欲望自然主義へと流れ、また物質文明に規定された合理主義は、産業効率をあげる技術合理主義へと流れた。配分の平等主義を基調とする民主主義と、物的生産性を至上とする産業主義の結合によって、オプティミスティックな戦後の快適さの合理的枠組が決定されたのである。(14)」

このようにみてくると、丸山と全共闘世代とは、原点回帰性、原理性、精神性、純粋性において体質的に意外と近いことがわかる。丸山に対する全共闘世代の嫌悪感と、全共闘（世代）に対する丸山の嫌悪感は、実は、「父」と「子」との相互に対する嫌悪感とみられるもので、いわば互いへの近親憎悪に基づくものとみることもできよう。

二者において共通にみられる純粋で規範的すぎる体質は、おのおのの内面にそれなりに「絶対者（絶対的存在）」を抱え込んでいるからであり、そうした絶対的規範において認識対象に裁断を下しているからである。絶対者をもっている者においては、徒党も組織も二義的であり必要悪以上には出ないのである。二者とも孤高の影を背負い、あえて「精神的貴族」、「孤立をおそれず」と言い放つ所以である。しかし、そうとはいえ、それが故に、二者の間に「紙一重の差」に対する正統異端感覚が尖鋭に働き(15)、互いに対する異端排除は激しいものとなった。丸山は全共闘の一挙主義的な解決手法や批判のあり方、とくに自己批判のあり方には異議を申し立て、そこにおける絶対者の非在を次のように述べ立てている。

「自己内省〔イントロスペクション〕と自己批判との区別は、『体験』的なものへの固執と、普遍的『経験』との区別に対応する。自己批判と、他者への謝罪との区別は、自己と他者とをともに超越し、両者をともに拘束する絶対者、もしくは絶対規範の存在を前提にし、またその存在の両者による承認を前提にしているか、それとも他者との関係の論理（＝和解への途）があるだけか、の区別である。

他者にたいして自己が自己を批判するというのは、contradictio in adjecto（付加物における矛盾）である。全共闘の自己批判の『要求』と、これに呼応する『良心的』な教師の愚劣さはここにある。(16)」

丸山の精神の真底にいかなる「絶対者」が宿っていたか、その詳細については、なお今後の検討課題とすることにしたい。ここでは、丸山が絶対者との理性的媒介に固執することによって、その高みに立った眺望を獲得し、自らの普遍性を勝ち取らんとする戦略と、それ故の、絶対者との間の緊張感と自他のバランス感覚の必要を説いていることだけは伺い知ることができる。全共闘における個の確立度の不徹底さと直接無媒介性を、絶対者との関わりで批判していることは確かなのである。

しかし、丸山のこのような絶対者は、文字どおり生活の上方に排除された神であって、農本主義の農民達や三里塚農民達の生活の下方に排除された根拠地としての「絶対的存在=つち」ではない。(17)歴史的事実に下降しながらも、丸山はそこからの「歴史的抽象」に飛翔し、生活の場から遠く隔たってしまうのである。全共闘世代は、同じく歴史的事実に下降しながら、ストレートな歴史的抽象を拒否し、民衆自身の生活に内在し根拠地の徹底した掘り下げから、民衆とともに地下水脈へと抜け出ようとするのである。知識人・丸山における生活の根の感覚に対する不信感があるのである。少なくとも、丸山の「全共闘の自己批判」に対する批判には、感情的すぎて、時代における思想的脈絡において対象の思想をとらえようとする、丸山思想史学の優れた内在的な方法が、全共闘の思想に対しては適用されていないことだけは確かなのである。

（1）丸山真男『自己内対話――三冊のノートから――』（みすず書房、一九九八）二三二～二三三頁。
（2）折原浩「日々のたたかいのなかで――東大闘争・中公闘争・内ゲバをめぐって」（『情況』一九七四年三月号、同『大学―学問―教育論集』三一書房、一九七七）二七七頁。『月刊フォーラム』一九九七年二月号（特集丸山真男――追悼のされ方の研究）三一頁にも再録。
（3）道浦母都子『無援の抒情』（雁書館、一九八〇、岩波書店、一九九〇）六二頁。
（4）小宮山量平『戦後精神の行くえ』（こぶし書房、一九九六）一五八～一五九頁。
（5）一九六〇年代後半から七〇年代前半において、全共闘世代のマルクス主義理解に影響を与え、「丸山学派の市民政治論」を相対化する古典的理論研究（社会科学思想を含む）の主要なものは、極めて限定的に示せば次の通りである。
①宇野学派の三段階論……宇野弘蔵『社会科学の根本問題』（青木書店、一九六六）『マルクス経済学の諸問題』（岩波書店、一九六九）『資本論の経済学』（岩波新書、一九六九）、降旗節雄『科学とイデオロギー』（青木書店、一九六八）『帝国主義論の史的展開』（現代評論社、一九七二）『マルクス経済学の理論構造』（筑摩書房、一九七四）
②高島学派の市民社会論……高島善哉『アダム・スミス――近代化とナショナリズムの目を通して――』（岩波新書、一九六八）『アダム・スミスの市民社会体系』（岩波書店、一九七四）『マルクスとヴェーバー――人間、社会および認識の方法――』（紀伊国屋書店、一九七五）、平田清明『市民社会と社会主義』（岩波書店、一九六九）『経済学と歴史認識』（岩波書店、一九七一）、望月清司『マルクス歴史理論の研究』（岩波書店、一九七三）
③『試行』派のコミューン論……吉本隆明『自立の思想的拠点』（徳間書店、一九六六）『共同幻想論』（河出書房新社、一九六八）、滝村隆一『革命とコンミューン』（イザラ書房、一九六九）『マルクス主義国家論』（三一書房、一九七一、増補版、一九七四）
④『国家論研究』派のコミューン論……柴田高好『マルクス主義政治学序説』（三一書房、一九六四）『政治学の課題と政治思想』（三一書房、一九六五）『マルクス国家論入門』（現代評論社、一九七三）

⑤廣松哲学派の物象化論……廣松渉『マルクス主義の成立過程』（至誠堂、一九六八）『マルクス主義の地平』（勁草書房、一九六九）『唯物史観の原像』（三一新書、一九七一）『世界の共同主観的存在構造』（勁草書房、一九七二）『マルクス主義の理路』（勁草書房、一九七四）

（6）例えば、当時の西欧マルクス主義の「知的潮流」からの影響としては、マルクーゼ『初期マルクス研究』（未来社、一九六一、改訳版、一九六八）『理性と革命』（岩波書店、一九六一、第六刷、一九六七）『エロスと文明』（紀伊国屋書店、一九五八、第六刷、一九六八）、サルトル『方法の問題』（人文書院、一九六二）、『弁証法的理性批判』Ⅰ・Ⅱ・Ⅲ（同、一九六九、一九六五、一九六五）等があるが、「主体性」論への偏重という時代的風潮から、八〇年代以降流行したいわゆる「構造主義」思想はほとんど無視されていることが特徴的である。

（7）民衆史学の主要著書としては、色川大吉『明治精神史』（黄河書房、一九六四、新編、中央公論社、一九七三）、鹿野政直『資本主義形成期の秩序意識』（筑摩書房、一九六九）『大正デモクラシーの底流——〃土俗〃的精神への回帰——』（日本放送出版協会、一九七三）、安丸良夫『日本近代化と民衆思想』（青木書店、一九七四）等がある。

しかし、民衆の固有性についてのとらえ方については、民衆史学の中は一枚岩ではない。例えば、秩父事件についていえば、ブルジョア民主主義の範疇の運動であり自由民権運動の最高形態とみる説（井上幸治）、質地慣行における潜在的所有権から近代国家の私的所有権への移行に即応して強いられる自己規制としての意識形成をみる説（安丸良夫）、民衆の土俗的な生活レベルまで下降して伝統的な百姓一揆の最高形態としてみる説（森山軍四郎）など、多様である（拙稿「秩父事件研究の問題点——民衆史の水準をめぐって——」拙著『戦後日本思想の位相——自己認識のゆくえ——』論創社、一九九七）。

（8）ファシズム期の日本的学問の再評価については、拙稿「難波田経済学と国家論——ファシズムと権威主義国家——」（拙著『権威主義国家の位相——近代日本国家論研究——』論創社、一九八八）を参照のこと。

（9）三里塚農民の自己認識の転回と、「近代的所有権＝私的所有権」を相対化する、村落共同体の総体所有権に基づく「潜在的所有権の思想」については、拙稿「三里塚農民の世界——『土』と『義』の思想——」（前掲拙著『戦後日本思想の位相』）を参照のこと。

（10）丸山真男「忠誠と反逆」一九六〇（同『忠誠と反逆』筑摩書房、一九九二）一〇四頁。

（11）丸山の「現実＝既成事実」認識に対する批判は、典型的には次のように示されている。

「右のような事例（戦犯の自己弁護における既成事実への屈伏）を通じて結論されることは、ここで『現実』というものは常に作り出されつつあるもの或は作り出され行くものと考えられないで、作り出されてしまつたこと、いな、さらにはつきりいえばどこからか起つて来たものと考えられていることである。『現実的』に行動するということは、だから、過去への繋縛のなかに生きているということになる。従つてまた現実はつねに未来への主体的形成としてでなく過去から流れて来た盲目的な必然性として捉えられる。」（「軍国支配者の精神形態」一九四九、同『現代政治の思想と行動』増補版、未来社、一九六四、一〇九頁）

（12）拙稿「現代日本の『管理』と『排除』の構造──技術合理性と権威主義国家──」（前掲拙著『権威主義国家の位相』）二二六〜二二八頁。再引部分は、竹内啓『無邪気で危険なエリートたち──技術合理性と国家──』（岩波書店、一九八四）三七〜六三頁を参照。

引用文中における、資本主義的商品生産における人間労働の「疎外＝抽象化」とその「形式的同等性」については、ルカーチ『歴史と階級意識』（『ルカーチ著作集』第九巻、白水社、一九六八、一六六〜一六八頁）からの影響を、また、「近代合理主義＝機械論的合理性」から「技術的合理性＝道具的理性」への転化に伴う非理性的性格（ファシズムのメルクマール）への批判については、ホルクハイマー『権威主義的国家』（紀伊国屋書店、一九七五、九八頁）からの影響を、決定的に受けている。全共闘世代におけるフランクフルト学派のマルクス主義からの影響は大きく、この点も前掲註（５）の国内における古典的理論研究の学派からの影響とともに、その「内面的」性格を検討するとき考慮すべきことである。

（13）高畠通敏「『六〇年安保』の精神史」（テツオ・ナジタ、前田愛、神島二郎編『戦後日本の精神史』岩波書店、一九八八）八二〜八七頁。

（14）拙稿「ファシズムと民主主義と現代──ひとつの『昭和総括』にむけて──」（前掲拙著『戦後日本思想の

位相』）三頁。

（15）丸山の正統異端感覚については、丸山「闇斎学と闇斎学派」（西順蔵、阿部隆一、丸山『山崎闇斎学派』日本思想大系三一、岩波書店、一九八〇）六四二〜六四七頁を参照のこと。

丸山の闇斎学派論は、「正統＝両極のバランス（理性的媒介）」論からすれば、学問的態度の問題を論じる形をとった、「異端＝一挙主義（直接無媒介）」的な新左翼に対する批判とみることもできる（拙稿「丸山真男の正統性論と保守主義精神――闇斎学派の直接無媒介性――」前掲拙著『戦後日本思想の位相』一二八〜一三一頁）。

（16）丸山、前掲『自己内対話』八六〜八七頁。

（17）農本主義思想は、在地農民にとっては、絶対的な「土」と一体になることで自我の救済を求める「宗教的精神」運動の思想であり、具体的な農業経営の方法をかかげることで自作農民達に農村改造や営農改善の施策として支持された思想としてとらえ直すことができる。日本ファシズムの思想として否定的に位置づけられてきた農本主義思想を、民衆心性や地域生活に内在して見直す必要を説いたものとして、拙稿「大正期の『自我』救済と『社会＝共同体』論――橘孝三郎の初期論文を通して――」「大正『社会』主義と初期愛郷会――農村の自己革新と青年たち――」（拙著『大正「社会」主義の思想――共同体の自己革新――』論創社、一九九三）を参照されたい。

なお、三里塚農民の、「土」に根づき「自己の生活をつかみその固有性に立つ」主体の形成のあり方については、前掲拙稿「三里塚農民の世界」を参照のこと。

（一九九八・七・三〇）

あとがき

本書は、「まえがき」に書いたとおり、日本政治思想史の専攻者の立場から書いた丸山思想史学の批判的論集である。拙著の既刊本がすべて在庫切れとなったのに伴い、自らの仕事をテーマ別に総括する意味も込めて、丸山思想史学に関するものを新稿をも含めて一書にまとめたものである。引用の表記形式を統一しただけで、初出のままである。どの論文も、丸山から学び丸山を超えたいという思いで書いてきた論文であるが、目次をみればわかる通り、「日本近代」認識と「民衆心性・民衆的理性」をめぐって、「中間集団」論と「絶対者」の視線に強く規定された、極めて限定的なものであることは確かである。一応、章立てをしているが、いまだ「断章」に止まっているものもある。しかも、講義録や座談ものに対しては、ほとんど重きを置いていない。文体のもつ緊張感が違いすぎるというのが採らない理由であり、学者にとって自らの責任において書いたものがすべてである、という立場に立っているからであり、そういう意味においても限定的である。

自分の研究的立場が、丸山政治思想史学と民衆思想史学の総合化（政治思想史学に欠落している「民衆心性」論と、民衆思想史学に欠落している「国家」論を媒介させること）にあり、丸山から学び丸山を内側から超越するという位置にあるために、今日の丸山批判論の潮流に対して一定の親近感をもちながらも、それ以上にはるかに大きな違和感を感じている。思想史の方法論として「機能」論ではなく論理的「構造」論に依っていることで、読みの的確さを信条としていることに負うところが大きい。むろん、果してこういう読み方でいいのかどうかが問われるところであるが、六〇年代世代のひとつの読み方として、まとめて提示した次第である。

論集にみられるとおりの丸山の「日本近代」認識の有り様をまえにして、その丸山批判を考えた場合、やはり六〇年代に影響力をもった吉本隆明、竹内好などの思想家達の批判的姿勢を受けとめているかどうか、改めて、その問題提起に回帰せざるをえない思いがある。私の論文をも含めて凡百の丸山批判があるにもかかわらず、ほとんど彼らの重い問題提起の域以上のものは出ていないのではないか、という思いがある。自らの学者一代の凡庸に愕然とする思いがする。

丸山の思想家としての「根」を問うた吉本隆明の丸山批判の重さがどこに由来しているかとみるとき、氏の「丸山真男論」（一九六二〜六三年）を規定している「マチウ書試論」（一九五四年）のラディカルさを見過ごすわけにはいかない。吉本は、マタイ伝におけるイエス像の造型を例にして、「現実」秩序の支配の「絶対的関係（客観的関係）」に敵対する「心情（意識）」をえぐり出した。ユダヤ教に対する原始キリスト教の敵対性をあばいたものであるが、私には、「意識」と「存在」の関係として、「現実＝存在」の総体を認識できない思想、「存在」の底にとどかない思想はナンセンスで思想に値しないというものとしてうけとめられた。極論すれば、存在の絶対性ではなく「観念の絶対性」によって現実を批判する点で、「丸山＝原始キリスト教」（倒錯）であると思われたし、その点では、氏の「転向論」（一九五八年）における宮本顕治批判や佐野学批判や中野重治評価も、存在の底にとどいているかどうかにかかわるものとして受けとめられた。吉本にとって、民衆＝大衆は、存在の底にあって矛盾を一身に背負わされている存在という認識なのであろう。民衆史学の根拠づけの問題としてもまだまだ、吉本から多くを学びとらねばならない。

さらに、思想の「根」の問題にこだわった思想家として、丸山と対峙するとき見据えなければならない人として竹内好と保田與重郎がいる。竹内は『魯迅』（一九四四年）や「中国の近代と日本の近代」（一九四八年）、「近代の超克」（一九五九年）において、これまでの「西欧近代」路線を超えて「日本近代」総体の止揚をめざし、存在の矛盾の根底から根こそぎ既定路線を引っ繰り返す「場所」を求めている。この場所は、矛盾に徹底して内在するところから生まれる「生命の運動」の場所で、いわば、絶対的な力の差が反転する「根拠地」である。近代合理主義からすれば力関係は歴然で完敗のはずなのだが、それを「敗北の美学」としてではなく「主体的精神・態度」が加味されれば勝利へ転化できると考えるのである。現実の勝者を観念性や精神性のレベルでレトリックで超えるという保田の「イロニー」ではなく、精神論のレベルを超えて主体形成を軸にして「力の弁証法」によって逆転が可能になるとするのである。それは「自己解体と再生の弁証法」であり、生活をかいくぐった矛盾に発する「希望」の論理なのである。その意味で、竹内の「アジア」は生命の根から発する矛盾の運動上の概念として位置づけられており、方法的論理構成（歴史的主体の存在形態に基づく理論の内的規制論理）の一環として立てられている点で、

「方法論理」としての「理想形態のアジア」（「西欧vsアジア」という対抗関係に基づく「アジアの論理」）として立てられている。竹内の論文は実証的・実体的論文としてではなく、新たな近代化論の方法論論文として読んだ方がいいのは、丸山と同じである。

また一方、保田は、上記のような歴史的現実を全否定するレトリックに立ち、丸山や竹内のプラス・マイナスの形はどうあれ弁証法自体を否定する。「農村記」（一九四六〜五〇年）において、西欧の「近代」「進歩」の弁証法に対して「精神」としての「イロニー」を対置させるのである。「にひなめとしごひ」（一九四九年）や「絶対平和論」（一九五〇年）においては、彼の非政治的な精神性を「祭政一致＝生活と祭りの一致」として、「米作生活」そのものの精神性に求めている。それは、理屈を超えた、体内に流れる「アジア＝日本」人としての精神の根だというのである。

これらの思想家の「根」に基づく「革命的主体形成」論の主張は、根源的という意味で極めてラディカルであり、政治権力の支配性とか政治的理性に極度に敏感な批判的態度を示し、それだけに、極めて研ぎ澄まされた二項対立的な権力感覚に支えられている。同時代における丸山も、同じ問題領域と位相にあった思想家とみることができる。原点回帰によるラディカリズムの有効性は、しかし、戦後の時代状況とは異なる今日的状況における、「非革命的」で「非二項対立的」な時代的感受性とは適合しないようにみえる。しかしながら、彼らが提起した問題がなお原理的には未決のままなし崩しにされていることを考えれば、これらの危機の思想家が、止揚されないまま後景に押しやられていることの今日の不幸を考える必要は、厳然としてある。

今後の丸山批判と、それに連なる主体形成の研究は、私としては、「丸山―竹内―保田」を各頂点とし、ヘーゲル・マルクス・吉本を重心とする三角形の領域の中で考えていきたいと思っている。丸山と竹内の間にある「方法としての西欧・アジア」、竹内と保田の間にある「近代批判・近代超克」、保田と丸山の間にある、橋川文三を媒介とする「日本的なるもの・アジア的なるもの」、という思想的問題テーマを睨みながら、総体として「アジア」の問題の磁場に深く根ざした形で次の次元をあげた思想史の研究をしていきたいと思っている。しかし、これは、地味な特殊研究を重ねてきたものが辿りついた地平にすぎず、もう願望に近いものかもしれない。私の丸山思想史学の学説的批判を超えたアクティブな学的構想は、民衆の「共同体＝中間集団」論として、拙著『大正「社会」主義の思想――共同体の自己革新――』（論創社、一九九三年）および拙稿「三里塚農民の世界――『土』と『義』の思想――」（拙著『戦後日本思想の位相――自己認識のゆくえ――』論創社、一九九七年）があるので参照していただきたい。

最後に、本書の刊行にご尽力くださった論創社の森下紀夫氏と赤塚成人氏に謝意を表したい。現在の水準での書き下ろしを願いながら果たせず、過去の論文集・断片集に止まった非力と怠惰をあやまらなければならない。新たな丸山論展開の思いはともかく、書いたものとしては、これがすべてである。

二〇〇三年一一月六日

著　者

初出一覧

序　章「丸山真男の学問的世界」（『年報日本史叢』一九九六、筑波大学歴史・人類学系、一九九六年。拙著『戦後日本思想の位相』論創社、一九九七年）

I

第一章「丸山真男のヘーゲル観と思想史学」（拙著『日本市民思想と国家論』論創社、一九八三年）
第二章「丸山政治思想史学と天皇制国家批判」（『岡山商大論叢』第一八巻第二、三号、岡山商科大学、一九八二〜八三年。同上拙著『日本市民思想と国家論』）

II

第三章「丸山真男のファシズム論と『近代日本』認識」（同上拙著『日本市民思想と国家論』）
第四章「丸山思想史学の理論的性格」（『生活文化研究所年報』第三輯、ノートルダム清心女子大学、一九八九年。拙著『大正「社会」主義の思想』論創社、一九九三年）

Ⅲ

第五章「丸山真男の国民主義と中間勢力論」(『年報日本史叢』一九九九、一九九九年)

第六章「丸山真男の『自立=抵抗』精神と『中間勢力』論」(前掲拙著『戦後日本思想の位相』)

Ⅳ

第七章「丸山真男の正統性論と保守主義精神」(同上拙著『戦後日本思想の位相』)

第八章「丸山真男の『日本政治の原型』論」(原題「日本政治の原型」)(同上拙著『戦後日本思想の位相』)

補　論「日本国家論研究ノート」(『日本史学集録』第三号、日本史談話会、一九八六年。拙著『権威主義国家の位相』論創社、一九八八年)

Ⅴ

第九章「丸山真男の『絶対者』と伝統的歴史意識論」(『年報日本史叢』二〇〇二、二〇〇二年)

補　論「南原政治哲学の成立」(『年報日本史叢』一九九五、一九九五年。前掲拙著『戦後日本思想の位相』)

終　章「全共闘世代の『自己否定』的認識」(『年報日本史叢』一九九八、一九九八年)

著者略歴

池田　元（いけだ　はじめ）

1945年　岡山県に生まれる
1969年　早稲田大学政治経済学部政治学科卒業
1980年　筑波大学大学院歴史・人類学研究科博士課程修了
現　在　筑波大学教授、文学博士
専　攻　近代日本政治思想史
著　書　『現代社会科学の方法と基準』（草芯社、1976年）
『長谷川如是閑「国家思想」の研究——「自然」と理性批判——』（雄山閣出版、1981年）
『日本市民思想と国家論』（論創社、1983年）
『権威主義国家の位相——近代日本国家論研究——』（論創社、1988年）
『大正「社会」主義の思想——共同体の自己革新——』（論創社、1993年）
『戦後日本思想の位相——自己認識のゆくえ——』（論創社、1997年）
現住所　つくば市竹園3丁目614-202（〒305-0032）

丸山思想史学の位相——「日本近代」と民衆心性——

2004年2月20日初版第1刷印刷
2004年3月10日初版第1刷発行

著　者　池田　元
発行者　森下紀夫
発行所　論　創　社
〒101-0051　東京都千代田区神田神保町2-23
電話 03（3264）5254　振替口座 00160-1-155266
装幀　イクノグラフィア／印刷・製本　中央精版印刷
ISBN4-8460-0381-7